Von der Wall Street zur Chinesischen Mauer

WEITERE VERÖFFENTLICHUNGEN VON BURTON G. MALKIEL:

Börsenerfolg ist kein Zufall. Die besten Investmentstrategien für das neue Jahrtausend. Erschienen 2000 im FinanzBuch Verlag (Originaltitel: *A Random Walk Down Wall Street*)

The Random Walk Guide to Investing

Von der **Wall Street** zur **Chinesischen Mauer**

Wie Anleger von Chinas Boom profitieren können

Burton G. Malkiel
und Patricia A. Taylor

unter Mitarbeit von J.P. Mei und Rui Yang

Bibliografische Information der Deutschen Bibliothek:
Die Deutsche Bibliothek verzeichnet diese Publikation in der
Deutschen Nationalbibliografie; detaillierte bibliografischeDaten
sind im Internet über http://dnb.ddb.de abrufbar.

Das Originalbuch von Burton G. Malkiel und Patricia A. Taylor mit
Jianping Mei und Rui Yang »From Wall Street to the Great Wall: how
investors can profit from China's booming economy« erschien bei W. W.
Norton & Company, Inc.

Copyright der Originalausgabe © 2008 by Burton G. Malkiel, Patricia A.
Taylor, Jianping Mei, and Rui Yan
All rights reserved.
Copyright der deutschen Fassung © 2008 FinanzBuch Verlag GmbH

Gesamtbearbeitung: Buch Concept, Berlin
Übersetzung: Siegfried Maier
Lektorat: Claudia Brandt
Satz: Selignow Verlagsservice
Druck: Joh. Walch, Augsburg

1. Auflage 2008
© 2008 FinanzBuch Verlag GmbH
Frundsbergstraße 23, 80634 München
Tel.: 089 651285-0 / Fax: 089 652096

Fragen und Anregungen: malkiel@finanzbuchverlag.de

ISBN: 978-3-89879-359-9

Weitere Infos zum Thema: www.finanzbuchverlag.de
Gerne übersenden wir Ihnen unser aktuelles Verlagsprogramm.

Inhalt

An die

MÄNNER UND FRAUEN CHINAS

> *– die wir im Laufe unserer Recherchen in ihrem Land trafen und die an Chinas fantastischem wirtschaftlichen Wandel der vergangenen drei Jahrzehnte beteiligt waren.*

Einleitung

VON DER WALL STREET ZUR CHINESISCHEN MAUER – wir vier haben diese Reise im wahrsten Sinne des Wortes angetreten. Burton Malkiel, Chemical Bank Chairman's Professor für Volkswirtschaftslehre an der Princeton University, hat annähernd ein halbes Jahrhundert damit verbracht, Wertpapiermärkte zu studieren und aktiv am Portfolio-Management teilzunehmen. Patricia A. Taylor hat für die Bank of America als Redakteurin und zusammen mit Professor Malkiel 35 Jahre lang an allen neun Ausgaben von *A Random Walk Down Wall Street* gearbeitet. Jianping Mei, ein gebürtiger Chinese, erarbeitete sich seinen Doktortitel in Wirtschaftswissenschaften an der Princeton University, arbeitete als außerordentlicher Professor für Finanzwissenschaft und Außenhandel an der New York University und unterrichtet gegenwärtig an der Cheung Kong Graduate School of Business in Peking. Rui Yang bereicherte unsere Arbeit durch seine Perspektive als Investmentfondsmanager bei Bosera Asset Management, einer der größten Fondsgesellschaften in der Volksrepublik China.

Wir vier betrachten China daher von innen und von außen. Aus dieser einzigartigen Perspektive bietet unser Buch all denjenigen Investoren einen praktischen Leitfaden, die vorhaben von den Reichtümern Chinas zu profitieren.

Ein Engagement in China, zumindest in geringem Umfang, stellt heutzutage nicht das größte Risiko für das Portfolio eines Investors dar und unser Buch zeigt Investoren, wie sie dieses Engagement am besten erreichen.

Vor zweihundert Jahren besaß China wirtschaftlich sowie geographisch die Vormachtstellung in der Welt. Chinas geographische Grenzen haben sich innerhalb der vergangenen zwei Jahrhunderte zwar kaum verändert, die Volkswirtschaft litt jedoch enorm unter der Ausbeutung durch den Kolonialismus und unter Maos extremen wirtschaftspolitischen Maßnahmen. Und dennoch steht es außer Frage, dass China in Kürze die Vereinigten Staaten von Amerika einholen und wieder einmal die mächtigste Wirtschaftsmacht auf der Welt werden wird.

Der erste Teil dieses Buches befasst sich mit Chinas Vergangenheit und Gegenwart, sodass dem Leser ein Hintergrundwissen über die einzigartige Mischwirtschaft vermittelt wird, die China aufgebaut hat. Dieses ungewöhnliche Gebilde birgt Gefahren, auf die wir bei der Behandlung der vermeintlichen Risiken im letzten Kapitel dieses Teils genauer eingehen werden. Im zweiten Teil des Buches geht es um die Investmentchancen, die Investoren in und außerhalb von China zur Verfügung stehen. Wir geben dem Leser eine Einführung in die Einzigartigkeit des chinesischen Aktienmarktes und gehen im Detail auf die Frage ein, ob Börsenkurse effiziente Abbilder des Unternehmenswerts sind. Wir demonstrieren, dass es sich bei chinesischen Stammaktien, die auf internationalen Märkten gehandelt werden, trotz ihres beachtlichen Wertzuwachses 2006 und Anfang 2007, um attraktive Investments handelt. Im letzten Kapitel dieses Teils behandeln wir Investment-Gelegenheiten in anderen Anlageklassen, wie zum Beispiel bei Immobilien, Kunst und Bonds.

Im dritten Teil des Buches stellen wir Strategien vor, mithilfe derer man vom Wirtschaftsboom in China profitieren kann. Sie reichen vom direkten Ankauf individueller Aktien bis hin zum Erwerb von Fonds, die Dividendenpapiere von Unternehmen mit Sitz in China beinhalten. Wir beschäftigen uns ebenfalls mit einer indirekten Strategie, Wertpapiere von nicht-chinesischen Unternehmen zu kaufen, die von erheblichen Verkäufen an China oder von der umfassenden Arbeiterschaft Chinas oder von den Auswirkungen des Wachstums in China auf die Preise von Rohstoffen profitieren. Im abschließenden Kapitel präsentieren wir unsere *optimale Strategie* und liefern konkrete Empfehlungen zu ihrer Anwendung.

Burton G. Malkiel
Patricia A. Taylor
Jianping Mei
Rui Yang
– Mai 2007

Teil I

Das Umfeld

Dieses Buch beschreibt die enormen Gewinnmöglichkeiten sowie die beacht-
lichen Risiken, die für Investoren mit dem Wachstum in China einhergehen.
Wir sind der Auffassung, dass es wichtig ist, die Umgebung zu verstehen, in
der die besagten Möglichkeiten und Risiken existieren, und daher gehen wir
in diesem ersten Teil auf Chinas Geschichte, Kultur, Errungenschaften und
mögliche zukünftige Entwicklungen ein.
Mit diesem Wissen gewappnet wird es dem Leser ein Leichtes sein, sinnvolle
Strategien zu entwickeln, um von dem außerordentlichen Wirtschaftswachs-
tum zu profitieren, das wir in China in den kommenden Jahrzehnten erwar-
ten. In der Tat stellt dieser Teil das Sprungbrett zu den Reichtümern Chinas
dar.

KAPITEL 1

Die Vergangenheit:
eine historische Perspektive

Erzähle mir die Vergangenheit und ich werde die Zukunft erkennen.
— KONFUZIUS

WÄHREND DER LETZTEN 2.500 JAHRE war Chinas Wirtschaft die meiste Zeit autark. Das Land wurde von einem großen Teil der Welt abgeschirmt, durch die Chinesische Mauer im Norden, himmelhohe Berge und verdorrte Wüsten im Westen und den Pazifik an der Ostküste. „Ungründlich" ist ein von Außenstehenden häufig verwendetes Wort für das Land und seine Bevölkerung.

Es ist nicht überraschend, dass China auch von vorausschauenden Investoren oft als schwer zu begreifen beschrieben wird. Man denke einmal darüber nach: Heute ist China die viertgrößte Volkswirtschaft der Welt (gemessen an der Kaufkraft die zweitgrößte) und das, obwohl der Privatbesitz von Anlagegütern schon vor 50 Jahren abgeschafft wurde und dort weltweit die unternehmensfeindlichsten Bedingungen überhaupt herrschten. Inzwischen gehört die Regierung zu einer der wirtschaftsfreundlichsten von allen. In den letzten Jahren sind im Vergleich zu allen anderen Ländern die meisten ausländischen Direktinvestitionen nach China geflossen. Sie haben das Land zu einem Magneten für Risikokapitalgeber und andere Investoren gemacht, die aus der boomenden Volkswirtschaft Kapital schlagen wollen.

Investoren fragen sich natürlich: Was hat den beachtlichen Wandel in China verursacht? Was kann man aus den Höhen und Tiefen in Chinas Vergangenheit lernen? Worin bestanden die Kräfte, die den chinesischen Entwicklungszyklus primär angetrieben haben und wie wahrscheinlich ist es, dass die unternehmensfreundliche Politik andauern wird? Dieses Kapitel beinhaltet einen kurzen kulturellen und wirtschaftlichen Rückblick auf die lange Geschichte Chinas, sodass Investoren die beeindruckende Anziehungskraft und die besonderen Risiken einer Strategie begreifen, die konzipiert ist, um vom zukünftigen Wachstum des Landes zu profitieren.

Wie über alle bedeutenden Nationen der Welt, kann man auch über das heutige China sagen, dass es die Summe seiner Vergangenheit ist. Der Einfachheit halber haben wir die Geschichte in vier größere Phasen aufgeteilt: den Konfuzianismus, den Kolonialismus, den Kommunismus und den jetzigen Kapitalismus.

KONFUZIANISMUS: STATISCHE GRÖSSE

Im Jahrtausend vor Christi Geburt war das heutige China in Dutzende Feudalstaaten aufgeteilt, die erbittert gegeneinander Krieg führten. Aus diesen Wirren stieg ein Mann empor, der wohl zum einflussreichsten Philosophen in der Geschichte Chinas wurde: Konfuzius (551–470 v. Chr.).

Der Philosoph unterbreitet Vorschläge

Obwohl er ein uneheliches Kind war und in Armut aufwuchs, schaffte Konfuzius es, Buchhalter im Staate Lu und später Justizminister zu werden. Von der Brutalität und Habsucht um ihn herum angewidert, legte er sein Amt nieder und begab sich auf eine lange Reise durch China, auf der er – zu dieser Zeit noch ohne Erfolg – viele verschiedene Herrscher zu politischen Reformen aufrief. Nach zwölf Jahren kehrte er heim und verbrachte die letzten Jahre seines Lebens damit, eine Vielzahl von Studenten zu unterrichten sowie eine Reihe klassischer chinesischer Werke zu schreiben und herauszugeben.

In seiner Sozialphilosophie legte Konfuzius besonderes Augenmerk auf das Konzept des *ren*, des „Mitgefühls" und der „Nächstenliebe". Nach Konfuzius manifestiert sich ein solches Mitgefühl durch das Ausüben von Wohltaten: „Da du selbst stehen möchtest, hilf anderen dieses Ziel zu erreichen, da du selbst Erfolg wünschst, hilf anderen ihn zu erlangen." Er argumentierte, dass es eine moralische Verantwortung sei, die Gesellschaft zu verbessern, und dass es zu den Aufgaben der Regierung gehöre, soziale Probleme zu lösen. Die Eingriffe sollten dabei generell nicht auf Zwang beruhen, sondern durch moralische Führung erreicht werden, wobei Regierende und hochrangige Beamte Vorbildfunktion ausüben sollten.

Konfuzius führte auch das Konzept des *li* ein – angemessenes Verhalten innerhalb einer Gesellschaft oder Respekt vor gesellschaftlichen Strukturen. Er legte besonderen Wert auf den Respekt gegenüber Vorfahren und Autoritäten und betonte den Stellenwert der Bildung. Tatsächlich war Konfuzius vor allem Pädagoge. Er glaubte daran, dass jeder das Recht auf Bildung habe, unabhängig von seiner gesellschaftlichen Stellung. Seine Lehren zur Moral, zum richtigen sprachlichen Ausdruck, zur Regierung und zur kultivierten Kunst, die in den *Analekten* aufbewahrt sind, bilden den Grundstein für einen großen Teil der nachfolgenden chinesischen Bildung und Kultur. Sie sind so einflussreich, dass schon Generationen chinesischer Eltern glauben, dass ihre Kinder nur gesellschaftliches Ansehen erreichen und zu wertvollen Personen werden können, wenn sie ihr ganzes Leben lang unermüdlich lernen.

Auf Anordnung des Kaisers

Obwohl der philosophische Ton Konfuzius' nachhaltigen Einfluss auf die chinesische Geschichte ausübte, konnten seine Ideen die chaotische Politik zur Zeit der Streitenden Reiche, die das Land nach seinem Tod ins Unheil stürzte, nicht verbessern. Diesem speziellen Problem bereitete Qin Shi Huang (259–210 v. Chr.) entschieden ein Ende. Seine Lösung bestand aus simpler Brutalität: Als König des chinesischen Staates Qin machte er sich auf, alle anderen Staaten zu erobern. Durch diesen Feldzug entstand unter seiner Herrschaft der größte einheitliche Staat der Welt. Innerhalb von nur 27 Jahren wurde er im Jahre 221 vor Christus zum ersten Kaiser eines vereinigten Chinas.

Qin Shi Huang führte verschiedene bedeutende Reformen durch, um sein Macht zu festigen. Er vereinheitlichte die chinesische Schrift sowie verschiedene Maßeinheiten, zum Beispiel für Gewichte und Währung. Um die Anarchie der Streitenden Reiche zu vermeiden, teilte er das Kaiserreich in 36 Einheiten oder Kommandanturen. Jede einzelne davon war der zentralen Regierung unterstellt. Um die Bündelung von Macht auf regionaler Ebene zu vermeiden, ernannte er auch in mehreren Ortschaften separate zivile und militärische Gouverneure.

Durch seinen Erfolg auf militärischer Ebene massiv bestärkt, nahm Qin riesige Bauprojekte in Angriff, darunter vor allem eine bedeutende Erweiterung der Chinesischen Mauer sowie die Errichtung eines gigantisches Mausoleums; beide gelten heute als Weltwunder. Während die Chinesische Mauer – mit einer Länge von über 6.300 Kilometern das längste von Menschenhand errichtete Bauwerk – seit Jahrhunderten bekannt ist, wurde das Mausoleum in Xian erst 1974 entdeckt. Es ist noch nicht lange her, da brachten Grabungen vor Ort eine Armee ans Tageslicht, die 8.000 lebensechte Männer und Pferde aus Terracotta umfasst. Eine Attraktion, die inzwischen auf der ganzen Welt berühmt ist. Jeder Soldat und jedes Pferd ist einzigartig, unterschiedlich bekleidet, mit eigenen Rangabzeichen und individuellen Waffen. Der offenbar unermüdliche Kaiser Qin war auch für den Ausbau eines umfangreichen Netzwerkes von Straßen und Kanälen verantwortlich, durch die die Provinzen miteinander verbunden wurden, um den Handel und die Truppenbewegungen des Militärs zu beschleunigen.

Viele Gelehrte sind der Auffassung, dass Qin Shi Huang unbeabsichtigt auch durch die gewaltsame Umsiedlung und Verbannung ehemaliger Beamter aus eroberten Staaten, andersdenkender Gelehrter, verurteilter Verbrecher und Händler ein bleibendes Erbe hinterließ. Da sich die Hauptstadt im Norden befand, war die Kontrolle der zentralen Regierung eher schwach; ein bekanntes Sprichwort lautet: „Der Himmel ist hoch und der Kaiser weit weg." Aufgrund der geringeren Kontrolle und Einmischung der Regierung begannen Unternehmen und Handel im Süden zu florieren. Zusätzlich waren die verbannten Beamten und Flüchtlinge, die den Süden bevölkerten, bereit, größere Risiken zu tragen, da viele von ihnen schreckliche Verfolgung sowie politische Unruhen durchleben mussten. Diese Risikotoleranz gepaart mit günstigen Gelegenheiten für Handel und Gewerbe machte den Süden in der Geschichte Chinas zum traditionellen Nährboden für Unternehmer.

Ein gemischtes Erbe

Beide Männer – Konfuzius und Qin Shi Huang – setzten für die weitere Geschichte Chinas Zeichen. Die natürliche Kreativität und Genialität des chinesischen Volkes konnte gedeihen, was zur Folge hatte, dass das Porzellan, das Schießpulver, der Schubkarren, der Kompass, der Steigbügel, das starre Kummet (damit das Pferd genug Luft bekam), das Spinnrad und das Papier erfunden wurden.

Und dennoch schien China nie richtigen Nutzen aus diesen Entdeckungen zu ziehen, obwohl es hieß, dass China im 17. Jahrhundert das höchste Bruttosozialprodukt hatte. Zu einer Zeit, in der Großbritannien die Grundbedingungen für die industrielle Revolution in Europa schuf, herrschte in China, wie der Wirtschaftshistoriker David Landes feststellte, eine „unsagbare Stille der Unbeweglichkeit". Diese Unbeweglichkeit spiegelt sich auch in einem geflügelten Wort eines Kaisers der Ming-Dynastie des 14. Jahrhunderts: Das Volk „wird mit seinem Zuhause und seinen Gebräuchen zufrieden sein. Obwohl man von einem Staat in den nächsten blicken und das Krähen der Hähne und das Bellen der Hunde auf der anderen Seite hören kann, werden die Menschen alt werden und sterben ohne etwas mit ihren Nachbarn zu schaffen zu haben."

Ein Teil von Chinas offenkundiger Gelassenheit ist den beiden Männern zu verdanken, die den entscheidenden Grundstein für Chinas Größe legten. Der

Friede und der Gleichmut, den Konfuzius Lehren beinhalten, erwiesen sich im Laufe der Jahrhunderte als großer Nachteil für den generellen Fortschritt der chinesischen Gesellschaft. Geschäftsleute galten oft als nur am Profit interessiert und nicht am Wohl der Allgemeinheit. Und obwohl China die systematische Prüfung des öffentlichen Dienstes rigoros perfektionierte und jeder sich daran beteiligen konnte, ganz egal aus welcher gesellschaftlichen Schicht er stammte, galt Bildung mit der Zeit als Mittel, um sich im öffentlichen Dienst hochzuarbeiten. Dagegen wurde Bildung weniger als Forschungsgrundlage verstanden und die daraus möglicherweise resultierende Entwicklung von Wissenschaft und Technik wurde nicht ermutigt.

Die Besten und Intelligentesten wurden auserwählt, um der Regierung zu dienen, anstatt in der Wirtschaft zu arbeiten. In Europa öffneten Handel und Merkantilismus einen einzigartigen Weg zu Reichtum, auf dem Kreativität und Wagemut das sine qua non für den Erfolg waren. In China führte der Weg zu gesellschaftlicher Anerkennung und materiellem Wohlstand über eine Anstellung bei der Regierung. Dort wurde auch der Begriff des „Kotaus" geprägt.

Andererseits schuf Qins Vereinigung Chinas – wieder in Anlehnung an Landes – eine monolithische Einheit, die den Wettbewerb und den wissenschaftlichen Fortschritt behinderte. Während Europa ungefähr zur Zeit der Renaissance aus Dutzenden von konkurrierenden Staaten bestand, was Herrscher über kleine Staaten dazu anspornte, sich neue Technologien anzueignen, um der Konkurrenz einen Schritt voraus zu sein, gab es eine solche Wettbewerbsatmosphäre in China nicht. Das vereinigte und zentralisierte China mit seinen Wurzeln im Konfuzianismus war letztendlich eine Gesellschaft, die sich nur langsam veränderte.

Admiral Zheng auf Seefahrt

Vor diesem Hintergrund ist es wohl passend, die Geschichte von Admiral Zheng zu erzählen. Als Eunuch am Hof von Ming segelte er im 15. Jahrhundert sieben Mal über den Indischen Ozean, bis nach Afrika. Die Größe seiner Flotte – 300 Schiffe und 28.000 Seefahrer – blieb bis zum Ersten Weltkrieg unübertroffen. (Die Flotte von Kolumbus, die etwa 80 Jahre nach Zhengs Reisen die Meere überquerte, setzte sich aus lediglich drei Schiffen und 90 Seefahrern zusammen.) Der Grund dieser umfangreichen Unternehmung wurde nie aufgedeckt.

Man weiß, dass Zhengs Förderer starb und ein Machtkampf zwischen den Eunuchen des Hofes und den konfuzianischen Amtsträgern entbrannte. Die siegreichen Anhänger des Konfuzianismus setzten Zhengs Seefahrten ein Ende. Um die Situation noch zu verschlimmern, erließ der Hof von Ming im Jahre 1500 eine offizielle Sperre für das Besegeln des Ozeans und ließ die vielen Werften zerstören, in denen die großen Seeschiffe gebaut wurden.

Das friedfertige Himmlische Königreich hatte es nicht nötig, den Handel mit dem Ausland zu suchen; es musste nur auf die Ausländer warten, die von sich aus kamen. Dank solcher Händler wurde China im 18. Jahrhundert zum Mittelpunkt eines globalen Handels. Seine unübertroffenen Teesorten, Seidenstoffe und Porzellane waren überall in Asien und Europa gefragt.

Die Briten klopfen (zuerst) an

Trotz ihrer Selbstgefälligkeit war die Volkswirtschaft Chinas Anfang des 19. Jahrhunderts die größte auf der Welt. Chinas BIP machte, wie in Abbildung 1.1 gezeigt, etwa ein Drittel der Produktionsleistung auf der Welt aus. Tatsächlich übertraf China in diesem Punkt Westeuropa, Japan, Amerika und Russland zusammengenommen. Aufgrund seines selbsttragenden Wachstums, seiner starken Regierung und seiner Abgeschirmtheit überkam das Land – besonders die Herrscherschicht – ein Gefühl der eigenen Überlegenheit. Die Chinesen waren überzeugt, dass es keinen Anlass dafür gäbe, sich um Dinge zu kümmern, die außerhalb des Landes vor sich gingen.

ABBILDUNG 1.1 *Ausgewählte BIPs: 1600–2001*

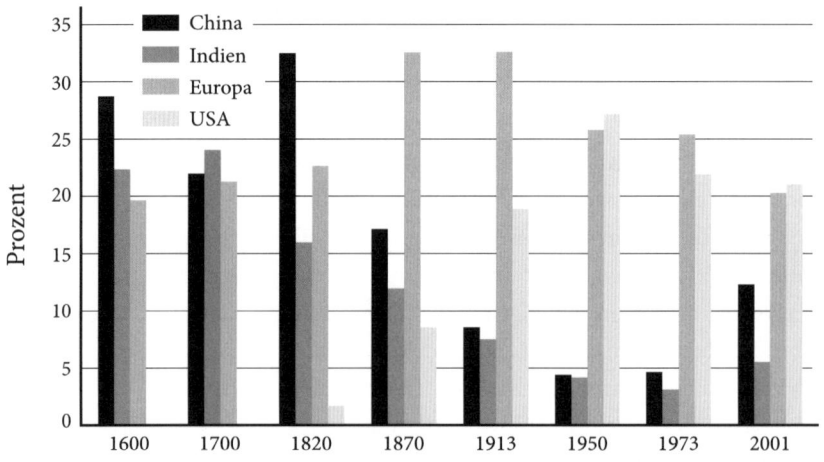

Quelle: Maddison, Angus, *The World Economy Historical Statistics*

So wusste China nichts von den seismischen Veränderungen in Europa, die durch die industrielle Revolution ausgelöst wurden. Europa widmete sich dem technischen Fortschritt und neuen Produktionsmethoden; in China herrschte Stillstand. Besonders Großbritannien, wo die Produktion in rasantem Tempo immer effizienter wurde, musste in ausländische Märkte expandieren. Der steigende Lebensstandard in Großbritannien schuf auch eine unersättliche Nachfrage nach Tee, Seide und Porzellan. Das Resultat: Im Jahre 1792 schickten die Briten ihren Gesandten George Macartney zu Kaiser Qianlong, um die Handelsbedingungen mit China zu verbessern und mehr Handelsposten in Küstenstädten errichten zu lassen. Das rapide aufsteigende britische Weltreich stieß mit seinen Vorschlägen zum kulturellen und kommerziellen Austausch im insularen Qing-Kaiserreich auf wenig Interesse.

Landes (2006) berichtet, dass Kaiser Qianlong die folgenden Zeilen verfasste, um den Anlass in Erinnerung zu behalten:

Nun erweist uns England seine Ehrerbietung.
Die Verdienste und Tugenden meiner Vorfahren müssen ihre entlegenen Küsten erreicht haben.
Obwohl ihre Ehrerweisung eine banale Sache ist, weiß ich die Geste sehr zu schätzen.
Kuriositäten und die prahlerische Raffinesse ihrer Geräte schätze ich nicht.

Der Kaiser brachte seine Verachtung nicht nur über die Geschenke, sondern auch über ihren Überbringer zum Ausdruck. Der Hof von Qing bestand darauf, dass Lord Macartney vor dem Kaiser einen Kotau machen sollte: eine Handlung, die es erfordert hätte, dass er sich so tief verneigt bis sein Kopf den Boden berührt. Der Brite weigerte sich und bestand darauf, nur eine Kniebeuge zu machen und sich vor dem Kaiser nur so zu verbeugen wie vor seinem britischen Monarchen. Die Folge war, dass es zu keiner Einigung kam. Der Hof bereitete stattdessen ein Edikt vor, in dem stand, dass das gewaltige und erfinderische China keinerlei Bedarf an den Gütern und Dienstleistungen habe, die von den Briten zur Verfügung gestellt werden könnten, und daher nicht an Handel interessiert sei.

Lord Macartney wurde umgehend fortgeschickt und angehalten, China sofort zu verlassen. In seinem Tagebuch verglich Macartney China mit einer „alten, verrückten, erstklassigen Galeere … die möglicherweise nicht sofort sinkt; sie driftet vielleicht für eine gewisse Zeit noch als Wrack umher, bevor sie an der Küste in Bruchteile zerschellen wird."

Der chinesische Hof erließ weiterhin strikte Befehle an all seine Gouverneure, keinen Handel und keine Geschäfte, gleich welcher Art, mit den Briten zu treiben, mit der absoluten Ausnahme eines einzig anerkannten Handelspostens für Europäer in der südlich gelegenen Stadt Guangzhou (auch unter dem Namen Kanton bekannt).

KOLONIALISMUS: EIN JAHRHUNDERT DER DEMÜTIGUNG

Nach wie vor fand Handel zwischen den beiden Ländern statt, wenn auch nur in begrenztem Maße, und für die Beteiligten war dieser Austausch höchst gewinnbringend. China exportierte Tee, ein teures Gut, das zu dieser Zeit sonst nirgendwo auf der Welt zu haben war, und erhielt im Gegenzug Silber – das am kaiserlichen Hof sehr gefragt war. Als die Silberpreise jedoch in den Himmel schossen, sahen sich die Briten nach einer anderen Handelsware um, die günstiger zu produzieren war. Opium passte perfekt. Die Droge wurde unter einem von den Briten genehmigten Monopol, mit der Einschränkung, dass das Opium nur an China verkauft werden durfte, in Plantagen in Indien angebaut.

Der Plan der Briten war äußerst profitabel – für die Briten. Die Auswirkungen für die Chinesen waren katastrophal, Abertausende verfielen der Droge. Die Nachfrage und die Sucht nach Opium stiegen gemeinsam in ungeahnte Höhen – von 1820 bis 1832 verfünffachten sich die Umsätze von 500.000 auf 2,5 Millionen Pfund. Das Ausmaß der Opiumabhängigkeit, das dadurch geschaffene Chaos und der Abfluss von Gütern und Geld zum Kauf der Droge schreckten die Qing-Regierung auf und sie versuchte verzweifelt den Handel einzuschränken.

Die Briten ignorierten die Bemühungen der Regierung, der Gewinn war zu hoch, als dass sie ihn aufgeben wollten. In einem verzweifelten Versuch, den Handel, der eine vernichtende Wirkung auf das Leben der Chinesen und deren Volkswirtschaft hatte, zu unterbinden, ordnete der Hof von Qing im Jahre 1838 schließlich ein vollständiges Opium-Verbot an und konfiszierte über 2 Millionen Pfund der Droge.

In einer aufwendigen Zeremonie wurde das konfiszierte Opium anschließend in speziell für diesen Anlass konstruierte und mit Kalk und Meerwasser gefüllte Gräben geschüttet, wodurch es unwiederbringlich zerstört wurde. Dieses Ereignis gilt bei den Chinesen als Äquivalent zur Boston Tea Party.

Es steht außer Frage, dass die chinesische Gesellschaft durch die Opiumsucht Schaden nahm. Und es gibt kaum einen Zweifel, dass die britischen Händler von

Profitsucht getrieben wurden. Sie waren ganz und gar nicht erfreut über die schweren finanziellen Verluste, die durch die Konfiszierung und Zerstörung des Opiums entstanden. Sie wendeten sich an ihre Regierung und die Regierung reagierte.

Die Briten kehren zurück, diesmal mit Waffengewalt

Im Jahre 1839 brach der Erste Opiumkrieg aus. Die Kriegsflotte und britische Marinesoldaten fielen über die Südküste in China ein. Als Vorwand dienten ihnen der freie Handel und der Schutz britischer Auswanderer. Obwohl die Volkswirtschaft Chinas um ein Mehrfaches größer als die britische war, war die chinesische Wehrtechnik veraltet und machtlos gegen die Geschütze der Briten. 1842 wurde China dazu gezwungen, den Vertrag von Nanking zu unterzeichnen. Sie stimmte damit zu, fünf Dörfer, die man fortan Handelshäfen nannte, für britische Konsule, Geschäftsleute und Missionare zu öffnen. Des Weiteren mussten die Chinesen der Abspaltung von Hongkong zustimmen. Nicht einmal diese umfassende Niederlage konnte das den Chinesen angeborene Gefühl der eigenen Überlegenheit trüben. Die Regierung sah kaum Anlass sich zu ändern und Neuerungen wurden nicht ermutigt.

In den darauffolgenden turbulenten Jahren – mit weit verbreitenden Unruhen, die ihren Höhepunkt im bekannten Taiping-Aufstand fanden – setzte sich der unaufhaltsame Niedergang der Qing-Dynastie fort. Die Briten nutzten die Situation und leiteten im Jahre 1856 den Zweiten Opiumkrieg ein, dem sich kurz darauf die Franzosen anschlossen. 1860 marschierten beide europäischen Armeen in Peking ein und brannten den Alten Sommerpalast nieder, der angeblich in punkto Opulenz und künstlerische Sammlungen an den Buckingham-Palast heranreichte. Der französische Schriftsteller Victor Hugo sprach darüber als eine der größten Tragödien der Geschichte.

Massiv unter Druck gesetzt, unterschrieb China einen weiteren ungerechten Vertrag, durch den die beiden ausländischen Staaten zusätzliche Privilegien erhielten. Zahlreiche weitere Verträge folgten in kurzen Abständen und ermöglichten es anderen Ländern, darunter Deutschland und Japan, Konzessionen zu erhalten und Militärbasen auf chinesischem Grund zu errichten.

Fremdenfeindlichkeit härtet ab, lehrt jedoch auch

Zum Ende des 19. Jahrhunderts nahmen sich die Chinesen ihre wiederholten Niederlagen gegen die Europäer schließlich zu Herzen. Obwohl sie die Ausländer zunehmend verachteten – in vielen Fällen entstand zügelloser Hass – kamen die Chinesen zu der Erkenntnis, dass das Verständnis westlicher Doktrinen und Überzeugungen notwendig ist. Beides, Verachtung und Notwendigkeit, war eine direkte Folge der Erfahrungen mit zwei völlig unterschiedlichen Arten von Ausländern, die erfolgreich in China eingedrungen waren.

Bei der ersten Gruppe handelte es sich um Missionare, die ab Anfang des sechzehnten Jahrhunderts einwanderten, um das Wort Gottes zu verbreiten. Um die Rechtmäßigkeit ihrer Überzeugungen zu demonstrieren, versuchten diese Prediger – besonders die Jesuiten – die Überlegenheit ihrer Kultur zu demonstrieren, indem sie neue Arten der Bildung und neue Techniken einführten.

Jesuiten wie Matteo Ricci und Johann Adam Schall von Bell lernten die chinesische Sprache und übersetzten die westliche Wissenschaft der Kartographie und die Astronomie von Galileo. Zur Freude des Hofes brachten und bauten die Jesuiten Uhren und weitere mechanische Geräte. Andere Jesuiten leiteten das kaiserliche Amt für Astronomie und überwachten Fertigungsanlagen, die astronomische Instrumente und schwere Artillerie produzierten.

Der zweite Zustrom von Ausländern im 18. und 19. Jahrhundert kam hauptsächlich um Geld zu verdienen. Diese Menschen blickten zumeist auf die Chinesen herab, lernten die Sprache nicht und sammelten sich in geographischen Enklaven, für die ihre Regierungen extraterritoriale Rechte erworben hatten. Bis zum heutigen Tage zeigen Reiseführer in Shanghai den Ort, an dem die Briten ein Schild aufstellten, auf dem stand: keine Hunde und keine Chinesen. (Wenngleich auch die historische Echtheit eines solchen Schildes in Frage gestellt wurde, brachte Kampfsportkünstler Bruce Lee Kinobesucher zum Jubeln, als er ein solches Schild in seinem Klassiker *Die Faust des Rächers* in Stücke schlug.)

Den Chinesen waren die kleineren und größeren Demütigungen, die sie von den kurz zuvor zugewanderten Ausländern hinnehmen mussten, zwar ein Dorn im Auge, aber zugleich waren sie von den Errungenschaften und dem Reichtum ihrer ungebetenen Gäste beeindruckt. Shanghai war beispielsweise kaum mehr als ein Fischerdorf, als die Briten es zum Handelsposten machten. Innerhalb von 50 Jahren wurde es zur größten Handelsstadt im Fernen Osten, größere Finanzzentren gab es lediglich in New York und London. Ausländer errichteten attraktive Wohnungen und Gewerbebauten am Bund – einer Uferpromenade am Huangpu-Fluss. Dieses Gebiet war wiederum Teil einer größeren Einheit namens Internationale Siedlung, wo man nach europäischen Regeln und Gebräuchen lebte.

Die berauschende Mischung aus Opium und Geld zog Menschen aus aller Welt an. Popkultur, Laster, intellektueller Diskurs und politische Intrige blühten auf. 1912 wurde die Qing-Dynastie von Sun Yatsen und seiner Kuomintang-Partei (KMT) zu Fall gebracht. Die Intrigen nahmen im Laufe der Jahre sogar noch zu. 1921 wurde die Kommunistische Partei Chinas in der Stadt gegründet (Mao Zedong war eines der zwölf Gründungsmitglieder); vier Jahre später wurde Chiang Kai-shek der neue Anführer der KMT. 1929 wurde das Cathay Hotel (jetzt unter dem Namen Peace Hotel bekannt) erbaut, eines der luxuriösesten seiner Art im Fernen Osten. Glastafeln von Lalique schmückten seine Pforten; Charlie Chaplin und Bernard Shaw waren dort zu Gast; Noël Coward beendete in einem der Zimmer sein Stück *Private Lives*. Und Chiang Kai-shek feierte in einem der Ballsäale seine Verlobung.

Trotz der Heiterkeit der internationalen High Society in dieser einen Stadt versank der Rest des Landes allmählich im Chaos, die Kriegsfürsten bekämpften einander und die Einkommensunterschiede wurden markanter. Im Kern blieb China ein im Wesentlichen semikoloniales Land, von fremden Mächten dominiert und beleidigt. Die Demütigungen führten zu Entstehung von Fremdenfeindlichkeit, selbst in den Rängen der aufgeklärten Elite. Zu ihr gehörten auch die Nachkommen derjenigen Chinesen, die schon vor Jahrhunderten mit den Jesuiten in Kontakt gekommen waren. Die wahren Absichten des Westens wurden suspekt; politische Ideale wie Demokratie, Gleichheit und Gerechtigkeit wurden allmählich als Parolen betrachtet, die nur dazu dienten, die Chinesen zu unterwerfen und barbarische Taten im Namen des Kolonialismus zu rechtfertigen. Woodrow Wilson wurde zu einer besonderen Enttäuschung. Obwohl China im Ersten Weltkrieg auf der Gewinnerseite stand, wurde die deutsche Konzession im Nordosten Chinas (offiziell eine Pacht über 99 Jahre ähnlich wie in Hongkong) letztendlich nicht zurückgegeben und stattdessen den Japanern überlassen, um ihre Unterstützung bei der Friedenskonferenz von Versailles im Jahre 1919 zu erlangen.

Die Japaner, die selbst seit Kurzem den neuesten Stand der Technik erreicht hatten und besorgt um ihr eigenes Kaiserreich waren, wollten mehr. 1931 fielen sie in der Mandschurei ein; 1932 entsandten sie Truppen nach Shanghai und erlangten weitere Konzessionen in der Stadt; 1937 machten sie sich daran, das ganze Land zu erobern. Im Dezember desselben Jahres besetzten sie die damalige Hauptstadt Chinas – Nanjing – und begingen eine der furchtbarsten Gräueltaten des Zweiten Weltkriegs: das Massaker an 300.000 Zivilisten und die Vergewaltigung und Verstümmelung mehrerer Hunderttausend Menschen. Das Ziel dieser Schreckenstaten war es, den Kampfeswillen der Chinesen vollständig auszulöschen. Dieses Ziel wurde nicht erreicht.

Mao macht seinen Zug

Tatsächlich schlossen sich die Kommunisten und die KMT, die sich zuvor in einem das ganze Land umfassenden Bürgerkrieg bekämpften, aufgrund der umfassenden Invasion der Japaner – vorübergehend – zusammen.

Die Kommunisten wurden von Mao Zedong (1893–1976) angeführt, dem Sohn einer wohlhabenden Bauernfamilie. Anders als viele seiner Genossen, so wie Deng Xiaoping, bereiste Mao nie den Westen oder befasste sich nie mit der dortigen Mentalität. Er besuchte traditionelle chinesische Schulen und war in hohem Maße von der chinesischen Tradition beeinflusst, nach der es Aufgabe der Regierung war, die Probleme der gesellschaftlichen Ungleichheit und Ungerechtigkeit zu lösen. Er interessierte sich für Karl Marx Analyse des Klassenkampfes und verwendete sie als Grundstein, um eine sozialistische Gesellschaft zu schaffen, die frei von ausländischer Herrschaft und erschreckender Ungleichheit sein sollte.

Mao, ein brillanter Stratege, machte sich den erstaunlich ausgeprägten Einkommensunterschied zwischen Bauern und Gutsherren zunutze und entwickelte eine innovative Strategie für einen Bauernaufstand. Er stellte schnell eine umfassende Bauernarmee zusammen, die angezogen wurde von seinem verkündeten Ziel, Land neu zu verteilen. Parolen gegen die Japaner spornten die Bauern weiter an. Mao spürte die zunehmende Unzufriedenheit mit Chinas Schwäche sowie die fehlende Einheit unter den Rängen der Elite und überzeugte zahlreiche Intellektuelle davon, sich seiner Revolution anzuschließen.

Nach der offiziellen Niederlage der Japaner im September 1945 nutzte Mao schnell das Nachkriegschaos und die weit verbreitete Feindseligkeit gegen die mittlerweile korrupte und inkompetenten Herrschaft der KMT-Regierung unter Chiang Kai-shek. Obwohl die Amerikaner die KMT bei der Fortführung des Bürgerkrieges unterstützten (oder gerade deswegen), triumphierte Mao über Chiang Kai-shek und gründete im Jahre 1949 die Volksrepublik China. Ausländer flohen in ihre Heimatländer und zwei Millionen Anhänger der KMT-Partei überquerten die See nach Taiwan. Damit endete Chinas Jahrhundert unter fremder Regierung, das „Jahrhundert der Demütigung", wie Mao es nannte.

KOMMUNISMUS: EIN GROSSER SCHRITT VORWÄRTS – UND RÜCKWÄRTS

Es wirkt schon wie eine Ironie, dass China nach seiner Ablehnung der ausländischen Herrschaft und zügellosen Fremdenfeindlichkeit im nächsten Schritt eine radikale europäische Philosophie übernahm. Sowjetrussland wurde eingeladen, bei der Implementierung dieser Philosophie zu helfen, was wahrscheinlich das erste Mal war, dass Ausländer von Chinesen gebeten wurden, zum Wohlstand ihres Landes beizutragen.

Unter der Führung Maos wurde China zu einer Planwirtschaft im sowjetischen Stil mit strenger Kontrolle durch die Regierung. Er bat sowjetische Experten an der Entwicklung Chinas mitzuwirken. Obwohl starke Regierungen eine jahrhundertealte Tradition in China besaßen, gab es in der Landesgeschichte keine, die sich nach Größe und Eigeninitiative mit der kommunistischen Schöpfung vergleichen ließe. Durch eine zunehmende Bürokratie unterstützt, machte sich Mao auf, um sein Ideal eines starken und wirtschaftlich wachsenden Chinas zu verwirklichen. Er wollte eine moderne, industrialisierte Nation schaffen und die qualvolle Armut der Bauern bekämpfen.

Das Land war nach Jahrzehnten des Bürgerkrieges und der Besetzung durch die Japaner in einem solch katastrophalen Zustand, dass es nur aufwärts gehen konnte. Zwischen 1949 und 1952 wurden beachtliche wirtschaftliche Fortschritte erzielt, die durch die Ausbesserung der Infrastruktur, die Umverteilung von landwirtschaftlichem Besitz von den Gutsherren zu den Bauern und die Zentralisierung des monetären Systems* erreicht wurden.

Die Kommunisten brachten den Chinesen zunächst Stabilität und legten den Grundstein für zukünftigen Wohlstand. Ihr nächster Schritt bestand darin – ganz im Sinne ihres sowjetischen marxistischen Modells – eine Reihe von Fünfjahres-Plänen anzufertigen (eine Strategie, die auch heute noch verfolgt wird, obwohl sich die Implementierung und der Inhalt der Pläne im Laufe der Jahre drastisch verändert haben). Der erste Plan, der für die Jahre von 1953–1957 gültig war, stellte das industrielle Wachstum über die landwirtschaftliche Produktion und sah für den Staat die totale Kontrolle vor. Alle Einrichtungen in Privatbesitz wurden von der Regierung geschluckt. Im Jahre 1958 standen über 97 Prozent der chinesischen Volkswirtschaft unter der direkten Kontrolle der

---

* Im Dezember 1948, noch bevor die Kommunisten die volle Kontrolle übernahmen, führten sie den Renminbi ein, eine Währung, die auf dem traditionellen, jahrhundertealten Yuan basiert. Im Zuge einer kompletten Umgestaltung, um die Hyperinflation ein für alle Mal zu beseitigen, deklarierte die Regierung im Jahre 1955, dass ein Renminbi fortan äquivalent zu 10.000 alten Yuan sei. Die zwei Begriffe – „Renminbi" und „Yuan" – werden heute nach wie vor gebraucht und sind im Grunde austauschbar. Außerhalb des Festlandes von China können die Begriffe leicht Verwirrung stiften. Wir halten uns in diesem Buch an den Stil des *Wall Street Journals* und verwenden den Begriff „Yuan", um die Währung auf dem Festland Chinas zu bezeichnen.

Regierung, hauptsächlich in Form von Staatsunternehmen (SOEs, state-owned enterprise). Landwirtschaftliche Aktivitäten wurden unter einem Kommunensystem durchgeführt und über 90 Prozent der Bauern wurden gezwungen daran teilzunehmen.

Die Kontrolle des Landes durch die Kommunisten war sehr weitgreifend und betraf nicht nur wirtschaftliche, sondern auch gesellschaftliche Aspekte. Es herrschte eine relativ puritanische Atmosphäre. Shanghais Peace Hotel, das während der Kriegsjahre geschlossen war, öffnete im Jahr 1956 wieder – ohne den Glanz und die Dekadenz der 20er. Wie der Wirtschaftsberater Tim Clissold in seinem Buch *Mr. China* schreibt, gab es in der Lobby ein Schild, das den Gästen aus dem Ausland untersagte „irgendjemanden über Nacht mit auf ihr Zimmer zu nehmen". Drogen und Prostitution wurden verboten; Vergewaltiger wurden hingerichtet oder ins Gefängnis geworfen. Die Stellung der Frauen wurde durch Regelungen aufgewertet, die Lotusfüße und Kindeshochzeiten abschafften, und mit einem neuen Gesetz erhielten Frauen die Möglichkeit, die Scheidung einzuleiten. 1956 wurde ein internationales Pass-System eingeführt, mit dem es effektiv verboten wurde, innerhalb des Landes ohne Erlaubnis zu reisen. Jeder musste zum Wohl des Landes arbeiten und frühere Titel und Stellungen verloren ihre Bedeutung.

Mao schafft ein neues System mit einem großen Schritt nach vorne

Das war aber noch nicht alles. Mao war der Auffassung, dass es einen großen Schritt nach vorne geben müsste und dies wurde im zweiten Fünfjahres-Plan festgehalten (1958–1962). Um die wirtschaftliche Entwicklung voranzutreiben, befahl Mao die Einführung mehrerer unerprobter und unrealistischer Techniken, durch die die landwirtschaftliche und industrielle Produktion vorangetrieben werden sollte. Karl Marx Motto „Jeder nach seinen Fähigkeiten, jedem nach seinen Bedürfnissen" schien vorzuherrschen. Leider versäumten es die Maoisten, einen professionellen Maßstab für berufliche Fähigkeiten zu perfektionieren; Millionen ungelernter Stadtbewohner und Bauern wurden in Bewegung gesetzt, um Stahl in veralteten Öfen herzustellen. Die Folge war eine sehr schlechte Produktqualität und eine umfassende Verschwendung von Ressourcen. Die Umlenkung unausgebildeter Arbeitskräfte in Projekte der Industrie und Infrastruktur, die fehlenden Anreize auf persönlicher Ebene (in gewisser Weise war „jedem nach seinen Bedürfnissen" nicht weithin akzeptiert) und das Auftreten regionaler Dürren und Überflutungen führten zu einem drastischen Rückgang der

Getreideproduktion. Schätzungsweise 20 bis 30 Millionen Menschen starben aufgrund der darauffolgenden Hungersnot, wahrscheinlich die größte Tragödie dieser Art in der Geschichte Chinas.

1960, inmitten der großen Verwüstung auf gesellschaftlicher und wirtschaftlicher Ebene, entstand eine massive Kluft zwischen den Sowjets und den Chinesen. Im Laufe der Jahre entstanden nach und nach Spannungen, weil man sich über Gebietsgrenzen und nukleare Fähigkeiten nicht einig wurde; im Juni 1960 kam es zur Eskalation, als Nikita Chruschtschow Mao in der Öffentlichkeit „einen Nationalisten, einen Abenteurer und einen Abweichler" nannte. Die Antwort der Chinesen bestand darin, Chruschtschow „einen Revisionisten" zu nennen. Die Beleidigungen saßen; einen Monat später riefen die Russen kurzerhand 1.390 Experten zurück – unter ihnen Ingenieure, Techniker, und Agrarwissenschaftler – und stellten einseitig alle Zulieferungen von wichtigen Fabrikationsteilen ein, die in Zusammenarbeit produziert wurden. Dieser Rückzug bedeutete für hunderte groß angelegten Projekte den totalen Stillstand und China musste den Gürtel noch enger schnallen. Der Rückzug festigte ebenfalls das Misstrauen der Chinesen gegenüber Ausländern.

Nach den „Drei Bitteren Jahren", wie diese Zeit hin und wieder genannt wird, kam der große Schritt nach vorn zu einem ruckartigen Halt. Maos Ruf litt enorm und seine gewaltige politische Ausstrahlung nahm Schaden. Nach einem Treffen des Politbüros im Jahre 1961, das seiner verheerenden Politik ein akutes Ende bescherte, war er gezwungen eine Rolle zu übernehmen, die eher im Hintergrund spielte. Und im Zuge dieser Entwicklung konzentrierte sich die Regierung auf die Verbesserung der Nahrungsmittelproduktion und versäumte es, einen dritten Fünfjahres-Plan zu entwickeln.

Mao macht mit einer Kulturrevolution reinen Tisch

Obwohl die Landwirtschaft neu belebt wurde, war Mao mit seiner Rolle im Hintergrund nicht zufrieden; die wahren Anhänger seiner Revolution standen hinter ihm. Mit ihrer Unterstützung brachte Mao 1966 einen dritten Fünfjahres-Plan (1966–1970) heraus und leitete die berühmte Kulturrevolution ein, durch die zehn Jahre des absoluten Chaos herbeigeführt wurden – Jahre, in denen die Welt der Chinesen auf den Kopf gestellt wurde. Während beim großen Schritt nach vorn von den Bauern verlangt wurde, Stahl zu produzieren, wurden im Zuge der Kulturrevolution Facharbeiter und gebildete Jugendliche ihren Familien entrissen und zur Arbeit auf die Felder geschickt. Politiker blieben nicht verschont; unter ihnen befand sich Deng Xiaoping, der in eine Traktorenfabrik in die ländliche Jiangxi-Provinz geschickt wurde.

Maos verkündetes Ziel war es, die Pragmatiker loszuwerden, die er als „kapitalistische Hunde" bezeichnete, aber auf die die Partei mittlerweile angewiesen war, und eine paradiesische Gesellschaft zu schaffen. Die Revolution führte zu einer Säuberung von pragmatischen Beamten auf allen Ebenen. Die Verfolgung forderte hunderttausende Todesopfer und Millionen von Menschen wurden verletzt. Mao hielt junge Studenten dazu an als „Rote Garden" zu patroullieren, um seine Theorie zu propagieren. Universitäten und Fabriken wurden geschlossen und Transportmittel auf landesweiter Ebene lahmgelegt. Die Volkswirtschaft brach fast gänzlich zusammen. Bücher wurden verbrannt und zahlreiche geschichtliche Schauplätze, Objekte und Gebäude zerstört. Wohlhabende Familien vernichteten freiwillig Antiquitäten und Familienerbstücke, um ihre Loyalität gegenüber der Revolution zu demonstrieren. Viele Chinesen sehen in dieser Verwüstung die größte Kulturvernichtung in ihrer Geschichte, vielleicht aus dem Grund, dass die Zerstörung vor nicht allzu langer Zeit stattfand.

Die Kulturrevolution endete und China blieb in einem durch und durch isolierten Zustand zurück. Es war zur Hälfte von feindlichen Militärbasen der Amerikaner umgeben (in Südkorea, Japan, Taiwan und Südostasien) und nach der Eskalation der Streitigkeiten mit der Sowjetunion waren die Chinesen ebenfalls mit einer ernstzunehmenden Bedrohung durch die Sowjets aus dem Norden und Westen konfrontiert. Die Beziehungen zwischen den zwei Mächten waren an einem solchen Tiefpunkt angelangt, dass die direkte Verbindung zwischen Moskau und Peking aufgegeben wurde. Wie Patrick Tyler, Korrespondent bei der *New York Times*, in *A Great Wall* (1999) berichtet, versuchte der sowjetische Ministerpräsident Alexei Kossygin die Verbindung im April 1969 wiederherzustellen. Der chinesische Telefonist leitete den Anruf nicht weiter und sagte zum Premierminister: „Sie sind ein Revisionist und daher werde ich Sie nicht verbinden." Da sein Ersuch mit Mao zu sprechen abgelehnt wurde, bat er darum, mit Premierminister Zhou zu sprechen. Wieder nannte der Telefonist Kossygin einen Revisionisten und legte auf. Kurz darauf trugen China und die UdSSR einen erbitterten Grenzkrieg aus.

Anfang der 70er war die Volkswirtschaft Chinas völlig ruiniert. Die meisten Dörfer hatten keine Elektrizität, die Automobilindustrie basierte auf der Technik der 30er und was wohl am schlimmsten war, die Volkswirtschaft in Taiwan florierte. Drastische Maßnahmen waren erforderlich, um mit der internen Krise sowie mit der Bedrohung von außen fertig zu werden. Zu diesem für die Geschichte Chinas bedeutenden Zeitpunkt demonstrierte Mao seine außerordentlichen Fähigkeiten als Staatsmann. Obwohl er seinen Sohn während des Koreakrieges durch eine Splitterbombe der Amerikaner verlor, fing er damit an, funktionierende Beziehungen zu den Vereinigten Staaten als Gegengewicht zur Bedrohung durch die Sowjets aufzubauen. Am 6. April 1971, bei einem Ereignis, das von der Zeitschrift Time „das Tischtennis, das man überall auf der Welt hören konnte" genannt wurde, erhielt die amerikanische Tischtennis-Mannschaft, die an der Meisterschaft in Japan teilnahm, von chinesischen Spielern eine Einladung zu einer pauschal bezahlten Reise nach Festlandchina. Über diese Reise wurde von der internationalen Presse genauestens berichtet.

Nicht berichtet wurde über Henry Kissingers heimlichen Besuch in China im selben Sommer, eine Reise, die den Grundstein für Präsident Nixons historischen Besuch in China im Februar 1972 legte. Dies wiederum war die Grundvoraussetzung dafür, dass sich China irgendwann der Welt öffnen konnte.

Heute sind die Meinungen der Chinesen über Mao eher gemischt. Während sie ihm seinen Patriotismus und die Vereinigung Chinas nach Jahrzehnten des Bürgerkrieges und einem Jahrhundert unter Fremdherrschaft danken, sind sie auch wütend über die Millionen, die während des großen Schrittes nach vorn und der Kulturrevolution sterben mussten. Genauso verübeln sie ihm den in der Folge falschen Weg, den China zur Entwicklung der Volkswirtschaft einschlug. Und es wirkt schon sehr ironisch, dass das Gesicht des Mannes, der nichts mit Geld zu tun hatte, nun auf der Währung des größten Landes der Welt abgebildet ist.

KAPITALISMUS: EINE EINZIGARTIGE VARIANTE

Kurz nach dem Tod von Mao im Jahre 1976 wurde Deng Xiaoping der oberste Herrscher über China. Er wurde 1904 als Sohn einer Gutsherrenfamilie in der Sichuan-Provinz geboren und ging mit 16 als Zeitstudent nach Frankreich. Er machte sich bei den jungen und idealistischen revolutionären Studenten einen Namen als Pragmatiker und Lebemann – einer, der Croissants und andere französische Delikatessen genoss. Er wurde mit so weltlichen Dingen wie Finanzierungsfragen und Druckaufgaben betraut.

Deng wird allgemein die Wiedereinführung des Kapitalismus in die moderne Volkswirtschaft Chinas zugeschrieben. Er sprach von „Sozialismus mit chinesischen Merkmalen", und betonte – vermutlich mit Bezug zur Kulturrevolution – dass diese Philosophie nicht geteilte Armut bedeute. Wie er am 30. Juni 1984 deklarierte, war in seinen Augen „Massenarmut kein Sozialismus und noch weniger Kommunismus." Ein beliebter Witz in Peking fasst Dengs Strategie zur Reform Chinas auf eine lebhafte Art zusammen: Auf der Straße in die Zukunft treffen sich Clinton, Jelzin und Deng an einer Kreuzung. Clinton biegt rechts ab. Jelzin sagt seinem Fahrer, dass er Clinton folgen soll. Deng sagt seinem Fahrer, dass er links blinken und rechts abbiegen soll.

Dengs lange politische Laufbahn war von all den Lastern begleitet, die man mit Macht assoziiert. Als Veteran des Langen Marsches der 30er war er der zweitwichtigste „kapitalistische Hund", den man während der Kulturrevolution in den 60er Jahren verfolgte. In dieser Zeit wurde einer seiner Söhne von Roten Garden von einem hohen Gebäude gestoßen und blieb daraufhin auf Lebenszeit gelähmt. Deng wurde von Mao 1974 aus seiner Verbannung zurückgeholt, um die Ordnung wiederherzustellen, aber ein Jahr später geriet er erneut unter Beschuss. Die politisch sehr einflussreiche Ehegattin Maos und ihre Anhänger, die unter dem Namen Viererbande bekannt waren, warfen ihm vor, damit begonnen zu haben, einige der radikaleren Gesetze Maos zu verändern. Nachdem die Viererbande 1981 in Ungnade fiel und eingesperrt wurde, konnte Deng seine pragmatischen Reformen unbehelligt fortsetzen.

Die Reformen sind implementiert

Anders als Mao ließ Deng es nicht zu, dass Ideologien den politischen Weg bestimmten. Sein Ansatz bestand eher darin, zu beobachten, was funktionierte oder vielversprechend erschien und es dann zu ermutigen. Tatsächlich kennt man die Zeit unter seiner Führung als Ära der Reformen oder einfach der Reformen ohne große Namen. Zur selben Zeit begann er damit, einige der extremeren Anordnungen Maos zu entschärfen.

In der Landwirtschaft fiel Deng beispielsweise auf, was im Dorf Xiao Gang, das zum Bezirk Feng Yang in der Provinz Anhui gehört, passierte. In den Jahren unter Mao wurden zwanzig Bauernfamilien zusammengepfercht, um eine Produktionseinheit in einer großen landwirtschaftlichen Kommune zu bilden. Da sie ihren Hunger nie stillen konnten, beschlossen sie, das Land unter sich aufzuteilen. Mit 17 Fingerabdrücken und drei Stempeln besiegelten sie bei einem geheimen Treffen im Jahre 1978 einen Vertrag über die Aufspaltung des Landes. Nach diesem Vertrag arbeitete jede Familie im Grunde eigenständig und die Nahrungsproduktion erhöhte sich drastisch.

Trotz der erheblich ansteigenden Produktion und der Beseitigung des Hungers bei den Bauern, stieß das Experiment anfangs auf Ablehnung und Widerstand bei der lokalen kommunistischen Regierung. Deng erkannte die Situation und wies hochrangige Amtsträger darauf hin, dass die Produktionsvorgabe, für höhere Lebensstandards zu sorgen, wichtiger sei als die ideologische Reinheit. Er stimmte mit den Bauern in dem Punkt überein, dass das größte Problem der Planwirtschaft darin läge, dass sie die Produktivität der Menschen zunichte mache. Im Dezember 1978 überwachte er eine politische Maßnahme der Regierung, die diverse Kontrollmechanismen der Regierung lockerte.

Unter dem Einfluss von Deng wurden die landwirtschaftlichen Produktionsgemeinschaften im ganzen Land abgebaut und den Bauern wurde mitgeteilt, dass sie mit dem Überschuss, den sie über eine festgelegte Produktionsquote hinaus erwirtschafteten, machen könnten, was sie wollen. Die Resultate waren immens. Der Bezirk Feng Yang wurde zu einer der Kornkammern Chinas und konnte sowohl seine Produktionsleistung als auch den Lebensstandard der Bevölkerung erheblich verbessern. Nach Weltbankberichten wurden allein in den 80er Jahren 250 Millionen Chinesen aus der absoluten Armut befreit— einer der großartigsten Fortschritte in der Geschichte der Menschheit.

Der Hunger ist unvergessen

In einem bestimmten Sinne setzte die Kulturrevolution den Grundstein für den Erfolg von Dengs Reformen nach Mao. Die Radikalen ergriffen extreme Maßnahmen und die Umstände verschlechterten sich für alle derart, dass jeder den Wandel wollte. Noch heute verfolgt die Erinnerung an den Hunger die Generation, die in Maos späten Jahren geboren und aufgewachsen ist. Ein hochrangiger Beamter der Regierung erzählte uns von seinen Jugenderinnerungen an ein Dorf, wo es nur einmal im Jahr Fisch zu essen gab. Heute ist Fisch jeden Tag erhältlich. Er nutzt diese Geschichte, um kompromisslose Kommunisten, von denen es nach wie vor viele gibt, an den Unterschied zwischen heute und den harten, puritanischen Jahren unter Mao zu erinnern.

Ein Bankier hohen Standes, der im Jahre 1963 geboren wurde, erzählt uns, dass in seiner Erinnerung an die Jugendzeit das Hungergespenst eine Konstante ist. Als er auf die Universität ging, wog er in etwa die Hälfe von dem, was er heute wiegt (er verriet uns auch, dass seine Frau der Meinung sei, dass er jetzt etwas abnehmen solle). Was für ein außerordentlicher Wandel für diesen Menschen in knapp über vier Jahrzehnten: von einem immer hungrigen, knochendürren Jugendlichen zu einem leitenden Angestellten in einem großen Finanzunternehmen, in dem außergewöhnliche Delikatessen aus Yunnan zum Essen serviert werden.

Eine neue Atmosphäre gewinnt die Oberhand

Unter Deng verschwanden die massiven Klassenkampfkampagnen. Intellektuelle und Facharbeiter, die in ländliche Gegenden verbannt wurden, wurden wieder in den Städten willkommen geheißen und zur Teilnahme an wirtschaftlichen Aktivitäten angespornt. Universitäten öffneten wieder und Kapitalisten – die ehemaligen Geschäftsinhaber – durften sich der Kommunistischen Partei anschließen.

Deng förderte auch eine Wirtschaftspolitik der offenen Tür. Er sagte: „Die Erfahrungen der letzten ungefähr 30 Jahre haben uns gelehrt: Mit einer Politik der geschlossenen Tür können wir unsere Volkswirtschaft nicht entwickeln." Der Außenhandel wurde gefördert und in Städten wie Shanghai, Guangzhou, und Shenzhen entstanden spezielle Wirtschaftszonen, in denen ausländische Investitionen massiv anstiegen. Viele Studenten reisten nach Übersee, um neue Technologien und Wirtschaftsmethoden zu studieren. Deng schloss sich den Reisen der Studenten an und wurde 1970 zum ersten chinesischen Staatsoberhaupt, das seit der Machtübernahme der Kommunisten 1949 die Vereinigten Staaten besuchte.

Wie Patrick Tyler schrieb, „vertraute Deng auf eine Eigenschaft der Menschen, der Mao bei seinem eigenen Volk misstraute – ihrem unaufhaltsamen Fleiß. Mao versuchte ihn zu kontrollieren, ihn für die Revolution zu formen: Dengs einfache, aber geniale Idee war es, ihm einfach freie Bahn zu lassen."

Eine Reaktion entsteht

Durch die Freisetzung des unternehmerischen Geistes in China kehrten auch viele der alten Laster zurück. Drogen und Prostitution tauchten wieder auf und die Korruption blühte. Millionen verloren ihre Arbeitsstelle, da ineffiziente Staatsunternehmen dazu gezwungen waren, sich anzupassen oder im neuen Wettbewerbsumfeld unterzugehen. Studenten begannen, ihre Meinung kundzutun, immer lauter, auf immer größer werdenden Versammlungen. Im Sommer des Jahres 1989 erreichten die Demonstrationen auf dem Tiananmen-Platz in Peking einen Höhepunkt, gerade zu der Zeit, als das Oberhaupt Sowjetrusslands, Michail Gorbatschow, zu Besuch in China weilte. Während seiner Amtszeit hatte Gorbatschow eine Reihe wirtschaftlicher und politischer Reformen eingeführt. Deng befürwortete wirtschaftliche Reformen, war aber der Auffassung, dass Gorbatschows politische Reformen verheerende Auswirkungen auf China hätten. Daher beendete Deng die Demonstrationen der Studenten auf dem Tiananmen-Platz mit Gewalt (ein Jahr darauf brach die Union der Sozialistischen Sowjetrepubliken zusammen und wurde in viele verschiedene nationale Einheiten aufgespalten).

Die Hardliner glaubten, dass Deng zu lange auf diesen Zusammenbruch gewartet habe. In einer Phase verbissener interner politischer Machtkämpfe wurden interne Unterdrückung und wirtschaftliche Sparpolitik gefördert. Ausländische Investoren suchten das Weite und die Wirtschaftsaktivität ging stark zurück. Auch die Inflation verlangsamte sich und die Hardliner sahen in der resultierenden Rezession Zeichen für eine Rückkehr der guten alten Zeiten des reinen Kommunismus.

Deng macht sich auf in Richtung Süden

Nachdem Cäsar den Rubikon überschritten hatte, wurde Rom nie wieder das alte. Deng unternahm im Alter von 87 Jahren eine ähnlich folgenschwere Reise. Der alte Mann ließ die Hardliner in Peking zurück und machte sich 1992 in den Süden auf, um das Land daran zu erinnern, dass die alte Zeit nicht gut war und die Lebensumstände viel besser sein sollten. Durch diese dramatische Reise erreichte Deng einen erstaunlichen Wandel in China, von einer maoistischen Sackgasse zu einer der größten Volkswirtschaften der Erde. „Reich zu werden ist ruhmvoll!" sagte er seinem Volk und das hörte von ganzem Herzen zu und reagierte voller Enthusiasmus. Die Hardliner in Peking konnten die Botschaft nicht ignorieren.

Deng betonte den Stellenwert wirtschaftlicher Entwicklung und kritisierte all diejenigen, die Reformen und Öffnung gegenüber der Außenwelt behinderten. Das Timing seiner berühmten „Reise in den Süden Chinas" hätte nicht besser sein können. Sie kam zu einem Zeitpunkt, als die weltweiten Zinssätze ein historisches Tief erreichten. Durch die neu entstandenen Wachstumsmöglichkeiten angezogen, strömte ausländisches Kapital nach China. Viele Investoren stellten fest, dass das Risiko in China aufgrund der hohen Wachstumsraten weniger groß war als anfangs gedacht. 2005 überholte das sogenannte „kommunistische" Land die gewaltigen „kapitalistischen" Vereinigten Staaten als größte Empfänger ausländischer Direktinvestitionen. Investoren reagieren ganz klar auf Gewinnerwartung und nicht auf Etiketten.

Das nächste Kapitel befasst sich mit den vollständigen Auswirkungen von Dengs Reformen; an dieser Stelle genügt es, darauf hinzuweisen, dass sich die heutigen ausländischen Direktinvestitionen in China maßgeblich von den früheren unterscheiden. Chinas Politik der „offenen Tür" ist ein ideales Beispiel dafür, welche bittere Lektion China aus den Beziehungen zum Westen während der Zeit des Kolonialismus und Kommunismus lernen musste: Es gibt vieles, was man vom Rest der Welt übernehmen kann, aber die Übernahme muss zu chinesischen Bedingungen und Konditionen erfolgen. China ist fest entschlossen, die wirtschaftliche und diplomatische Unabhängigkeit des Landes aufrechtzuerhalten.

In seinen letzten Jahren leistete der bemerkenswerte Deng einen wichtigen Beitrag zu Chinas politischer Stabilität. Verglichen mit den meisten kommunistischen Oberhäuptern, die während ihrer Amtszeit ums Leben kamen, war er der erste Anführer, der seine Position freiwillig aufgab. Er führte einen geordneten Nachfolgeprozess sowie eine Form der Amtszeitbegrenzung ein. Als er im Februar 1997 im Alter von 92 Jahren starb, war Dengs einziger Titel der des Ehrenvorsitzenden der Chinesischen Brückenbaugesellschaft.

ZUSAMMENFASSUNG

Angesichts dieses kurzen geschichtlichen Rückblicks auf China scheinen sich viele Elemente der Vergangenheit in den heutigen Perspektiven und Strategien des Landes widerzuspiegeln.

Konfuzianismus. Im Laufe der gesamten chinesischen Geschichte und bis zum heutigen Tag sind Bildung und Respekt vor den Vorfahren wesentliche Bestandteile der chinesischen Gesellschaft. Während Familie und Verehrung der Urväter in vielen Kulturen einen hohen Status haben, zeichnet sich China besonders dadurch aus, dass auch Bildung einen sehr hohen Stellenwert hat. Heute reicht die Ehrfurcht vor der Bildung vom Interesse an Kunst und Regierungsführung bis hin zu Handel, Wissenschaft und Technik. China war über mehrere Jahrhunderte das mächtigste Land der Welt und die Erinnerung daran löst in Regierung und Bevölkerung das Bedürfnis aus, erneut chinesische Überlegenheit zu demonstrieren.

Kolonialismus. Das Ende des „Jahrhunderts der Demütigung" hatte zur Folge, dass China bestrebt war, seine alte Vormachtstellung wieder zu erlangen und so wie früher respektiert zu werden. Gleichzeitig gelangte China zu der unangenehmen Erkenntnis, dass das eigene Land vom Rest der Welt lernen muss. Nachholbedarf bestand vor allem in der Wissenschaft und in westlichen Institutionen. Das Zeitalter der Globalisierung hob diese beiden Aspekte noch weiter in den Vordergrund: China wird gegenüber neuen Ideen und neuen Technologien offen bleiben, will aber nicht, dass Ausländer jemals wieder irgendwelche Aspekte der chinesischen Gesellschaft beherrschen oder kontrollieren.

Kommunismus. Klassenunterschiede wurden während der Herrschaftsjahre Maos vielleicht nicht gänzlich abgeschafft, aber deutlich reduziert. Bei der Erniedrigung und Unterdrückung von Menschen wurden kaum Unterschiede gemacht: Bauern und Intellektuelle, Gutsherren und Arbeiter – alle litten unvorstellbar. In gewissem Sinne entstand ein sozialer Neuanfang und heute besteht das Gefühl, dass sozialer Aufstieg in einem Ausmaß möglich ist, wie nie zuvor in den Zeiten des Konfuzianismus und Kolonialismus. Letztendlich hinterließen die Maojahre bei den Chinesen das unauslöschliche Brandzeichen, nie wieder Hunger und Armut erleben zu wollen; das konfuzianische Konzept, dass Gewinn etwas Schlechtes ist – von Mao auf brutale Weise durchgesetzt – gilt im heutigen China nicht mehr.

Kapitalismus. Auf der Grundlage der kommerzialisierten Volkswirtschaft der Vergangenheit hat der landeseigene Sozialismus mit chinesischen Merkmalen – auch als Kapitalismus bekannt – China außerordentlichen Wohlstand und zahlreiche Chancen beschert. Das zunehmende Prestige auf internationaler Ebene macht deutlich, dass die unter Deng eingeleitete Reform der Wirtschaft funktioniert und beibehalten werden sollte. Dennoch bleibt die Reform und ihre weitere Ausgestaltung ein einzigartiges Experiment, ein Experiment, bei dem China seinen eigenen Weg bestimmen wird und das Ziel vor Augen hat, Macht und Ehre zurückzuerlangen, die ihm rechtmäßig zustehen. Wie wir in den folgenden Kapiteln sehen werden, müssen all diese Faktoren bei der Entwicklung einer chinesischen Investitionsstrategie miteinbezogen werden.

Kapitel 2

Die Gegenwart:
Chinas atemberaubende Errungenschaften

Was Chinas Erfolg so beachtlich macht,
ist der Kontrast zu den wirtschaftlichen Fehlschlägen
der europäischen Länder, die sich vom Kommunismus abwandten.
– Harvard-Soziologe Ezra F. Vogel

„Ich war in der Zukunft und es ist China." Nach unserem Besuch Chinas im Jahre 2006 ließen wir es uns nicht nehmen, Lincoln Steffens berühmtes Zitat abzuändern.

Wir sahen Shanghai, das sich in weniger als 20 Jahren in ein städtisches Ballungszentrum verwandelte, in dem die Anzahl atemberaubender Wolkenkratzer und vornehmer Appartement-Komplexe Manhattan in den Schatten stellt.

Die Aufregung der chinesischen Bürger überall in den Küstengebieten war spürbar: Millionen von Menschen, ständig in einer optimistischen Eile, hetzten mit Handys am Ohr durch die Straßen, sie trugen Aktenkoffer und Rucksäcke, Schuhe von Prada, Uhren von Piaget und Anzüge von Gucci.

Wir waren beeindruckt vom Können und der Sachlichkeit der Regierungsbeamten, die wir trafen. Einige von ihnen hatten lukrative Stellen im Westen aufgegeben, um nach China zurückzukommen und an seiner großartigen Renaissance teilzunehmen.

Wir konnten uns selbst davon überzeugen, dass es sich bei durchschnittlichen jährlichen Wachstumsraten von 9 Prozent nicht um eine Übertreibung handelt. Bestätigt wurden unsere anekdotenhaften Beweise von einem Professor der Wirtschaftswissenschaften an der Peking-Universität, Guoqing Song, der uns auf einem privaten Dinner in Peking verriet, dass die Volkswirtschaft Chinas weiterhin mit 9 bis 10 Prozent im Jahr wachsen sollte, selbst wenn unsere eigenen Vorhersagen gemäßigter ausfielen. Wir haben seine Behauptung nicht einfach im gutem Glauben akzeptiert: Professor Song wird ständig von chinesischen institutionellen Anlegern zitiert, die seinen genauen BIP-Vorhersagen vertrauen. Er konnte während seiner Zeit als befristeter Dozent an der Princeton-Universität und an der Universität von Chicago, wo er Forschungen über die chinesische Volkswirtschaft durchführte, auch amerikanische Anhänger gewinnen. China ist unserer Einschätzung nach kein Schwellenland mehr. Es hat die Schwelle auf spektakuläre Weise überschritten. Wie der Vorsitzende des Zentralbanksystems der Vereinigten Staaten (kurz: Fed) Ben S. Bernanke anmerkte, gibt es keinen geschichtlichen Präzedenzfall für eine solche Entwicklung. Anlässlich einer Jahrestagung der Fed im Jahr 2006 sagte er: „Kolumbus Reise in die Neue Welt führte letzten Endes zu einem enormen Wandel auf wirtschaftlicher Ebene... aber die vollständige Integration der Neuen und Alten Welten nahm Jahrhunderte in Anspruch. Im Kontrast dazu geht die wirtschaftliche Öffnung Chinas, die erst vor weniger als 30 Jahren richtig begann, rasant vonstatten und sie scheint sich sogar noch zu beschleunigen."

In diesem Kapitel geben wir einen kurzen Rückblick auf die vergangenen 30 Jahre in China und beschreiben die Schritte, die dort unternommen wurden, um den aktuellen Stand zu erreichen.

Die Statistiken sind beeindruckend

Die folgenden, weithin akzeptierten Statistiken eignen sich ideal, um Ihnen einen Vorgeschmack davon zu geben, was Sie erwartet:

- China ist die drittgrößte Handelsnation auf der Welt.
- China ist mit Währungsreserven in Höhe von mittlerweile über 1 Billion Dollar ein sehr bedeutender internationaler Investor.
- Je nach verwendeter Messmethode (Ökonomen lieben es neue Berechnungsarten zu schaffen, sodass sie über die Resultate in großen Veröffentlichungen diskutieren können) hat China entweder die viert- oder zweitgrößte Volkswirtschaft weltweit.
- In China gibt es nun 170 Städte mit mehr als 1 Million Einwohnern (in den USA gibt es 10 solcher Städte). Und in diesen Städten gibt es einige Beispiele der modernsten und bemerkenswertesten Architektur der Welt. In Anbetracht des gewaltigen kommenden Booms, ist es nicht verwunderlich, dass China nach den aktuellen Statistiken über 45 Prozent des Zements und über 30 Prozent des Stahls, des Eisenerzes und der Kohle verbraucht, die weltweit produziert werden.
- Es gibt in China über 400 Millionen Nutzer von drahtlosen Telefonanschlüssen, das sind 100 Millionen Menschen mehr, als in den USA leben.

Und im Jahre 2011 wird die Zahl der Nutzer aus China auf deutlich über 600 Millionen geschätzt.

- Die Bevölkerung Chinas ist nun für über 12 Prozent des weltweiten Umsatzes von Luxusgütern verantwortlich und gemessen an den Konsumausgaben besetzt China inzwischen mit Rang drei einen der Spitzenplätze. Lediglich in den Vereinigten Staaten und in Japan ist der Konsum höher. Der Analyst Jacques-Franck Dossin von Goldman Sachs & Co. glaubt, dass China innerhalb von zehn Jahren zum Top-Luxusmarkt der Welt wird.

- Bentley ist stolzer Hersteller des teuersten Autos der Welt – der 728er Stretch-Limousine im Wert von 1,2 Millionen Dollar – und hat davon durch seine Niederlassung in Peking mehr Exemplare verkauft als durch irgendeine andere Zweigstelle auf der Welt.

Der wirtschaftliche Wandel ist ein Novum

Diese Statistiken sind sogar noch faszinierender, wenn man sich Chinas geschichtliche Entwicklung der letzten Jahre vor Augen hält und einem klar wird, wie unfassbar schnell dieser unglaubliche wirtschaftliche Wandel vonstatten ging. Die folgenden Beispiele aus verschiedenen Bereichen der Wirtschaft geben einen beachtlichen Eindruck.

Anfang der 70er basierte Chinas Automobilindustrie auf Technik der 30er Jahre. 2005 wurde China zum ersten Mal in seiner Geschichte Nettoexporteur für Autos und Lastwagen. 2006 war Chinas Unternehmen Geely Automobile Co. Aussteller auf der Detroit Auto Show; und bei der Show im Jahre 2007 stand Changfeng mit seinem innovativen CT3-Konzept anstelle von GM und Ford im Rampenlicht. China zielt nun darauf ab, seinen Export von Fahrzeugen und Autoteilen bis zum Jahr 2116 auf 120 Milliarden Dollar zu erhöhen. Laut Wei Jianguo, dem stellvertretenden Handelsminister, entspricht dies 10 Prozent des gesamten Handelsvolumens auf dem weltweiten Fahrzeugmarkt.

Während der Kulturrevolution wurden Universitäten und Schulen überall in China geschlossen. Nur das Werk Maos selbst war offiziell verfügbar, Bibliotheken wurden geschlossen, Romane und Gedichte waren nicht erhältlich. „Gebildete Jugendliche", diejenigen mit zumindest einem gewissen Maß an Hochschulbildung, durften ihre Studien nicht fortsetzen und wurden aufs Land geschickt, um mit den Bauern zu arbeiten. Laut der Weltorganisation für geistiges Eigentum, einer Organisation der Vereinten Nationen, stiegen die Patentanmeldungen in China im Jahre 2005 und verglichen mit dem Vorjahr um 44 Prozent, wodurch das Land von Platz 13 auf Platz 10 der meisten Anmeldungen rutschte. Der Anstieg hält an. 2006 meldete die Weltorganisation einen Anstieg der chinesischen Anmeldungen um 56 Prozent, was zu einer Platzierung auf Rang 8 führte. Vor vierzig Jahren war das Schienennetz in China weniger entwickelt als das der Vereinigten Staaten zur Zeit des amerikanischen Bürgerkrieges. Die chinesische Regierung nutzte die Situation zur Propaganda und erfand einen kreativen Werbespruch, der auf einem gewaltigen Plakat am Hauptbahnhof in Peking prangte: „Besser ein sozialistischer Zug mit Verspätung als ein kapitalistischer Zug, der pünktlich ist." Heute sind Teile des Bahnsystems von China ihren Pendants in den Vereinigten Staaten weit überlegen. China besitzt beispielsweise die weltweit einzige gewerbliche Magnetschwebebahn, die bis zu 430 Stundenkilometer schnell fährt; diese Art von Zug wird durch Magnete über dem Gleis gehalten. Und im Juli 2006 wurde in China ein Luxuszug eingeführt, der zu einem 48-Stunden-Trip nach Tibet locken soll. Während der Fünf-Sterne-Zug – der nachweislich umweltfreundlichste der Welt – durch die schneebedeckten Berge fährt, die das „Dach der Welt" genannt werden, genießen die Fahrgäste die Aussicht aus Wagons, die über eine eigene Luftdruckregulierung verfügen. Auf dieser Reise ist kein Druckausgleich nötig!

Als die Kulturrevolution ihren Höhepunkt erreichte, wurde die Tsinghua-Universität – das Massachusetts Institute of Technology Chinas – im wahrsten Sinne des Wortes zum Schlachtfeld, Studentenfraktionen bekämpften sich mit

ABBILDUNG 2.1   *Was für einen Unterschied 30 Jahre machen können: China 1977 und 2007*

	1977	2007
politische Indoktrination:	mehrmals die Woche	kaum mehr; die Menschen sind zu beschäftigt damit Geld zu verdienen
Privatbesitz:	nicht gestattet	ermutigt
Standardbekleidung:	blaue oder grüne Mao-Jacke	Anzüge von Armani
Kosmetika:	nicht auszudenken!	Avon, Revlon, Lancôme Paris
alltägliche Ernährung:	Lo mein	Starbucks Sandwich
Kassenschlager:	Shining Red Star	die Harry Potter-Filme
Populäre Musik:	Der Osten ist rot	Heavy Metal
Standardgetränk:	Mao Tai	Wein aus Bordeaux
Unterhaltung:	Karten spielen	Golf

Maschinenpistolen, Gewehren und Molotovcocktails und brannten in ihrem Krieg Gebäude nieder, um den richtigen Bildungsweg für die Menschen zu bestimmen. Die in Ungnade gefallenen Revisionisten waren der Auffassung, dass es Aufgabe der Bildung sei – besonders an dieser wissenschaftlichen Einrichtung – Studenten von Experten durch reguläre Studien in diversen Gebieten ausbilden zu lassen. Maoisten glaubten, dass Bildung das gesellschaftliche Bewusstsein von Arbeitern erweitern sollte und dass dies am besten durch weniger Zeit in einem Klassenzimmer und mehr Zeit auf Feldern und in Werkstätten erreicht werden könnte. Diese Universität – das Zuhause von Nobelpreisträgern für Physik – wurde sogar Zeuge des Geständnisses eines leitenden Dozenten, der Fehler eingestand und schwor, dass die Prinzipien der Wissenschaft nicht mehr gelehrt werden würden. Nur etwas über 30 Jahre später machen auf chinesischen Universitäten jährlich rund 200.000 Ingenieure ihren Abschluss, verglichen mit 60.000 in den Vereinigten Staaten.

China konsumiert mehr, produziert mehr, hat mehr Absolventen und – durch den immer größer werdenden wirtschaftlichen Einfluss – kauft mehr, insbesondere prestigeträchtige internationale Marken zum Sonderangebotspreis. Seit Beginn des neuen Jahrtausends haben chinesische Unternehmen Benelli, den ältesten Hersteller von Motorrädern in Italien, den deutschen Werkzeugmaschinenhersteller Schiess, den es seit 140 Jahren gibt, eine französische Konservenfabrik, die Tomatensauce in der Provence verkauft und die PC-Abteilung von IBM gekauft. Die vielleicht sensationellste Markenakquisition ist Nanjing Automobiles Übernahme der legendären British MG. Zur absoluten Blütezeit des Unternehmens stand MG für „Morris Garage"; heute stehen die Initialen für die neuen chinesischen Sportwagen (mit Motoren aus britischen Werkstätten, die nach China geschifft wurden), für „Modern Gentleman". „Es ist wie beim Kochen", so Wang Hongbiao, der Vorsitzende von Nanjing, „man muss das ursprüngliche Aroma beibehalten."

Gelehrte äußern sich zu den fünf Faktoren des Erfolges

Die obige Darstellung zeigt nur einen kleinen Ausschnitt des beispiellosen wirtschaftlichen Wachstums, das die drei vergangenen Jahrzehnte mit sich gebracht haben. In China: Die Bilanz (2006) behaupten der ideenreiche ehemalige Beamte des US-amerikanischen Schatzamtes, C. Fred Bergsten, und seine Kollegen, dass fünf Faktoren den Schlüssel zu Chinas unglaublichem Wandel liefern: „das Zulassen der Marktkräfte, das Öffnen der Volkswirtschaft für den Handel und für Direktinvestitionen nach innen, ein hohes Spar- und Investmentniveau, der strukturelle Wandel der Arbeiterschaft und Investitionen in die Grundschulbildung."

Zulassen der Marktkräfte. In den Jahren unter Mao wurden Konsumgüter rationiert und es standen kaum Grundnahrungsmittel zur Verfügung. Universitätsstudenten wurde nach dem Ende ihres Studiums sofort eine Arbeitsstelle zugewiesen – das Konzept eines Vorstellungsgespräches für einen Job, den man gerne hätte, kannte man nicht. Gehälter wurden durch den Staat bestimmt und Umzüge innerhalb des Landes fanden nur in stark reduziertem Maße statt. Der Staat plante das Leben der Bürger von der Wiege bis zur Bahre. Im Laufe der vergangenen 30 Jahre haben Marktkräfte langsam, aber unausweichlich viele dieser von der Regierung gesteuerten Regelungen ersetzt. Unternehmen haben sich in puncto Produktivität und Rentabilität enorm gesteigert und tausende ineffizienter Staatsunternehmen wurden aufgelöst oder gingen in Konkurs. Rationierungen gibt es nicht mehr und Konsumgüter überschwemmen die Märkte geradezu.

Öffnung für die Weltwirtschaft. Das China von heute hat eine der weltoffensten Volkswirtschaften. Das Niveau des effektiven Schutzes durch Zölle, das den inländischen Unternehmen zusteht, ist eins der niedrigsten von Schwellenländern überhaupt. Ganz in der Manier einer freien Marktwirtschaft hat diese Offenheit zu erhöhter Effizienz und Wettbewerbsfähigkeit unter den Unternehmen des Landes geführt, was China zum kosteneffizientesten Produktionszentrum der Welt macht. Dies hat wiederum zu erhöhter Rentabilität und einem nachfolgenden Anstieg der Kapitalquellen geführt.

Hohes Sparniveau. Chinas Sparquoten gehören zu den höchsten der Welt und sind im Rahmen der Reformen sogar noch gestiegen. Vor dem Jahr 1978 belief sich die jährliche nationale Bruttosparquote auf schätzungsweise 27 Prozent des BIPs; heute befindet sie sich in etwa bei 50 Prozent. (Im Kontrast dazu ist diese Quote in den USA mehr oder minder bei Null.) Das Kapital aus den Ersparnissen wurde für die Modernisierung von Produkten verwendet, was wiederum die Rentabilität und den dazugehörigen Kapitalzufluss noch mehr gesteigert hat. Mit seinen umfassenden finanziellen Ressourcen fiel es China leicht, in die Verbesserung der Infrastruktur zu investieren.

Wandel der Arbeiterschaft. Aufgrund der extremen Knappheit von kultivierbarem Land in China ist die landwirtschaftliche Produktivität relativ gering. Als die wirtschaftliche Reform zu einer höheren Mobilität der Arbeiterschaft führte, verließen hunderte Millionen von Arbeitern, mehr als die gesamte Erwerbsbevölkerung der USA, den landwirtschaftlichen Sektor, um ihr Glück im profitableren Bereich der Produktion zu suchen.

Investitionen in die Bildung. China ist unter den Weltmächten in dem Punkt einzigartig, dass in seiner Geschichte durchgehend Wert auf Bildung gelegt wurde. Tatsächlich ist Chinas öffentliches Bildungssystem vor Hochschuleintritt das umfangreichste der Welt. Massenbildung war bereits in den 50ern ein verkündetes Ziel; im Jahre 1977 belief sich der Alphabetisierungsgrad auf 66 Prozent, 2003 auf 89 Prozent. Im Jahre 1986 wurde ein Gesetz der allgemeinen Bildungspflicht eingeführt, das neun Jahre Unterricht für alle Kinder vorschrieb. Dank den Jahren unter Mao wurde auch das weibliche Geschlecht bei der Definition von Massenbildung mit einbezogen. Bergsten und seine Koautoren glauben, dass genau darin ein ausschlaggebender Anreiz für Auslandsinvestitionen in das produzierende Gewerbe entstand: „Die Arbeiterschaft ist überproportional weiblich" und „grundlegende Bildung war in diesen ausländischen Niederlassungen des produzierenden Gewerbes eine essenzielle Grundvoraussetzung für die Schaffung einer relativ produktiven Arbeiterschaft."

TABELLE 2.2 *Tiananmen: Folgen – Ausgewählte Statistiken, 1989 und 2006*

	1989	2006
BIP (in Mrd. $)	451	2.687
Konsum (in Mrd. $)	226	1.019
Pro-Kopf-BIP ($)	403	2.043
Ausländische Direktinvestition (in Mrd. $)	3,39	63
Gesamte Anzahl von Privatautos	730.000	23 Mio.

Quelle: *Bosera Asset Management Co.*

Der Schatten über der Wirtschaft, der auf dem Tiananmen-Platz entstand, verschwindet

Die Volkswirtschaft in China wurde nach der Eskalation auf dem Tiananmen-Platz und dem nachfolgenden Abzug der Auslandsinvestitionen drastisch zurückgeworfen. Als Deng sich in den Süden aufmachte, empfingen die Chinesen seine Botschaft mit so viel Enthusiasmus, dass Barton Biggs, zu dieser Zeit ein berühmter Investment-Guru bei Morgan Stanley, nur sieben Jahre nach dem Vorfall auf dem Tiananmen-Platz verkündete: „Nach sechs Tagen in China bin ich auf die Lage eingestimmt, überfüttert und spekuliere absolut auf eine Hausse."

Während es für Gurus einfach ist, gewagte Prognosen zu machen, und für Spekulanten leicht, in chinesische Unternehmen zu investieren, haben viele individuelle Investoren Angst davor, im Falle einer Wiederholung der Ereignisse auf dem Tiananmen-Platz alles zu verlieren.

Wie die Tabelle unten zeigt, ist China inzwischen so weit fortgeschritten und der Mittelstand seit 1989 so stark gewachsen, dass die Wahrscheinlichkeit eines so gravierenden wirtschaftlichen Abschwungs weitaus geringer ist. In diesem Stadium des chinesischen Aufschwungs steht einfach zu viel auf dem Spiel und die Regierung müsste zu viele Menschen verprellen.

China schließt sich der Welthandelsorganisation (WTO) an

Der Hauptgrund für Chinas Offenheit der Weltwirtschaft gegenüber ist seine Mitgliedschaft in der Welthandelsorganisation (World Trade Organization, WTO). Sobald Dengs Botschaft angekommen und der Boom der Volkswirtschaft begonnen hatte, widmete sich China der Lobby-Arbeit zum Beitritt der WTO, mit dem Ziel, dem Land einen umfassenderen Marktzugang für seine Güter zu verschaffen. Die Organisation, die offiziell im Jahre 1994 gegründet wurde, verlangte von China eine Gegenleistung in Form einer Öffnung für ausländische Direktinvestitionen. Chinesische Beamte – insbesondere die Maoisten der alten Schule – waren über diese Forderung empört. Die Verhandlungen, in denen die Vereinigten Staaten eine ausschlaggebende Rolle spielten, verliefen angespannt. Die Spannungen wurden noch durch die einflussreichen Beauftragten aus Taiwan verschärft, die die Abmachung zunichte machen wollten.

Während sich die Verhandlungen in die Länge zogen, diskutierten Ökonomen, Politiker und viele andere über die Auswirkungen, die Chinas Mitgliedschaft mit sich bringen würden. In einer vorausschauenden Abhandlung stell-

ABBILDUNG 2.3 *Anstieg von Chinas BIP: 2002—2006*

Jahr	Anstieg (%)
2002	9,1
2003	10,0
2004	10,1
2005	10,2
2006	10,7

Quelle: *Chinas Statistisches Bundesamt*

ten zwei australische Ökonomen, Kym Anderson und Anna Strutt, die These auf, dass ein WTO-Beitritt Chinas die Wachstumsrate des BIPs von 7,8 auf 9,2 Prozent beschleunigen würde. Die beiden waren auch der Auffassung, dass eine Mitgliedschaft das Handelsvolumen Chinas um über ein Viertel erhöhen würde. Auch in China wusste man von solchen Argumenten und die Befürworter des wirtschaftlichen Wandels machten von ihnen kompromisslos Gebrauch, um die Hardliner von der Öffnung der Volkswirtschaft zu überzeugen und sie dazu zu bewegen, einen großen Teil der Forderungen anzunehmen.

Im Dezember 2001 trat China der WTO offiziell bei. Die Auswirkungen waren für China sowie auch die USA enorm. Einige Jahre später hieß es in einem Memo des US-Außenministeriums aus dem Amt für Angelegenheiten im ostasiatischen und pazifischen Raum, dass „China jetzt einer der wichtigsten Märkte für Exporte aus den Vereinigten Staaten ist: Im Jahre 2005 beliefen sich die Exporte der USA an China auf 41,8 Milliarden Dollar, mehr als doppelt so viel wie die 19 Milliarden Dollar vor dem chinesischen WTO-Beitritt 2001 und über 20 Prozent mehr als 2004. Die landwirtschaftlichen Exporte der USA sind beachtlich gestiegen, was China zu unserem viertgrößten landwirtschaftlichen Exportmarkt macht (hinter Kanada, Japan und Mexiko). Über denselben Zeitraum (2001–2005) sind die US-Importe aus China von 102 Milliarden auf 243,5 Milliarden Dollar gestiegen."

Und Chinas Exporte beschränken sich nicht ausschließlich auf die USA. China ist nun die drittgrößte Handelsnation der Welt. Wie Bergsten und seine Kollegen in ihrem Buch schrieben, „erweitern Chinas Verpflichtungen gegenüber der WTO die Rolle des Marktes, vor allem im Finanzwesen, Vertrieb und in anderen Branchen – Bereiche, in denen die Einführung der Marktkräfte verglichen mit den Güter- und Arbeitsmärkten verzögert vonstatten ging. Chinas

Verpflichtungen gegenüber der WTO haben die Offenheit, die schon vor dem Beitritt 2001 bestand, abgesichert und sie zusätzlich noch erhöht."

Die Tabelle zeigt, dass die Vorhersagen von Anderson und Strutt konservativer Natur waren.

Chinas Unternehmen nutzen die Gelegenheiten

Die oben angegebenen Statistiken werden der kreativen Energie und dem entfesselten unternehmerischen Geist seit der Ära der Deng'schen Reformen nicht vollständig gerecht. Heute behalten kluge Vertreter der Industrie und clevere Individuen die Evolution ihrer Volkswirtschaft genau im Auge und passen ihre Geschäftsideen an, verändern sie oder entwickeln gleich gänzlich neue, um wettbewerbsfähig zu bleiben.

Anpassung: ein Auftrieb für BHs. Nach den Vereinbarungen mit der Europäischen Union (EU) und den Vereinigten Staaten muss China seine Textillieferungen in beide Gebiete reduzieren. Das führte zu spürbaren Auswirkungen auf die sog. „Bra Towns" – Fertigungszentren, die bis vor kurzem billige BHs überall in der Welt verkauft haben. Die Antwort einiger chinesischer Top-BH-Hersteller bestand darin, viel Geld in das Design und die Vermarktung erstklassiger BH-Produkte mit hoher Gewinnspanne zu investieren (alle BHs der Sorte „Victoria's Secret" kommen aus China). Diese Produkte erhöhen nicht nur den Gewinn, sondern werden von der Regierung auch bei der Berechnung des Exportvolumens besonders behandelt.

Ein Hersteller, die ACE Style Intimate Apparel Ltd., ging so weit, einen zweijährigen Lehrgang zu finanzieren, der zu einem BA für Dessous an der Technischen Hochschule in Hongkong führte. Dr. Joanne Yip, eine Dozentin am Institut für Textilien & Kleidung der Universität, nahm uns mit auf eine Führung durch dieses Programm. Es war anders als jede Hochschultour, an der wir jemals beteiligt waren.

Wir gingen in einen Raum, der voll von Ankleidepuppen war, die in farbenprächtiger Spitze, in BHs aus Seide und in Tangas gekleidet waren. Entworfen wurden die Textilien von Studenten aus dem ersten Jahr. Die Puppen waren ebenso einzigartig. Sie entstanden anhand eines 3D-Scans eines Models und waren die ersten ihrer Art, die „eine lebensechte Frau simulieren, um an ihr BHs und Slips anzupassen." Mit anderen Worten sind die Puppen an wichtigen Stellen weich und können manipuliert und verstellt werden, um den Sitz und die

Design-Ziele in verschiedenen Variationen auszuprobieren. Eine Anmeldung beim amerikanischen Patentamt läuft bereits.

In der Fachliteratur für zukünftige Studenten werden die Ankleidepuppen hoch gelobt:

- Spürt die Weichheit
- Spürt die Glätte; eng anliegende Stoffhaut, so weich und so elastisch wie eine Lady
- Flexible Körbchengröße; abnehmbare und austauschbare künstliche Brüste

Diese Puppen eignen sich besonders gut für männliche Studenten; weibliche Studentinnen haben eigene Ankleideräume, in denen sie die verschiedenen BH-Konzepte und Stoffe selbst austesten können. Aber dennoch verwenden Studenten in diesem Programm bei ihren Anproben oft echte Menschen als Modell, ganz so wie auch Künstler Nacktmodelle bevorzugen.

Bis auf eine Ausnahme sind alle Schneiderpuppen in diesem Programm für BHs der Größe 75B konstruiert. Sie eignet sich für die Mengen von zierlichen chinesischen Frauen, denen wir auf unserer Reise häufig begegnet sind. Wir wiesen Dr. Yip daraufhin, dass die Größe in den Vereinigten Staaten nicht passen würde. Sie zeigte uns daraufhin eine neue Puppe, die für BHs der Größe 80C gebaut wurde. Für größere BHs ist das Programm auf lebendige Testpersonen angewiesen und dafür werden immer Ausländer hinzugezogen. „Das Problem", sagte sie, „besteht darin, dass es extrem schwierig ist, hier Menschen zu finden, die einen BH der Größe 90D brauchen."

So unglaublich es klingt, all dies ist wahr. Wie ein Professor, der BH-Studien in England unterrichtet, zum Ausdruck brachte, „ist es offensichtlich, dass sich Chinas BH-Hersteller nicht länger auf Kostenvorteile verlassen; bei der nahtlosen Fertigung stehen sie ganz oben – wir könnten das nicht nachmachen."

Im ersten Studienjahr bewarben sich 150 Interessenten, 33 wurden genommen. Während die Hälfte der chinesischen Kunststudenten nach ihrem Studienabschluss ein beachtliches Maß an Zeit damit verbringt, einen Arbeitsplatz zu finden, haben die Absolventen der BH-Studien keine Probleme. Dr. Yip erklärte, dass einige Unternehmen sogar versuchen, Studenten für sich zu gewinnen, bevor sie den Studiengang überhaupt abgeschlossen haben.

Wandel: eine Metamorphose für Weihnachtsbäume. Die Geschichte der Familie Kao ist ein sehr gutes Beispiel für den unternehmerischen Geist und die Bereitschaft, den heute in China allgegenwärtigen Wandel zu akzeptieren. Der älteste

Sohn der Familie, Michael, war sechs Jahre alt, als seine Familie Shanghai verließ, um sich der Machtübernahme durch die Kommunisten zu entziehen. Sie gingen nach Hongkong, wo Michael aufwuchs und einen neuen Weg entdeckte, künstliche Tannennadeln herzustellen. Mit diesem Wissen im Hinterkopf gründete er ein Unternehmen zur Produktion künstlicher Weihnachtsbäume, das inzwischen millionenschwer ist. Als die Arbeitskosten in Hongkong anstiegen, verlegte er seine Fabriken auf das chinesische Festland, wo Arbeit günstiger war. Er kaufte sich ein Rennpferd namens Super Treasure und nahm Gesangsunterricht, um beim Karaoke die chinesischen Balladen und Liebeslieder besser singen zu können. In anderen Worten war Michael ein sehr moderner chinesischer Geschäftsmann. Und wie viele andere seines Standes dies auch taten, schickte er seine zwei Kinder aufs College in die Vereinigten Staaten.

Seine Tochter Vivian stieg nach ihrem Studienabschluss im Jahr 1994 in das Geschäft ein. Sie setzte die Rekordgeschichte des Unternehmens fort, indem sie jährlich Millionen künstlicher Weihnachtsbäume an große Einzelhändler in den USA wie Walmart, Target und Kmart exportierte. Sie ging jedoch noch einen Schritt weiter und führte modernste Technik in die Produktion ein. Sie überwachte die Zusammenstellung eines fünfzigköpfigen Teams, das die Verantwortung für die Weihnachtsbaumtechnik übernehmen sollte; ein Team, das der Welt Bäume bescherte, die in psychedelischen Farben leuchten und Bäume, die mithilfe von Mikrochips eine traditionelle Beleuchtung simulieren. (Das Team entwickelte auch einen Baum, der „Let It Snow" sang – er wurde Opfer vernichtender Kritik durch die Presse.)

Als Francis, Vivians Bruder, 1998 mit seinem College-Abschluss nach China zurückkehrte, hatte er das Gefühl, dass weder seine Schwester noch sein Vater „hip" genug waren. Er sah die Bilanzen des Unternehmens durch und war der festen Überzeugung, dass es in Zukunft kein exponentielles Wachstum mehr geben würde – selbst mit diesen funkelnden Bäumen in rosa und lindgrün nicht. Michael überzeugte seinen Vater, einen Großteil des Unternehmens an einen amerikanischen Konzern zu verkaufen (Vivian blieb Geschäftsführerin des Unternehmens) und ihn mit dem Erlös finanziell beim Aufbau eines Unternehmens für Computeranimationen zu unterstützen. Dieses Unternehmen, Imagi, ist nun eines der größten Studios für digitale Animation in Asien. Seine über 350 Animatoren, die in Hongkong weitaus weniger verdienen als ihre Kollegen in Hollywood, haben vor kurzem den neuesten Film der Teenage Mutant Ninja Turtles fertiggestellt.

Von grünen Weihnachtsbäumen aus Plastik zu grünen animierten Schildkröten in weniger als 25 Jahren – eine exemplarische Geschichte für die Bereitschaft chinesischer Unternehmer sich zu verändern, um ganz vorne in der Wirtschaft mitzuspielen.

Kreativität: ein neues Geschäftsprinzip. Vor einigen Jahren wartete Jason Jiang, ein Werbebeauftragter Mitte dreißig aus Shanghai, gedankenversunken darauf, dass der Aufzug sein Ziel erreichte. (Anders als in den meisten westlichen Ländern, wo Aufzugfahrten oft nur Sekunden dauern, kann dies in einem Wolkenkratzer in China vom Erdgeschoss bis in den obersten Stock bis zu zehn Minuten in Anspruch nehmen.) Obwohl das einzige Poster in der geschlossenen Kabine langweilig war, wurde Jiang immer wieder darauf aufmerksam. Wie könnte man das Plakat interessanter gestalten? Wie könnte es dazu beitragen, die Zeit schneller vergehen zu lassen? Und so wurde Focus Media geboren.

Seinem Namen treu, erregt das Unternehmen die Aufmerksamkeit des Verbrauchers mit Werbeanzeigen auf LCD-Bildschirmen, die gezielt in Aufzügen platziert werden, in Empfangsbereichen von Büros und in der Lobby von Appartementhäusern. Es gibt heute viele tausende dieser Bildschirme in über 75 Städten in ganz China. Focus Media wurde zu Chinas meistzitiertem Werbeunternehmen und Jiang zum Multimillionär.

Zu den Konzernen, die ihre Spots auf den Flachbildschirmen, die 24 Stunden am Tag nur Werbung senden, ausstrahlen lassen, gehören unter anderem Samsung, Nokia, HSBC, Unilever und McDonalds. Investoren zeigten großes Interesse an Focus-Media-Anteilen. Am bekanntesten darunter sind Goldman Sachs, die zu den ursprünglichen Geldgebern der Firma gehörten. Bei der Einführung von Focus Media an der NASDAQ im Juli 2005 wurden die Aktien massiv nachgefragt – so stark, dass der Aktienkurs sich innerhalb eines Jahres verdreifachte.

Die Flash-Karten, auf denen die Werbespots bei jedem LCD-Bildschirm gespeichert werden, müssen manuell ausgetauscht werden, es muss also keine TV-Lizenz von der Regierung erworben werden. Unter den tausenden Motorradfahrern, die man in China überall auf den Straßen sieht, befinden sich auch Angestellte von Focus Media, die von Ort zu Ort fahren, um dafür zu sorgen, dass ein Konzept des 21. Jahrhunderts weiterhin profitabel bleibt. In vielerlei Hinsicht handelt es sich bei Focus Media um eine typische Geschichte Chinas. Denn auch die „Kultur Chinas ist anders", wie Jiang sagte. „Wir mögen das Fernsehen und uns macht Lärm nichts aus. Wir informieren uns über neue Produkte, daher mögen viele Chinesen Werbung tatsächlich."

China wird der Welt oft als statische Volkswirtschaft präsentiert – eine, die nur als Hersteller von Niedrigstpreis-Produkten überlebt. Wie die obigen Beispiele demonstrieren, ist das kein zutreffendes Bild des heutigen Chinas. Es handelt sich eher um eine dynamische Volkswirtschaft mit unternehmerischem Geist, um eine, die sich ständig weiterentwickelt und wächst und irgendwann zur Weltspitze gehören wird.

Die Regierung erweist sich ebenfalls als gerissener Unternehmer

Ganz im Sinne von Yogi Berras berühmtem Spruch, „Die Zukunft ist auch nicht mehr das, was sie mal war.", ist es offensichtlich, dass Chinas Staatsunternehmen (SOEs) auch nicht mehr das sind, was sie mal waren. Damals im Jahre 1958, als sie 97 Prozent zu Chinas BIP beitrugen, waren sie hoffnungslos ineffiziente Fehlschläge. Und obwohl diese Kolosse nach wie vor die Volkswirtschaft dominieren (aktuelle Daten zeigen, dass sie den Großteil des Vermögens der 500 größten Unternehmen auf sich vereinen), gibt es dabei einen Haken: Sie sind nun Privatinvestoren zugänglich.

Halten Sie sich einmal das Beispiel von China Mobile vor Augen, eines der Unternehmen des Landes mit dem größten Gewinn und mit über 300 Millionen abgeschlossenen Dauerverträgen der größte Mobilfunkanbieter der Welt. Die meisten Menschen können einfach die Begriffe „profitabel" und „Global Player" nicht mit einem Unternehmen auf dem chinesischen Festland in Verbindung bringen und doch ist dies die Realität. Und all dies kam unter der vorsichtigen Lenkung der Regierung zustande.

Die chinesische Regierung ließ erstmals im Laufe der 90er Jahre zu, dass privates Kapital in seine Telekommunikations-Industrie floss. Damals wurde es offensichtlich, dass zusätzliches Geld gebraucht wurde, damit die Unternehmen besser Fuß fassen konnten. Ungefähr 30 Prozent der Aktien von China Mobile wurden für die Öffentlichkeit zugänglich gemacht; im Grunde war das Unternehmen (und ist nach wie vor) ein SOE, aber die Öffentlichkeit nimmt nun als Besitzer einer Aktienminderheit am Geschehen teil. Kurz nachdem Privatinvestitionen in das Unternehmen gelangten, errichtete es ein Mobilfunknetz, das das ganze Land überspannte. Ungenannte Regierungsbeamte, die sich an die Katastrophe der monopolistischen Staatsunternehmen unter Mao erinnerten, leiteten Schritte ein, um die Öffentlichkeit zu schützen. Sie leisteten finanzielle Unterstützung für ein weiteres SOE, China Unicom, um so eine Wettbewerbssituation zu schaffen. Das Prinzip des freien Marktes wurde weiter untermauert, als die Regierung im Anschluss daran China Telecom und China Netcom gründete.

In diesem Umfeld florierte China Mobile, mit ständigen Neuerungen und anhaltender Expansion. Es ist ein führendes Unternehmen in dem Sinne, dass es ein Mobilfunkbetreiber ist, der alle digitalen Dienstleistungen aus einer Hand bietet. Wie der Geschäftsführer Wang Jianzhou verkündete, „wollen wir aus dem Handy ein Schweizer Taschenmesser machen, das alles für Sie tun kann." Nur wenige Unternehmen sind in der Vergangenheit in so kurzer Zeit so schnell gewachsen und haben so hohe Gewinne erwirtschaftet. Darüber hinaus ist es ein öffentliches Ziel von China Mobile, die Dividendenzahlungen an ihre Aktionäre zu erhöhen. Halten Sie sich vor Augen: Der größte Mobilfunkbetreiber der Welt ist ein Unternehmen, das noch nicht einmal 20 Jahre alt ist. Und es stieg aus der Asche eines Landes empor, in dem vor einem halben Jahrhundert über 20 Millionen Einwohner an Hungersnot starben. Zumindest im Fall von China Mobile war ein Sozialismus mit chinesischen Merkmalen ein voller Erfolg.

Shanghai verwandelt sich selbst

Die vielleicht beste Darstellung von Chinas gewaltigen Errungenschaften ist die Geschichte von Pudong, ein sumpfiges Gebiet auf der anderen Seite des Huangpu-Flusses, dem Gewässer, das Shanghai zweiteilt. Bis zu den 90ern konnte man dieses Gebiet nur von der Stadtmitte Shanghais aus per Fähre erreichen. 1990 entwickelten Shanghaier Beamte jedoch einen Plan im Wert von 10 Milliarden Dollar, der nicht nur die Erschließung des Gebietes umfasste, sondern durch den auch eine direkte Verbindung zwischen Pudong und der Stadt durch eine Reihe von Brücken, Tunneln und Unterführungen geschaffen wurde. Ausgehend von diesem Plan und unter dem Segen Dengs erlangte die Stadt im Mai 1992 die Erlaubnis der Regierung, steuerliche Freibeträge für ausländische Joint Ventures und eine Zone für den Import zollfreier Materialien in das Gebiet Pudongs zu schaffen. Allein in jenem Jahr zog Pudong ausländische Investitionen in Höhe von 3,3 Milliarden Dollar an; im nächsten Jahr lag diese Zahl mehr als doppelt so hoch.

Innerhalb eines Jahrzehntes wurde die karge Einöde in eine Plattform umgewandelt, die einige der weltweit bemerkenswertesten Wunder der Architektur zur Schau stellt. Der atemberaubende Oriental Pearl Tower, dessen drei Kugeln angeblich auf einem Gedicht der Tang-Dynastie basieren, wurde im Jahr 1994 fertiggestellt. Vier Jahre später hatte der himmelhohe Jin-Mao-Turm seine Premiere, in dessen Stockwerken 53 bis 87 sich auch das Grand Hyatt Hotel befindet. Der Bank of China Tower mit seinen Außenflächen aus reflektierendem Glas wurde im Jahr 2000 fertiggebaut. Das Shanghai Oriental Art Center, ein elegantes Gebäude mit den Konturen eines Schmetterlings, das nachts in Regenbogenfarben erleuchtet wird, öffnete seine Pforten im Jahr 2004. Wie der renommierte amerikanische Architekt Ben Wood kommentierte, „war das hier ein Ort, an dem ich in 15 Jahren mehr vollbringen konnte als die meisten Architekten in ihrer gesamten Karriere."

Die Verwandlung ist noch längst nicht abgeschlossen. Shanghais World Financial Center, das angeblich zweithöchste Gebäude der Welt, soll 2008 eröffnet werden. Es hat ganz oben eine rechteckige Öffnung – ein prächtiges aber auch praktisches Gestaltungselement, das die Belastung durch den Wind reduziert. Dieser Konstruktionsboom und die unzähligen Institutionen des Finanzwesens, des Handels und der Kunst, die dahinter stecken, hat Millionen von Bauarbeitern aus dem Hinterland und tausende elegant gekleideter Chinesen als Personal für diese neuen Büroräume angezogen.

Als Folge der Metamorphose Pudongs wurden über die ganze Stadt hinweg neue Bauwerke errichtet und überall Modernisierungen durchgeführt. Eines der anspruchsvollsten Projekte – die umfassendste Entwicklung eines neuen Bezirks – befindet sich in einem neuen Stadtteil Shanghais und ist unter dem Projektnamen Luchao Harbor City bekannt. Laut Terminplan wird es im Jahre 2020 abgeschlossen sein und in den Gebäuden Wohnraum für 800.000 Einwohner schaffen. Diese Gebäude sind kreisförmig um einen künstlich geschaffenen See angelegt, zusammen mit Gehwegen und einem Badestrand.

Bei all dieser Aufregung und der bemerkenswerten neuen Entwicklung begann der Bund – der ehemals glanzvolle Stadtteil, in dem Kolonialisten und Adel regierten – ein klein wenig heruntergekommen auszusehen. Namhaftere Architekten wurden herbeibestellt, unter ihnen der Amerikaner Michael Graves. Sein Unternehmen restaurierte die historischen Fassaden von drei Gebäuden und schuf innen Platz für hochmoderne Läden, darunter ein elegantes Jean-Georges-Restaurant mit seiner erstklassigen Küche. Die Krönung befindet sich in der Kuppel auf dem Dachgeschoss eines der Gebäude, das romantischste Restaurant der Welt: Es bietet nur Platz für zwei.

Der Boom im Baugewerbe ging über die Renovierung älterer Gebäude in Shanghai hinaus. Unzählige baufällige Gebäude – insbesondere die Behausungen, die Arbeiter aus ärmlicheren Verhältnissen bewohnten – wurden abgerissen, um Platz für neue Hotels zu schaffen, so wie ein elegantes Four-Seasons-Hotel im Herzen des alten Shanghais. Der Schutz eines bestimmten Gebäudes stand jedoch außer Frage: Das alte Schulhaus, wo Mao dem ersten Treffen der kommunistischen Partei beiwohnte, wurde mit Vorsicht restauriert.

Trotz der Renovierungen sieht der Bund heutzutage – zumindest in unseren Augen – nicht so prächtig aus, wie er das angeblich vor einem Jahrhundert noch war. Wenn man auf der kürzlich neu errichteten Fußgänger-Promenade vor dem Bund steht und durch die immer präsente Umweltverschmutzung über den Huangpu-Fluss blickt, dann ist es vielmehr Pudong – das der Inbegriff des heute wiederauflebenden Chinas ist –, das so überaus interessant und aufregend wirkt. Pudong ragt über die kaiserliche Vergangenheit Chinas hinaus, ist glanzvoller als sein bitteres koloniales Erbe und mit Sicherheit dynamischer als das, was in den Jahren unter Mao existierte. Pudong steht für das China von heute – ein robuster, aufregender Teilnehmer an der Weltwirtschaft.

Das vielleicht beste Beispiel für den Stolz des heutigen Chinas – aber dennoch mit dem Respekt für ein uraltes Kulturerbe verbunden – ist die Shanghaier Börse. Als sie 1991 erstmals als chinesisches Unternehmen eröffnet wurde, schrieb die städtische Regierung vor, dass sie ihren Platz am Bund haben sollte, an dem Ort, an dem Ausländer Chinesen verboten hatten, an der ersten Börse mitzuwirken. Heute befinden sich die neuen prachtvollen Bauten der Shanghaier Börse in Pudong. Und hier lässt sie das Echo aus Chinas ferner Vergangenheit erklingen – einer Vergangenheit, in der China das großartigste Land der Welt war. An dieser modernsten und technisch fortschrittlichsten Börse befinden sich exakt 1.608 Plätze. Für jemanden aus dem Westen wohl eine recht seltsame Zahl. Ein Chinese, der von dem Ethos einer jahrtausendealten Kultur durchdrungen ist, verbindet mit der Zahl „8" jedoch Erfolg und verehrt sie als eine ganz besondere Zahl. Die Ziffer musste auftauchen, um Glück zu bringen.

China erhält den Zuschlag für die Olympischen Spiele und
die Weltausstellung Expo

China ist zu Recht stolz auf seinen diesmal echten großen Schritt vorwärts. Und nicht nur das, es will prahlen und der ganzen Welt zeigen, dass seine vergangene Größe mehr als nur Zufall war. Gastgeber für die Olympischen Spiele zu sein, ist eine der sichersten Methoden, um die Aufmerksamkeit der ganzen Welt auf sich zu lenken. In den 90ern begann China damit, viel Lobby-Arbeit zu betreiben, um den Zuschlag zu erhalten. Opposition seitens des Kongresses in den Vereinigten

Staaten, die durch die Lobby in Taiwan gefördert wurde, führte dazu, dass China die Olympischen Spiele 2000 gegen Sydney in Australien verlor. Im Jahre 2001 ließ sich China jedoch nicht mehr abweisen – es wurde nicht nur Mitglied in der Welthandelsorganisation, China bekam auch den Zuschlag für die Olympischen Spiele 2008. Peking wurde als der vorrangige Gastgeber innerhalb Chinas ausgewählt. Die Eröffnungszeremonie soll am 8. August 2008 um 8 Uhr abends beginnen (diejenigen, die den Abschnitt über die Shanghaier Börse aufmerksam gelesen haben, werden bereits die Bedeutung verstehen; diejenigen, die nicht so aufmerksam sind, sollten beachten, dass dieser Zeitpunkt in 08-08-08-08 umgeschrieben werden kann, eine sehr günstige und glückliche Kombination).

Mit dem aktuellen Vorhaben ist die Regierung dazu aufgerufen, 36 Turnhallen und Stadien und 59 Trainingszentren zu renovieren bzw. zu bauen. Dies hat zu einem Boom im Baugewerbe in Milliardenhöhe geführt, der seinem Umfang nach dem Projekt Pudong Konkurrenz macht. Architekten aus aller Welt wetteiferten um das Recht, dabei zu sein. Der wahrscheinlich prestigeträchtigste Auftrag ging an das Schweizer Unternehmen Herzog & de Meuron, das mit der China Architecture Design & Research Group in China zusammenarbeitete, um das Nationalstadion in Peking zu gestalten und zu bauen. Das Stadion ist von einer radikalen, auffälligen Bauart: ein gitterartiges Betongerüst, das einem Vogelnest aus verflochtenen Zweigen ähneln soll. Radikalismus hat jedoch seinen Preis und im Jahre 2004 – nach nur achtmonatigen Bauarbeiten – wurde das Design aufgrund der ausufernder Kosten modifiziert: Das einfahrbare Dach wurde aus dem Plan genommen.

Es wird erwartet, dass 7 Millionen Eintrittskarten für die 302 Disziplinen in 28 verschiedenen Sportarten verkauft werden. Um mit all den Besuchern fertigzuwerden, werden hochmoderne neue Fußgängerunterführungen, neue prachtvolle Hotels und neue Wohnkomplexe errichtet. Darüber hinaus kündigte die Pekinger Stadtverwaltung im April 2006 an, dass niemand ohne Wohnerlaubnis und ohne Eintrittskarte während der Spiele in die Stadt gelassen wird. Um die Luftverschmutzung zu reduzieren, wurden einige Fabriken aus der Stadt im wahrsten Sinne des Wortes um hunderte von Kilometern verlegt und der Verkauf von Benzin wird während der Spiele eingeschränkt, damit die Einwohner nicht mit ihren Autos fahren. Die Olympischen Spiele in Peking werden kurz gesagt ein glanzvolles Ereignis und die Stadtregierung Pekings will nichts dem Zufall überlassen.

Ihrem Rivalen im Norden einen Schritt voraus, erhielt Shanghai im Dezember 2002 die Mitteilung über den Zuschlag für die Expo 2010. Dieses Ereignis, das vom 1. Mai bis zum 31. Oktober stattfinden soll, wird das erste seiner Art sein, das in einem Schwellenland stattfindet. Die Regierung Shanghais hat über 10 Milliarden Dollar in die Verbesserung der Infrastruktur ihres Hafens, ihrer Flughäfen, des TransportwesenS und der kulturellen Einrichtungen investiert. Nach den aktuellen Plänen wird es über 200 Landesausstellungen und Geschäftspavillons geben. Über 70 Millionen Besuchern werden erwartet.

ZUSAMMENFASSUNG

In den vergangenen 30 Jahren hat sich China von einer im wirtschaftlichen und technologischen Sinne zurückgebliebenen Nation in eine der dynamischsten Volkswirtschaften der Welt verwandelt. Es hat seine Pforten neuen Ideen und Techniken geöffnet, Wettbewerb in allen Teilen der Produktion eingeführt und aus den Vorteilen seiner Mitgliedschaft bei der WTO Nutzen gezogen. Die Bevölkerung hat nach wie vor durch eigenen Antrieb eine der höchsten Sparquoten der Welt – eine besonders bemerkenswerte Leistung, wenn man sich vor Augen hält, dass die Sparquote in den USA mehr oder weniger Null beträgt. China macht sich jetzt dafür bereit, vor der ganzen Welt Beachtung zu erlangen und strengt sich über alle Maßen an, einen bleibenden Eindruck zu hinterlassen.

Historikern (und wir gehen davon aus, dass Historiker dem Finanzwesen und der Wirtschaftswissenschaft zumindest etwas Beachtung schenken) und vielleicht auch anderen ist vielleicht aufgefallen, dass unsere Bezugnahme auf Lincoln Steffens Zitat am Anfang dieses Kapitels eine abgeänderte Version seiner Reaktion auf einen Besuch in Russland im Jahre 1921 ist. Genauer, als er sagte „Ich habe die Zukunft gesehen und sie funktioniert." Was für eine grausige Zukunft er vor Augen hatte! Unter der Herrschaft des Kommunismus wurden in Russland Millionen der eigenen Bürger getötet, der Ausdruck *gulag* geschaffen und die Volkswirtschaft fast unwiderruflich in den Ruin gestürzt.

Einige Leser waren vielleicht der Auffassung, dass unsere Version eine ähnlich düstere Zukunft für China prognostizierte. Könnten wir falsch liegen? Könnte Chinas Zukunft so niederschmetternd wie die Russlands im Jahre 1921 sein? Und wieder wissen Historiker, und um ehrlich zu sein auch Ökonomen, dass dies eine völlig rhetorische Frage ist. Wir hätten diese Frage nicht gestellt, wären wir der Überzeugung, dass die Antwort ja lautet. Es gibt jedoch viele, die denken, dass die Zukunft Chinas nicht sonderlich rosig aussieht, dass China vor einem Ausrutscher steht. Im folgenden Kapitel zeigen wir, warum wir der Meinung sind, dass so eine Vermutung größtenteils nicht auf Fakten basiert.

KAPITEL 3

Die Zukunft:
vermeintliche Risiken

Wenn China erwacht, wird die Welt erzittern.
– NAPOLEON ZUGESCHRIEBEN

NICHT JEDER IST DAVON ÜBERZEUGT, DASS CHINA weiterhin rapide wachsen wird. Laut vieler Chinaexperten, und auch laut derjenigen, die nicht wirklich Experten sind, hat China Unmengen von ernsthaften Problemen. Sie glauben, dass diese Probleme letztendlich das Land zu Fall bringen werden. Oder, wie es in der Publikation *Strategic Forecasting* in einer Prognose zum Jahre 2015 hieß: „China wird untergehen." In diesem Kapitel gehen wir genau auf die Risiken für Chinas Volkswirtschaft ein und stellen uns die Frage, ob diese weithin bekannten Hindernisse auf Fakten oder auf Erfindungen basieren.

Risiko #1: Eine große, alternde Bevölkerung wird die Volkswirtschaft nach unten ziehen

Reine Erfindung. Eine alternde Bevölkerung wird in vielen Teilen der entwickelten Welt als Problem angesehen. In den Vereinigten Staaten weisen Schwarzseher auf die Flutwelle von Amerikanern hin, die bald die unterfinanzierten Systeme der Sozialversicherung und von Medicare anzapfen werden, Systeme, die von einer geringeren Anzahl jüngerer, steuerzahlender Arbeiter gestützt werden. Europas Probleme sind sogar noch schlimmer, da die versprochenen Transferleistungen für ältere Menschen noch höher als in den Vereinigten Staaten sind und das Verhältnis zwischen Rentnern und Arbeitern noch ausgeprägter ist. Mit der größten Bevölkerung der Welt leben in China auch die meisten alten Menschen. Damit war für diejenigen, die sich gern in den Medien sehen, der große Moment gekommen. Man lasse sich einmal die sogenannten weisen Worte aus einem Artikel des *Wall Street Journals* im Herbst 2005 durch den Kopf gehen:

„Von all den bevorstehenden Flutwellen älterer Menschen wird die beachtlichste China treffen." Sehr dramatisch, aber auch außerordentlich irreführend.

Kurzfristig gesehen ist in China die Bevölkerungsschicht der älteren Personen, gemessen als Anteil an der gesamten Bevölkerung, weniger bedenklich als in den USA. Hinzu kommt, dass China nach den Prognosen der UN-Bevölkerungsabteilung nicht einmal unter die ersten 25 Länder fällt, die im Jahre 2050 den höchsten Anteil über 60-Jähriger erreichen werden. Und selbst wenn der Anstieg der alternden Bevölkerung vielleicht einige Bedenken verursacht, wird er in den nächsten zehn bis zwanzig Jahren keinen großen Nachteil für das Wirtschaftswachstum in beiden Ländern darstellen. Vor allem China befindet sich in einer vorteilhafteren Situation als die Vereinigten Staaten, wenn man die Finanzierung des Gesundheitssystems und die Pensionsverpflichtungen betrachtet. Obwohl die staatliche Rentenversicherung in China im Laufe des nächsten Jahrzehnts ein Defizit von 100 Milliarden Dollar zu bewältigen haben wird, sind mehr als genug Reserven vorhanden, um für einen Ausgleich zu sorgen.

Man sollte beachten, dass all die Befürchtungen, die mit alternden Bevölkerungen verbunden werden, voraussetzen, dass Menschen zu ihrem 60. Geburts-

ABBILDUNG 3.1   *Bevölkerung im Alter von 60 Jahren oder darüber als Anteil an der gesamten Bevölkerung*

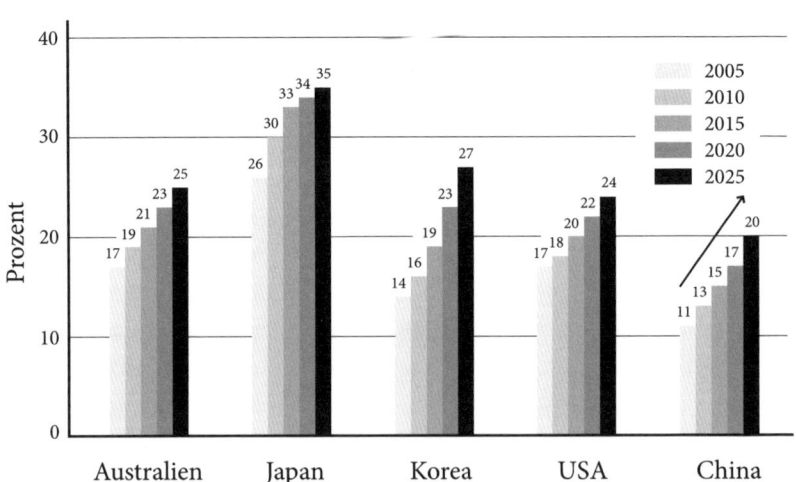

Aus den Analysen von Merrill Lynch „China in 2007–2010: Key Trends and Risks",
22. November 2006

Quelle: Vereinte Nationen und Analysen von Merrill Lynch

tag über Nacht debil und physisch krank werden. Eine Annahme, die viele von uns als höchst beleidigend empfinden. Die mit „grauen Haaren" oder „Glatzen" werden in Statistiken als Abhängige eingestuft, die entweder nicht in der Lage sind, ein eigenes Einkommen zu verdienen, oder geistig nicht dazu fähig, für sich selbst zu sorgen und sich um ihre eigenen Angelegenheiten zu kümmern. Neurologen versuchen mit ihren Studien seit 15 Jahren vehement, diese These aus der Welt zu schaffen. Sie fanden beispielsweise heraus, dass ein erwachsenes Gehirn zwar weniger „formbar" als das eines Kindes ist, aber dennoch lernfähiger und Neuem gegenüber aufgeschlossener als früher angenommen. Michael Mezerich, Neurologe an der University of California, San Francisco, sagt voraus, dass diese Entdeckungen zu einer „neuen Kultur der Gehirnfitness" führen werden. Beim Besuch der chinesischen Stadtparks waren wir von der Anzahl Chinesen im gehobenen Alter beeindruckt, die tanzten, Tai Chi ausübten, auf Instrumenten spielten und Bürgersteige mit Kalligrafie verzierten. Auf einer rein anekdotischen Basis gehen wir davon aus, dass die ältere Bevölkerung Chinas bereits eine Kultur der Gehirnfitness entwickelt hat. Darüber hinaus ist es angesichts der konfuzianischen Landestradition, die Eltern zu ehren, und in Anbetracht des Mangels an großen Wohnungen sehr selten, dass ältere Menschen allein gelassen und inaktiv oder depressiv werden.

Schwarzseher, deren Befürchtungen gegenüber der alternden Bevölkerung groß sind, ignorieren ebenfalls die relative Lage der Menschen über 60 verglichen mit dem Rest der Bevölkerung. An diesem Punkt ist es hilfreich, eine kleine Unterrichtsstunde in Demographie zu halten, über die Analyse des Bevölkerungswachstums und der Bevölkerungsveränderung. In einem gewissen Sinne ist die Demographie wohl die exakteste aller Sozialwissenschaften, da die Anzahl der Geburten in einem beliebigen Jahr nie steigt, wenn ein Jahr vorbei ist. Wenn also beispielsweise im Jahr 1946 eine Millionen Neugeborene zur Welt kommen, wird die Kohortengröße – die Bezeichnung für die Anzahl von Geburten in einem bestimmten Zeitraum – nie größer als eine Million sein. Die Kohortengröße der Geburten kann in den folgenden Jahren durch kriegsbedingte Todesfälle, durch Krankheiten und Unfälle verringert werden, sie steigt jedoch niemals an. Die Größe einer Geburtenkohorte zu kennen, ist daher ein mächtiges Werkzeug für wirtschaftliche Prognosen.

Erinnern Sie sich an den Babyboom in den Vereinigten Staaten. Von 1946 bis nach 1964 wurden pro Jahr durchschnittlich 4 Millionen Babys geboren, eine Rekordzahl damals. Diese Babys, auch die Babyboomer genannt, führten zu einer Blütezeit bei den Arbeitsplätzen im Bildungswesen, einem drastischen Anstieg der Baukonjunktur und nun zu einer Vielzahl von Finanzplanern. Gerissene Unternehmer haben viel verdient, als die Boomer die verschiedenen Stufen des Alterungsprozesses durchliefen. Nach diesen geburtenstarken Jahrgängen kam die Generation der geburtenschwachen Jahrgänge. Diese glücklichen Menschen kamen in Schulen mit Lehrkräften im Überfluss, die verzweifelt versuchten ihre Jobs zu behalten, und gelangten danach in eine Berufswelt, in der man nur darauf wartete, sie einzustellen. Für den Jahrgang 1973 war es 1991 und 1992 am leichtesten in eine Ivy-League-Schule einzutreten; es gab schlichtweg weniger Konkurrenz.

Demographen arbeiten mit dieser sicheren Kohortengröße und werfen dann einen Blick auf die Zahlen in allen Altersklassen. Und hier hat China laut Deborah Davis, Professorin in Yale, einen noch nie da gewesenen Vorteil vor allen anderen Schwellenländer-Volkswirtschaften. Wie kann das der Fall sein, wenn China angeblich von einer Flutwelle nutzloser alter Menschen überschwemmt werden wird? Ganz einfach: China wird nicht von noch größeren Massen Windeln tragender Babys und ängstlicher, ungebildeter Jugendlicher überflutet. Die niedrige Geburtenrate in China ist zwar die Folge der Ein-Kind-Politik der Regierung, dieses Gesetz ist jedoch weitgehend außer Kraft. Die drakonischen Maßnahmen, die bei der Einführung dieses Gesetzes durchgesetzt wurden, gibt es nicht mehr. Tatsächlich ist die momentane Geburtenrate in China höher als die in Italien.

Demographen kombinieren gerne den Anteil der unter 15-Jährigen mit dem Anteil der mindestens 65-Jährigen und vergleichen diese Zahl mit der Anzahl der Personen im erwerbsfähigen Alter. Das Resultat nennt sich „Altenquotient" und der chinesische gehört zu den günstigsten auf der Welt. China muss nicht tausende neuer Lehrer ausbilden, um seine Jugend zu unterrichten. Es müssen dort keine neuen Schulen gebaut werden, um sie unterzubringen. In Chinas Staatsbudget müssen keine haushohen Summen für Bildung eingestellt werden. Da die Anzahl der Jugendlichen in den vergangenen 15 Jahren tatsächlich rückläufig war, sind die Klassen kleiner. Und anders als in vielen Schwellenländern – besonders in Indien – müssen jährlich weniger als Berufseinsteiger untergebracht werden. Der chinesische Altenquotient liegt also durch die Struktur junger und alter Bürger auf niedrigem Niveau, wie in Abbildung 3.2 dargestellt. Selbst in 40 Jahren werden die Unterschiede zwischen China und den Vereinigten Staaten gering sein.

Wie Professor Davis in Yale Global Online schrieb: „Selbst wenn die steigende Zahl von Plätzen für ältere Bürger höhere Anforderungen an das Gesundheitswe-

ABBILDUNG 3.2 *Altenquotienten: USA und China*

	% 65-JÄHRIGE UND DARÜBER		ALTENQUOTIENT*	
	2000	2050	2000	2050
Vereinigte Staaten	12,3	20,0	19	32
China	6,8	22,9	10	37

*Das Verhältnis zwischen Menschen im Alter von mindestens 65 Jahren und Menschen im erwerbsfähigen Alter von 15–64 Jahren
Quelle: UN-Bevölkerungsabteilung, 2003. *World Population Prospects: The 2002 Revision Population Database*

sen stellt, lässt der sinkende Anteil an jungen Kindern vermuten, dass die Investitionen der Kommunalverwaltungen und der Familien in Grundschulbildung und in höhere Schulbildung auf dem aktuellen Niveau bleiben oder sogar noch steigen werden. Angesichts des ausgezeichneten landesweiten Kernlehrplans hat China sehr gute Voraussetzungen, sein „Humankapital" über das nächste Jahrzehnt noch zu erweitern."

Risiko #2: Uneinbringliche Forderungen werden die Volkswirtschaft nach unten ziehen

Erfindung. Die Sparquote der Chinesen – die wahrscheinlich höchste der Welt – und das Fehlen günstiger Gelegenheiten für Investments im eigenen Land und außerhalb haben zu einem mit Liquidität überfluteten Bankensystem geführt. Nach einer Reihe von Schätzungen befinden sich auf chinesischen Bankkonten 1,7 Billionen Dollar, was 65 Prozent des BIPs des Landes entspricht. In anderen Worten sparen die Chinesen mehr als sie ausgeben. In den USA liegt genau das Gegenteil vor: Die Amerikaner konsumieren mehr als sie ausgeben. Und durch den konstanten Druck, etwas mit all dem chinesischen Geld zu unternehmen, hat das Bankensystem eine hohe Anzahl von Darlehen gewährt, ohne klare Vorstellung davon, wie rentabel diese Darlehen letztendlich sein würden. Oft hatten die Banken keine Wahl, da die Regierung regelmäßig forderte, den hoffnungslos ineffizienten Staatsunternehmen Kredite zu gewähren.

In der Folge ist es weithin akzeptiert, dass notleidende Kredite ein Krebsgeschwür im Finanzsystem sind. Viele Investoren erinnern sich an die hohen Schuldenberge, die mit dem Zusammenbruch der Volkswirtschaften der vier

„Tigerstaaten" in Verbindung gebracht werden, und auch an die finanztechni-
sche Abwärtsspirale, die mehrere lateinamerikanische Staaten über sich ergehen
lassen mussten. In China liegt der Fall jedoch anders. Der Unterschied besteht
darin, dass die Darlehen der chinesischen Banken tatsächlich der Verantwortung der Regierung unterliegen, da die Regierung Eigentümer der Geldinstitute
ist und sie kontrolliert. Und während übermäßig viele Darlehen an ineffiziente
Staatsunternehmen gewährt wurden, halfen diese Darlehen der sozialen Stabilität, indem sie der Arbeitslosigkeit entgegengewirkten. Dennoch behaupten
einige, dass die Darlehen uneinbringliche Forderungen in beachtlicher Höhe
darstellen und dass sie irgendwann zum Kollaps der gesamten Volkswirtschaft
Chinas führen werden. Dabei handelt es sich zweifelsfrei um eine dramatische
Schlussfolgerung, aber genau wie bei der angeblichen Flutwelle alter Menschen
ganz sicher um eine falsche.

Unser Argument lautet, Chinas notleidende Kredite sollten als Bundesschuld
angesehen werden. Der einflussreiche Finanzökonom der University of Penn-
sylvania, Franklin Allen, zieht eine ähnliche Schlussfolgerung. Tatsächlich beläuft sich Chinas gesamte Staatsverschuldung (dazu gehören die notleidenden
Kredite) nach den Daten der Bosera Asset Management Company aus dem Jahr
2006 auf 25 Prozent seines BIPs und auf 60 Prozent seiner Währungsreserven.
Im Gegensatz dazu beträgt die Staatsverschuldung der USA 29 Prozent des BIPs
und erstaunliche 5.400 Prozent der Währungsreserven. Die Finanzstatistiken Japans verblassen ebenfalls vor den chinesischen: Die Schuld beträgt 165 Prozent
des BIPs und 886 Prozent der Reserven. So gesehen sollten sich Schwarzseher im
Finanzwesen eher auf Japan konzentrieren. Der Fed-Vorsitzende Ben Bernanke
schrieb Ende 2006 an Senator Richard Shelby, den Leiter des Bankenkomitees
des US-Senats: „Obwohl der Bankensektor [in China] unter der enormen und
wahrscheinlich zunehmenden Belastung problematischer Darlehen steht, verfügt die Regierung über beachtliche Ressourcen und würde das Bankensystem
mit hoher Wahrscheinlichkeit vor einem Zusammenbruch bewahren."

Das „Zusammensturz-Szenario" Chinas lässt auch die Gerissenheit der Fi-
nanzexperten der chinesischen Regierung außer Acht. Sie begegnen problema-
tischen Darlehen in erster Linie mit drei verschiedenen Strategien: der Unterstützung der Banken durch Gelder der Regierung; der Erlaubnis an ausländische
Investoren, sich an der Problembeseitigung durch Privatinvestitionen zu beteiligen und der Genehmigung eines Börsengangs der Banken, um so an neues Geld
zu gelangen.

Finanzierung durch die Regierung. Von allen Banken im Regierungsbesitz stellt die Bank of China wohl einen der schlimmsten Fälle dar, mit einer bewegten Vergangenheit von uneinbringlichen Forderungen und Korruption. Diese Korruption war so unverfroren, dass die Regierung beim Vorsitzenden und Präsidenten der Bank, Wang Xuebing, hart durchgriff und ihn 2003 aufgrund der Annahme von Bestechungsgeldern (und das in einem Land wo Bestechung eine fast alltägliche Sache ist) zu einer 12-jährigen Gefängnisstrafe verurteilte. Danach erfolgte ein finanzieller Zuschuss der Regierung in Höhe von 22,5 Milliarden Dollar, um die uneinbringlichen Forderungen zu reduzieren. Laut Fitch Ratings, einer globalen Agentur zur Einstufung der Kreditwürdigkeit, reduzierte dieser Zuschuss den Grad der notleidenden Kredite von besonders hohen 33,4 Prozent im Jahre 2003 auf akzeptablere 4,4 Prozent Mitte 2005.

Die Bank of China ist kein Einzelfall. Die Landesregierung bezuschusste noch weitere Banken, um „reinen Tisch zu machen". Die China Construction Bank erhielt so ebenfalls 22,5 Milliarden Dollar. Und die Zentralbank transferierte 15 Milliarden Dollar ihrer Währungsreserven an die Industrial & Commercial Bank of China.

Privatinvestitionen. Ähnlich wie die Familientrusts der Rockefellers ihre Reichtümer vermehrten, als sie das Rockefeller Center in den 80er Jahren an die Japaner verkauften, erlaubte die chinesische Regierung ausländischen Anlegern, sich an staatseigenen Banken zu beteiligen. Beispielsweise triumphierte ein Konsortium der Citigroup über ABN Amro und Société Générale bei den Verhandlungen über das Recht, 3,2 Milliarden Dollar in Chinas Guangdong Development Bank zu investieren, eine mittelständische chinesische Kreditbank. Zur gleichen Zeit verkündete die Citigroup, dass sie ihren Anteil an der Shanghai Pudong Development Bank erhöhen würde, mit der gemeinsam sie seit 2004 eine Kreditkarte anbietet. (Führen Sie sich vor Augen, dass China über 1,3 Milliarden Verbraucher umfasst, deren Interesse an Einzelhandelsgütern wächst und deren Einkommen immer höher wird.)

Die Regierung Chinas handelt nicht nur clever, wenn sie ausländische Kapitalspritzen in ihr Bankensystem zulässt, sondern auch pragmatisch. Solche Investitionen sind Teil der Regierungsverpflichtungen gegenüber der Welthandelsorganisation. Wenn China Mitglied der WTO bleiben will – und das will es – dann muss es ausländischen Anlegern gestatten, in den unerschlossenen chinesischen Markt für Konsumentenkredite einzusteigen.

Und es sollte an dieser Stelle erwähnt werden, dass die heutigen Banken auf dem Festland Chinas mehr als nur Geld von den Ausländern wollen. Sie wollen auch ihr Know-how im Management. Die China Construction Bank (CCB), in die die Bank of America (BofA) 2005 3 Milliarden Dollar investierte, schloss zum Beispiel auch ein siebenjähriges Beratungs- und Unterstützungsabkommen mit der BofA. Im Rahmen dieser Vereinbarung sollen Kundenkontaktcenter und das Privatkundengeschäft verbessert werden und Prozeduren für die Datenbankenverwaltung und die Planung von Informationstechnologie entwickelt werden. Ungefähr 50 Führungskräfte der BofA arbeiten eng mit dem Personal der CCB in über 20 Partnerschaftsprojekten zusammen, um die CCB in eine moderne, wettbewerbsfähige Bank zu verwandeln.

Börsengänge. Die Regierung Chinas erkannte ebenfalls, dass seine Bürger am neuen, sauberen Bankensystem teilhaben wollen. Das war Musik in den Ohren vieler, die von neuem Wohlstand träumten. Die neue Bank of China, die noch auf etwas wackeligen Beinen stand, reagierte 2006 mit einem Börsengang. Schon zu Beginn der Planung konnte die Bank die Royal Bank of Scotland Group, Merrill Lynch und Temasek Holdings (das Investmentinstrument der Regierung Singapurs) relativ einfach davon überzeugen, noch vor dem Börsengang Anteile zu erwerben.

Und dann begann der Wahnsinn. Tausende Chinesen belagerten die Filialen der Bank in Hongkong, um Formulare für die Börseneinführung am 1. Juni an der Börse Hongkong zu ergattern. Einige wurden dadurch angetrieben, dass sie den weitaus weniger aufwendigen Börsengang von Tianjin Port Development verpasst hatten, die den fünftgrößten Hafen in China betreiben.

Die Emission wurde zum Börsengang mit den am meisten gezeichneten Aktien in Südchina. Die Anträge erreichten fast das 1.700-fache des Aktienvolumens, das verkauft werden sollte. Anderen Möchtegern-Käufern fiel auf, dass die Aktien der China Construction Bank seit ihrer Börseneinführung vor sechs Monaten um über 40 Prozent gestiegen waren.

Am 24. Mai 2006, als auf vielen Aktienmärkten weltweit die Kurse sanken, erzielte die Bank of China 9,7 Milliarden Dollar – zu der Zeit der größte Börsengang in der Geschichte Hongkongs und der größte der Welt seit der Emission von AT&T Wireless im Jahr 2000. Der Anteil der Aktien, der privaten Anlegern zugeteilt wurde, war 80-fach überzeichnet, die Zuteilung an institutionelle Investoren sogar 20-fach. Am 1. Juni, dem ersten Handelstag der jungen Aktien an der Börse Hongkong, stiegen die Kurse um 15 Prozent.

Dieser Anstieg innerhalb eines Tages wurde im September überboten, als die Aktien der China Merchants Bank am ersten Handelstag um 25 Prozent in die Höhe schossen. Wie schon bei der Bank of China, war auch dieser Börsengang völlig überzeichnet. Obwohl die Bank nur die sechstgrößte des Landes ist, erzielte sie bei der Börseneinführung an der Börse Hongkong 2,4 Milliarden Dollar. All das verblasste, als die riesige Industrial & Commercial Bank of China im Oktober 2006 beim größten Börsengang der Welt 19 Milliarden Dollar einfuhr. Es war nicht nur die weltweit größte Emission, sondern auch der erste Börsengang, der in Hongkong und Shanghai zugleich quotiert wurde. Über eine Million Menschen wollten an der Emission in Hongkong teilhaben und es kam zu Zeichnungsaufträgen in Höhe von fast 54 Milliarden Dollar. Die Zuteilungen an institutionelle Anleger waren um mehr als das 30-fache überzeichnet, ihr Auftragsvolumen erreichte die Höhe von 325 Milliarden Dollar. Goldman Sachs zählte zu den Favoriten und Gerüchten zufolge erwirtschaftete das Unternehmen bis zum Ende des ersten Handelstages einen Gewinn von 1 Milliarde Dollar.

Angesichts einer Regierung, die fest entschlossen ist, das Bankensystem durch monetäre Zuschüsse zu sanieren, und auch in Anbetracht der chinesischen Landesbürger und der internationalen Investoren, die großes Interesse zeigen, Anteile an diesem System zu erwerben, scheint es höchst unwahrscheinlich, dass die erwähnten uneinbringlichen Forderungen die heutige Volkswirtschaft Chinas nach unten ziehen könnten.

Risiko #3: Spannungen zwischen Taiwan und Japan könnten
die Volkswirtschaft schädigen

Tatsache – aber: Zweifellos besteht eine ausgeprägte Feindschaft zwischen China, Taiwan und Japan. An das Zitat von General MacArthur, „Ich werde zurückkehren", angelehnt, schwor Chang Kaishek, als er und zwei Millionen Flüchtlinge sich 1949 nach Taiwan zurückzogen, dass er eines Tages auf das Festland zurückkehren werde. Die Chinesen nahmen die Drohung nicht ernst und bestärkten schlicht ihre historische Haltung: Taiwan ist Teil ihres Landes und irgendwann wird die Insel in die Regierungsstruktur Chinas aufgenommen werden. Die USA, unterstützt von einer mächtigen Interessenvertretung aus Taiwan, trübten die Aussichten auf Besserung zwischen den beiden Teilen Chinas, als sie 1979 den Taiwan Relations Act verabschiedeten. Nach diesem Gesetz müssen die Vereinigten Staaten Taiwan zur Hilfe kommen, wenn es von einer externen Entität angegriffen wird. China gilt darin als externe Entität. Als Reaktion auf diese direkte

Provokation platzierte China über die gesamte Meereslänge, die Taiwan vom Festland trennt, hunderte von Raketen, die alle direkt auf die Insel gerichtet sind.

Was Japan angeht, beschäftigt das Massaker von Nanjing – im Jahre 1937, als die Japaner hunderttausende Chinesen in und um Nanjing herum ermordeten – die chinesische Öffentlichkeit nach wie vor. Die Verbitterung, die schon viele Jahrzehnte anhält, wird weiter angefacht durch einige der heutigen konservativen Politiker Japans, die nicht nur das Massaker selbst leugnen, sondern auch die Gräber von Generälen in Ehren halten, die daran teilgenommen haben.

Trotz der belastenden und sehr realen Präsenz solcher Spannungen, entstehen immer stärkere Bindungen zwischen den drei Volkswirtschaften. Japan und Taiwan haben einen beachtlichen Teil ihres produzierenden Gewerbes nach China ausgelagert; im Gegenzug bestehen zwischen China und diesen beiden Ländern auch Import- und Exportbeziehungen. Tatsächlich ist China das größte Ziel der Exporte Taiwans und zudem für einen großen Teil der Exporte Japans verantwortlich. Allein Toyota investierte seit 1998 beispielsweise über 2 Milliarden Dollar in seine Betriebe in China. Diese Kontakte sind für alle Beteiligten profitabel. Anfang der 70er sagte Mao, dass Taiwan zwar irgendwann ein fester Bestandteil Chinas sein würde, dies aber noch hundert Jahre dauern könnte. Es bleiben also noch etwas über 60 Jahre Zeit.

Politiker neigen jedoch oft dazu, die wirtschaftlichen Aspekte einer Situation zu ignorieren. Interessengruppen – vor allem Millität und Hersteller von Rüstungsgütern – können auch von erhöhten Spannungen profitieren. 2005 deklarierte ein hochrangiger Amtsträger des Pentagons, dass China sich darauf vorbereiten müsse, mit Taiwan fertigzuwerden, ohne auf diplomatische Mittel zurückzugreifen, da Taiwan seine militärische Präsenz bereits erhöhe. Diese Darstellung wird weitgehend als Strategie des Pentagons verstanden, Gelder für neue Langstreckenwaffen zu erhalten und die Präsenz der amerikanischen Marine im Pazifik zu erhöhen.

Unter dem Strich wäre jeder militärische Gewaltausbruch für alle Volkswirtschaften der Welt schädlich – also nicht nur ein Risiko für die chinesische Volkswirtschaft. Nur leider kann niemand vorhersehen, zu welchen Mitteln demagogische Politiker greifen, um die Öffentlichkeit aufzubringen und ihre politischen Motive durchzusetzen. Da aber ein militärischer Konflikt alle drei Volkswirtschaften und vielleicht sogar Länder zerstören könnte, halten wir einen Kriegsausbruch für unwahrscheinlich – obwohl die Säbel zweifellos ständig rasseln werden.

Risiko #4: Weit verbreiteter ökologischer Zerfall wird sich wachstumshemmend auswirken

Nicht notwendigerweise. Zweifellos hat die zügellose Umweltverschmutzung im letzten Vierteljahrhundert der halsbrecherischen Industrialisierung die chinesische Umwelt geschädigt. Zu den bekannten, erschreckenden Statistiken gehören: 16 der Städte mit dem höchsten Grad der Umweltverschmutzung weltweit befinden sich auf dem Festland Chinas; über 70 Prozent der Seen und Flüsse in China sind verschmutzt; 25 Prozent der chinesischen Bevölkerung verfügen über kein sauberes Trinkwasser und weniger als 20 Prozent der Feststoffabfälle werden geklärt. Und dabei wurde noch kein Wort über den Zustand der Luft verloren, der sich überall im Lande als schlichtweg lebensgefährlich beschreiben lässt.

Die Situation ist in der Tat schon so prekär, dass die Regierung gezwungen war zu reagieren. China wurde durch den Zuschlag für die Olympischen Spiele 2008 sogar dazu verpflichtet, für ausreichend saubere Luft zu sorgen, damit die Athleten ihre anstrengenden Aktivitäten ausführen können. 2006 wurde das Engagement für den Umweltschutz im elften Fünfjahres-Plan verankert. Dabei wurde öffentlich bekannt gegeben, dass die Qualität der Umwelt in wichtigen Gebieten und Städten bis zum Jahr 2010 „verbessert" und bis 2020 „erheblich verbessert" werden muss. Das chinesische Umweltministerium SEPA veröffentlicht auf seiner Internetseite nun täglich den Luftqualitätsindex für 48 größere Städte, um kommunale Beamte mithilfe der Öffentlichkeit dazu zu zwingen, sich an die Richtlinien für sauberere Luft zu halten. (Es wird jedoch nichts gegen die Zunahme von Privatwagen getan, die massiv zur Luftverschmutzung in größeren Städten beitragen.)

Nach dem aktuellsten Programm will das Land seinen Energiebedarf in Zukunft stärker aus umweltfreundlichen Energiequellen decken und verstärkt in neue Technologien investieren. Bis 2020 sollen 15 Prozent der Energie aus Wind, Wasser und Sonnenenergie stammen und 30 Kernkraftwerke erbaut sein.

Als wir uns mit Yang Guoxiong trafen, dem stellvertretenden Direktor von Chinas nationalem Forschungszentrum, erklärte er uns einige der Regierungsschritte genauer, die den Zerfall der Umwelt aufhalten und den bereits entstandenen Schaden sogar teilweise beheben sollen.

- Die Regierung verlangt, dass alte Gebäude renoviert werden, um neuen Energieeffizienzstandards zu entsprechen; zwischen 2006 und 2011 sollen beispielsweise 20 Prozent aller alten Gebäude erneuert werden.

- Zusätzlich gibt es strenge Energieeffizienzstandards für Neubauten. Fabriken, die diese Umweltstandards innerhalb von fünf Jahren nicht erreichen, müssen geschlossen werden.

- Anders als in vielen anderen Bereichen der chinesischen Volkswirtschaft gibt es für ausländische Unternehmen, die umweltfreundliche Technologien einführen wollen, keine Einschränkungen. Diese Unternehmen können nicht nur uneingeschränkte Eigentümer ihrer Betriebe bleiben, sie erhalten auch Steuervorteile, wenn sie zertifizierte neue Umwelttechnologien einführen.

- Die Emissionsnorm für Autos ist in China bedeutend höher als in den Vereinigten Staaten. (Das wurde selbst in den USA zur Kenntnis genommen: Fred Krupp, Präsident der Lobby Environmental Defense (deutsch: Umweltschutz), urteilte: „Wenn die Vereinigten Staaten Energieeffizienzstandards wie zum Beispiel aus China übernehmen würden, dann wäre dies ein gewaltiger Vorteil für uns.")

- Zwischen 2001 und 2006 stieg der Anteil der sauberen Luft in Peking von 60 auf 65 Prozent. Angesichts der umfangreichen Bauarbeiten (täglich scheint ein neues Gebäude errichtet zu werden) sowie der immer weiter steigenden Autozahlen handelt es sich hierbei um eine beeindruckende Leistung.

- Die Regierung setzt in hohem Maße auf Windenergie. Die weltweit größte Anlage zur Erzeugung von Windenergie befindet sich in Westchina.

Die Olympischen Spiele 2008 werden ein Wunder an umweltfreundlicher Technologie sein; es wird Sonnenenergie, grüne Dächer und wasserlose Pissoirs geben. Wie war das eben? Ja, wasserlose Pissoirs, und es gibt sogar Pläne für die Zeichnung einer Biene, die auffällig auf der Innenseite eines jeden Pissoirs abgebildet werden soll, um dem Anwender beim richtigen Zielen behilflich zu sein. Ein Jahr lang korrekt diese kleine Biene treffen, heißt, pro Pissoir fast 40.000 Gallonen Wasser sparen, die sonst heruntergespült worden wären; ein deutlicher Kontrast zu den Bemühungen für die Wasserreinhaltung in den USA. Als Bauunternehmer in Los Angeles und Philadelphia wasserlose Pissoirs bei Neubauten einführen wollten, stimmten die Gewerkschaften der Klempner dagegen, da sie dadurch angeblich arbeitslos würden.

Zusätzlich zu vermehrten Umweltschutzregelungen wirbt das Ministerium für Wissenschaft und Technologie (MoST) für neue „umweltfreundliche Technologien", die nicht nur der Bevölkerung Chinas helfen, sondern auch neue Produktionsgebiete und neue technologische Möglichkeiten erschließen sollen. Wie der Leitartikelschreiber der *New York Times*, Thomas Friedman, im November 2005 kundtat, „werden wir … innerhalb eines Jahrzehntes unsere umweltfreundliche Technologie aus Peking importieren müssen."

Es scheint aber so, als ob die Chinesen dieser Vorhersage zeitlich vorauseilen wollen. Auf der Shanghai Auto Show im April 2007 beispielsweise präsentierten die Autohersteller Chinas ihr Gespür für hochmodernen Umweltschutz, indem sie Limousinen mit experimentellen Brennstoffzellen und methanolbetriebene Autos vorführten. Als der Präsident der Shanghai Automotive Industries, Chen Hong, seine mit alternativer Energie betriebenen Fahrzeuge mit den Autos der großen ausländischen Hersteller verglich, stellte er fest, dass „wir alle in etwa den gleichen Ausgangspunkt haben." Von staatlichen Zuschüssen und Steuervergünstigungen unterstützt, ist Chen der Meinung, dass China bei der Entwicklung von sauberer Energie und Fahrzeugen mit hoher Laufleistung unter den weltweit führenden Nationen zu finden sein wird.

Natürlich besteht auch in China, so wie in vielen Ländern der Welt, oft ein großer Unterschied zwischen dem, was die Regierung ankündigt, und dem, was letztendlich umgesetzt wird. Angesichts des schrecklichen Chemieunfalls, der im Jahre 2005 weltweit für Aufsehen sorgte und die Trinkwasserversorgung in der Stadt Harbin im Norden Chinas lahmlegte, sowie auch in Anbetracht der Staubstürme in Peking, der durch die Abholzung herbeigeführten Versteppung und des öffentlichen Unmutes darüber, nimmt die chinesische Landesregierung ihre Verantwortung hier aber sehr ernst. Sie hat bereits den Straßenbau und andere Projekte, die als umweltgefährdend eingestuft werden, vorläufig eingestellt. Bisher jedoch noch nicht eingestellt wurde der Bau hochgradig umweltverschmutzender, kohlebeheizter Kraftwerke. Sie werden gebraucht, um den wachsenden Energiebedarf des Landes zu decken.

In einem gewissen Sinne befindet sich die Regierung nun in einem Rennen zwischen der Aufgabe, die Umweltzerstörung wiedergutzumachen sowie neue Umweltschäden nachdrücklich zu verhindern und dem Bedürfnis der chinesischen Konsumenten, die energieverschwenderischen Angewohnheiten der westlichen Länder anzunehmen. Es gibt in diesem Rennen jedoch ein Handicap, und das sind die Kommunalverwaltungen. Tatsächlich hat Zhou Shengxian, der Leiter des Umweltministeriums SEPA, die anhaltenden – und in manchen Bereichen zunehmenden – Umweltprobleme öffentlich zum Großteil auf die Korruption und den Betrug kommunaler Beamter geschoben.

In einem hervorstechenden Beispiel mussten zwei Papiermühlen in der Inneren Mongolei nach einem ernstzunehmenden Unfall, bei dem schadhafte Substanzen in den Gelben Fluss gelangten, sehr hohe Strafen zahlen. Sie wurden dazu verurteilt, ihre Ausrüstung zur Reduzierung der Umweltverschmutzung zu verbessern. Die Strafe und die öffentliche Berichterstattung über den Vorfall wurden weithin gelobt, als Beispiel für die Bemühungen der Regierung der Umweltverschmutzung durch die Industrie entgegenzuwirken. Und dann passierte nichts – selbst nachdem kommunale Beamte angewiesen wurden, die Betriebe zu schließen, wenn sie weiterhin die Umwelt verschmutzten. Nach einem heftigen Sturm im April 2006 floss Klärschlamm der Betriebe aus temporären Eindämmungsbecken und überflutete ein kleines Dorf im wahrsten Sinne des Wortes mit einer giftigen, übelriechenden braunen Substanz. Die *New York Times* zitierte einen Anwohner: „Schuld an diesem Unfall ist die Kommunalverwaltung, die den Anweisungen der Zentralregierung nicht nachgekommen ist."

Die Zerstörung der Umwelt ist daher eng mit Unruhen in ländlichen Gegenden und mit Korruption verbunden, Risiken auf die später eingegangen wird. An dieser Stelle genügt es, zu erwähnen, dass die Landesregierung das Problem erkannt hat und dass Umweltschutzorganisationen im In- und Ausland ihre Bemühungen anerkennen. Zumindest werden Umweltprobleme auf nationaler Ebene nicht ignoriert und es wird viel getan, um ihnen entgegenzuwirken.

Risiko #5: Die verbleibende Armut führt zu störenden und gefährlichen Unruhen innerhalb des Landes

Tatsache – aber: Seit Ende der 90er ging die Reduzierung der Armut trotz des phänomenalen Wirtschaftswachstums in China vor allem in ländlichen Gegenden bedeutend langsamer voran. Laut Gregory C. Chow, Ökonom und Chinaexperte an der Princeton University, lebten 2003 etwa 59 Millionen Menschen in ländlichen Gegenden unterhalb der Armutsgrenze von 800 Yuan pro Kopf. Er stellte fest, dass über 60 Prozent der Haushalte auf dem Lande keine Toiletten mit Spülung besitzen. Sechs Prozent der Dörfer sind immer noch außerhalb der Reichweite von Autobahnen; zwei Prozent verfügen über keine Elektrizität. Ungefähr 150 Millionen dieser Haushalte haben Probleme mit der Brennstoffversorgung. Und nur ein Fünftel der dort lebenden Einwohner wird vom Gesundheitsversorgungssystem der Regierung erfasst; der Rest ist auf keinerlei Weise versichert.

Das Entwicklungsprogramm der Vereinten Nationen berichtete, dass sich 2006 in China die Kluft zwischen wohlhabenderen Stadtbewohnern und Bürgern, die in ärmlicheren Verhältnissen auf dem Land leben, auf circa 3,3 zu 1 belief. Hierbei handelt es sich nicht nur um eine äußerst große, sondern auch um eine wachsende Lücke – 1985 lag dieses Verhältnis bei 1,85 zu 1. An dieser Stelle sei jedoch angemerkt, dass dieser sehr aktuelle Grad der Ungleichheit im Vergleich zu dem in Lateinamerika bestehenden Verhältnis immer noch niedrig ist. Die Kluft hat in China vermehrt zu öffentlichen Beschwerden der Menschen geführt, die am wirtschaftlichen Boom nicht teilhaben konnten. Schlagzeilen über polizeiliche Aktionen, bei denen der Protest chinesischer Dorfbewohner niedergeworfen wurde, bestätigen das immer wieder. Die öffentlichen Statistiken zeigen, dass es zu diesen „Massenunruhen" über 200 Mal in einem einzigen Jahr gekommen ist, die Anzahl der jährlichen öffentlichen Protestaktionen in der gesamten Nation schnellten sogar von 10.000 im Jahr 1994 auf 74.000 im Jahr 2004 in die Höhe.

Die Unruhen in China sind jedoch im Großen und Ganzen sehr verschieden von den Unruhen in Lateinamerika. Dort äußerten sich vor Kurzem gewählte populistische Politiker gegen die freie Marktwirtschaft und gegen ausländische Investitionen. Die Menschen in China scheinen dagegen ganz hinter Dengs Lehre zu stehen, dass „reich zu werden ruhmvoll ist!", mit der Folge, dass die bürgerlichen Unruhen durch die insgesamt besser gebildeten Chinesen die Kehrseite einer Bevölkerung zeigen, die oft härter arbeiten will als die Menschen in anderen Schwellenländern. Viele arbeiten an einem besseren Leben und wenn jemand seinen Wohlstand extravagant zur Schau stellt, wollen sie ihren Anteil. Andere sind verschreckt. 30 Millionen Arbeiter haben in den letzten zehn Jahren ihre Stellen bei der Schließung zehntausender unrentabler Betriebe verloren. Auch wenn diese Menschen das Ende der kommunistischen Wirtschaft unter Mao vielleicht nicht bereuen – selbst wenn es in dieser Wirtschaft zumindest ein minimales Sicherheitsnetz gab –, so sind sie verärgert darüber, zu sehen, wie so viele andere reich werden, während sie in der tiefsten Armut versinken.

Millionen dieser im wahrsten Sinne des Wortes verdrängten Menschen sammelten sich in Stadtgebieten, wo sie zu dem rastlosen Teil der Bevölkerung wurden, der keinen festen Wohnsitz hat. Wie bei den illegalen Einwanderern in den Vereinigten Staaten nimmt diese Schicht der kaum gebildeten, schlecht vorbereiteten Arbeiter die am schlechtesten bezahlten Jobs an, um für sich selbst und für ihre Familien zu sorgen. Laut einem Bericht der China Academy of Social Sciences aus dem Jahre 2006 belaufen sich die Einkünfte aller Angehörigen des ärmsten Fünftels der Stadtbevölkerung auf weniger als ein Zwanzigstel der Einkünfte des reichsten Fünftels.

Wir haben einige dieser traurigen Gesichter der Unterschicht in den Städten gesehen und wurden bei kurzen Ausflügen auf das Land Zeuge der trostlosen

Umstände, in denen viele dieser Menschen leben. Uns wurde gesagt, dass es selbst in Städten Familien gibt, die in einem einzigen Raum zusammengepfercht leben und sich mit anderen eine Küche am Ende des Flures sowie ein spärliches Klo in einem Vorhof teilen müssen. Und diese elenden Behausungen liegen oft nur wenige Blocks von glänzenden Hotels wie dem Grand Hyatt und dem Four Seasons entfernt.

Die Regierung, die auf einer Welle atemberaubenden Wachstums reitet, sieht sich nun mit dieser potenziell explosiven Situation konfrontiert. Sie reagierte auf diese Herausforderung mit dem elften Fünfjahres-Plan im Jahre 2006. In seiner Rede vor der Jahresversammlung der Gesetzgeber des Landes versprach Premierminister Wen Jiabao kostenlose Bildung für jedes Kind auf dem Land, erhöhte Investitionen in die ländliche Infrastruktur und in die Modernisierung der Landwirtschaft, die Abschaffung einer Landwirtschaftssteuer, erhöhte Getreidesubventionen an Bauern, ein höheres Budget für die Verbesserung des Netzwerks von Krankenhäusern auf dem Land und einen höheren Regierungszuschuss an regionale Krankenversicherungsvorhaben in ländlichen Gegenden.

Es handelt sich hier um ein umfassendes Regierungsprogramm. Nach Fan Jianping, dem Leiter der Abteilung für Wirtschaftsprognosen am staatlichen Informationszentrum in China, könnten die Ausgaben für ländliche Entwicklungsprogramme der Regierung die rund 15 Milliarden Dollar leicht übersteigen, die während 1998 und 2003 jährlich in staatliche Kampagnen zur Erschließung bäuerlicher Regionen investiert wurden. Diese Maßnahmen werden China zwar nicht über Nacht verändern, aber sie gewährleisten, dass das Wohlbefinden der Einwohner dieser Gegenden – in Bezug auf Bildung, Einkommen und medizinische Versorgung – weit über dem in anderen Schwellenländern liegen wird.

Das vielleicht revolutionärste Gesetz, das der Premierminister in Aussicht stellte, ist die Abschaffung der Landwirtschaftssteuer, einer Steuer, die seit 2.600 Jahren erhoben wird. Der Premierminister sprach mit Recht von einem „Wandel von bahnbrechender Bedeutung". Praktisch gesehen, so der *Economist*, ist der Effekt fast ausschließlich psychologisch: Die jährliche Pro-Kopf-Ersparnis beträgt lediglich 19 Dollar. Dennoch erkannten wir nach der Ankündigung des Premierministers bei unserem Ausflug aufs Land, dass gerade diese Aktion die Einstellung der Bauern enorm verändert hatte – zum ersten Mal in ihrem Leben mussten sie den Steuereintreiber nicht mehr fürchten.

Die Maßnahmen des aktuellen Fünfjahres-Plans sind darauf ausgerichtet, „auf dem Lande einen neuen Sozialismus" zu schaffen und sie sind Teil des Gesamtziels, eine harmonischere Gesellschaft aufzubauen. Sie zielen darauf ab, die

Zuwanderung in die Stadt deutlich zu reduzieren, indem das Leben auf dem Land attraktiver und rentabler gestaltet wird. Zusätzlich hoffen Beamte, dass die Konsumnachfrage in diesen Gegenden ansteigen wird, wodurch weiteres Wachstum stimuliert würde. Der Harvard-Ökonom Benjamin Friedman hebt in seinem Buch *The Moral Consequences of Economic Growth* (2005) hervor, dass erst dieses Wirtschaftswachstum die Voraussetzung für sozialen Fortschritt bildet. Er glaubt, dass in Zeiten erhöhten Wohlstands Gesellschaften eher am Liberalismus orientiert sind. Im Gegensatz dazu neigten sie in Zeiten der wirtschaftlichen Depression zum Autoritarismus. Durch anhaltendes Wirtschaftswachstum, schreibt er, entstünden „mehr günstige Gelegenheiten, Toleranz der Verschiedenartigkeit, soziale Mobilität, Bereitschaft zur Fairness und Engagement für die Demokratie." China wird zum großen Testgelände, auf dem sich zeigen wird, ob diese These zutrifft oder nicht.

Professor Guoqing Song von der Peking-Universität ist der Auffassung, dass die neuen Programme der Regierung mit Sicherheit einen Schritt in die richtige Richtung bedeuten und viel dazu beitragen werden, die weit verbreiteten Unruhen zu entschärfen. Zudem glaubt er, dass die rastlosen Massen der wandernden Arbeiter zu schlecht organisiert sind, um bedeutende politische Aktionen ins Leben zu rufen; und dann seien auch viele unter ihnen Unternehmer, die ihre Zeit in den Städten lieber dazu nutzen wollten, Gewinne zu machen als aktiv zu protestieren. Die in den ländlichen Gebieten Verbliebenen merken jetzt, dass die Landesregierung daran arbeitet, etwas gegen ihre Notlage zu unternehmen.

Man darf auch nicht den demographischen Vorteil Chinas vergessen. Anders als jedes andere Schwellenland sieht sich China keinen Massen von jungen Menschen gegenüber, die nach Arbeit suchen. Bei stabiler Altersstruktur und erhöhten wirtschaftlichen Anreizen besteht daher durchaus Anlass zur Hoffnung, dass sich die Unruhen langsam legen werden und China seinen Weg zu wirtschaftlichem Wohlstand ungehindert fortsetzen kann. So oder so ist kontinuierliches Wachstum in der chinesischen Volkswirtschaft Teil der Lösung, besonders da die wirtschaftlichen Aktivitäten eine immer breitere geographische Basis finden.

Risiko #6: Steigende Löhne für Fabrikarbeiter und anderswo billigere Arbeiskräfte werden das Wirtschafswachstum dämpfen

Wahrscheinlich erfunden. Auf dem Weg zur internationalen Wirtschaftsmacht hat China Erstaunliches erfahren. Die Löhne im produzierenden Gewerbe stiegen immer höher, wodurch die Gewinnspannen unter Druck gerieten. Nach dem bekannten, auf die globale Wirtschaft spezialisierten Ökonomen Steven Roach von Morgan Stanleys steigen die Löhne in der Industrie seit 1999 jährlich um etwa 12 Prozent. Wie in einem Onlineartikel der *BusinessWeek* dargelegt, ändert die Lohninflation die Rahmenbedingungen für China. Laut einer Studie des Institute of Contemporary Observation in China, einer Organisation für Arbeitsmarktstudien, nähert sich die Rate der Arbeitskräftefluktuation bei schlecht bezahlten Tätigkeiten der 50-Prozent-Marke. Hightech-Industrien haben auch mit einem Mangel an Facharbeitern zu kämpfen. Emerson Climate Technologies in Suzhou muss beispielsweise mit den nahe gelegenen Zweigstellen von Samsung, Siemens und Nokia um Arbeitskräfte konkurrieren. „Es ist ein Punkt erreicht", so David Warth, der Geschäftsführer von Emerson, „an dem wir nur Leute austauschen und Gehälter erhöhen." Es gibt sogar Gerüchte, dass einige Unternehmen ihre weniger technologisch ausgerichteten Betriebe in Niedriglohnländer wie Vietnam und Indonesien verlegen wollen.

Langfristig wird der Lohnanstieg die Zukunft Chinas stärken, da er dabei hilft, eine verbraucherorientierte Volkswirtschaft zu schaffen, die sich in geringerem Maße auf Exporte verlässt. Tatsächlich sagen McKinsey & Company voraus, dass der Mittelstand Chinas bis zum Jahr 2025 auf 520 Millionen Menschen ansteigen wird, bei einer antizipierten Kaufkraft von über 2,5 Billionen Dollar. Der Lohnanstieg beflügelt auch die Entwicklung des produzierenden Gewerbes im Landesinneren, wo die Gehälter aufgrund des Armutsniveaus niedriger sind.

Aber wie sieht es auf kurze Sicht aus? Es sei angemerkt, dass die Chinesen nicht Däumchen drehen, während diese wirtschaftlichen Veränderungen stattfinden. Wie wir im vorherigen Kapitel sahen, nehmen viele bereits die nötigen Anpassungen bei ihren Unternehmen vor, damit sie nicht nur weiterexistieren, sondern auch florieren können. Darüber hinaus hat die Regierung die Gefahr für das gesamte Land erkannt und hat im letzten Fünfjahres-Plan darauf reagiert. Sie hat Maßnahmen entworfen, die den wirtschaftlichen Wandel erleichtern und dazu beitragen sollen, eine „harmonische Gesellschaft" hervorzubringen.

Zweifellos wird Chinas Wandel vom exportorientierten Niedriglohnland zu einem wohlhabenderen, stärker konsumorientierten Land Störungen hervorrufen und auf persönlicher Ebene auch zu Tragödien führen. Das war bei anderen Volkswirtschaften so, die diesen Wandel in der Vergangenheit vollzogen haben, und wird auch bei China so sein. Aber China ist anders. Angesichts der Anpassungsfähigkeit, der Offenheit gegenüber Veränderung und der Kreativität, die in Chinas heutiger Gesellschaft eine so bedeutende Rolle spielt, sollte dieser Wandel nicht so traumatisch wie bei anderen Ländern vor sich gehen. Und die

Aufmerksamkeit und Führungskraft der Regierung wird dazu führen, dass der Nutzen für alle Teile der Gesellschaft höher ausfallen wird.

Risiko #7: Chinas Wachstum ist unausgewogen und nicht nachhaltig

Tatsache – aber: Bisher hat sich das Wachstum in China auf zwei Sektoren der Volkswirtschaft gestützt: private und öffentliche Kapitalinvestitionen und Exporte. Keiner der Bereiche kann in diesem Tempo weiterwachsen. Es ist allgemein bekannt, dass Länder, die jahrelanges, investitionsgetriebenes Wachstum erleben, unweigerlich von den Gesetzen der Konjunktur eingeholt werden. Dies ist der Fall, weil Überinvestition im Unternehmensbereich zu schrumpfenden Einnahmen und zu einem Rückgang der Erträge beim investierten Kapital führen kann.

In Chinas Fall waren die umfassenden Investitionen in die Infrastruktur jedoch eine eindeutig positive Entwicklung, der weitgehend zugeschrieben wird, dass China schneller wachsen konnte als Indien. Mit der vollständigen Erschließung der westlichen Gebiete Chinas werden weitere hohe Investitionen in die Infrastruktur notwendig werden.

Auf der anderen Seite hat Chinas Exportabhängigkeit weitreichende Auswirkungen auf internationaler Ebene, besonders was die Beziehungen zu den Vereinigten Staaten betrifft. Halten Sie sich beispielsweise die im *Bericht an den Kongress über die US-chinesische Überprüfungskommission im Bereich Wirtschaft und Sicherheit* von Kommissionsmitglied Patrick A. Mulloy zum Ausdruck gebrachte Meinung vor Augen: „Die politischen Entscheidungsträger von Amerika müssen verstehen, dass die Interessen multinationaler Unternehmen und die von ihnen befürworteten Verfahrensweisen im Fall China nicht notwendigerweise die Interessen unserer Bürger und unserer Nation widerspiegeln." Der Bericht als Ganzes drängt den Kongress in den USA dazu, „den Schaden, den chinesische Methoden Arbeitern, Verbrauchern und Investoren zufügen" einzuräumen.

Es besteht besonders unter Politikern kaum Interesse daran, den Berichten des US-Außenministeriums für Angelegenheiten im ostasiatischen und pazifischen Raum Beachtung zu schenken, da solche Berichte im Widerspruch zu den Aussagen der Politiker stehen. 2006 wies das Ministerium darauf hin, dass das Defizit der USA im Handel mit China zwar größer geworden ist, gegenüber Asien jedoch insgesamt im vergangenen Jahrzehnt in etwa gleich geblieben ist. Das Ministerium zieht die Schlussfolgerung, dass das „bilaterale" US-chinesische Handelsdefizit genauer gesagt ein Defizit im Handel mit Ostasien sei, da für Volkswirtschaften in Ostasien, die einst direkt in die USA exportierten, nun ein bedeutender Teil der Abwicklung sowie die letzten Schritte in China stattfinden.

Nach den heutigen Buchführungsstandards gibt es in den Vereinigten Staaten jedoch unter dem Strich ein gewaltiges – und ständig größer werdendes – Handelsdefizit mit China. Diese Situation ist politisch nicht tragbar. Eine steigende Sympathie für Protektionismus in den USA könnte leicht zu einer Gesetzgebung führen, die das Wachstum der chinesischen Exporte und somit das Wachstum des chinesischen BIPs stark vermindern würde.

Zweifellos muss sich China um eine Veränderung der Zusammensetzung seines BIPs bemühen, da man sich nicht mehr wie bisher auf Nettoexporte und Kapitalinvestitionen verlassen kann. Wir glauben jedoch, dass bei steigenden Gehältern eine Veränderung bei den BIP-Komponenten in Zukunft sowohl möglich wie auch wahrscheinlich ist. Die Verbraucherausgaben in China machen heute weniger als 50 Prozent des BIPs aus, in den Vereinigten Staaten sind es 70 Prozent. Selbst bei einer nachhaltig hohen Sparquote kann China den Anteil des Konsums am BIP beachtlich erhöhen. Anekdotische Beispiele zeigen, dass die jüngere Generation – die hippen Zwanziger – nun richtig in Konsumstimmung geraten. Sie sind Vorboten einer Veränderung, die den Wachstumskurs nachhaltiger machen und China dabei helfen wird, eine harmonische Gesellschaft zu werden.

Risiko #8: Korruption

Tatsache. Der renommierte chinesische Gelehrte Gregory Chow schrieb: „Meiner Meinung nach sind die wichtigsten Faktoren, die weiteren wirtschaftlichen Reformen in China im Weg stehen werden, die Bürokratie und die Korruption von Regierungsbeamten." Wir stimmen nicht nur mit seiner Ansicht überein, sondern gehen noch einen Schritt weiter: Privatpersonen sind nicht immun gegen dieses Laster. Eine Umfrage der Nanjing-Universität im Jahre 2006 ergab, dass 94 Prozent der Befragten sich einig waren, dass Bestechung in China weit verbreitet sei. Im *Jahresbericht 2006* gab der Exekutivausschuss des chinesischen Kongresses an: „Der Internationale Währungsfonds gab Schätzungen bekannt, nach denen die Geldwäsche in China sich auf 24 Milliarden Dollar im Jahr belaufen könnte, während die Asiatische Entwicklungsbank schätzt, dass über zwei Prozent von Chinas BIP jährlich durch Geldwäsche auf dem chinesischen Festland zustande kommt." Wie ein Beobachter Chinas kommentierte, war dieses

Phänomen früher zumeist auf die Regierungsspitze beschränkt; durch die Liberalisierung geht es inzwischen demokratischer zu und die Korruption hat sich über viele Ebenen der Regierung und der Gesellschaft ausgeweitet.

Ganz am Anfang steht die Ineffizienz der chinesischen Regierung, die noch nie zuvor in der Geschichte so ausgeprägt war. In China gibt es fünf Verwaltungsebenen (Stadtbezirk, Landkreis, Region, Provinz und Nation) und fünf große Staatsorgane auf jeder Ebene (Partei, Verwaltung, Legislative, politische Konsultative und Gerichtshof). Es ist nicht überraschend, dass es in vielen Behörden zu Bürokratie und Korruption kam.

Die aktuelle Regierung hat der Reform der Verwaltung oberste Priorität gegeben. Kommunalwahlen – im Gegensatz zur Amtseinsetzung durch die Regierung – werden eingeführt, um zur Übernahme von Verantwortung zu ermutigen. Und bei Wahlen sowie Ernennungen gibt es nun beschränkte Amtszeiten, um offiziell die Fluktuation und die Transparenz zu erhöhen. Trotz dieser Bemühungen hat China noch einen langen Weg vor sich, bevor man die dortige Regierung effektiv und dienstleistungsorientiert nennen kann. „Veruntreuung von Pensionsfonds, unvollständiges Angeben von uneinbringlichen Forderungen, Bestechung und Unterschlagung“; James Grant, Kolumnist bei *Forbes*, schrieb, dass in der Volksrepublik China ein Skandal den nächsten jage. „Bei einer Bevölkerung von 1,3 Milliarden Menschen“, kommentierte er, „muss es einen ehrlichen chinesischen Bürger geben.“ Herb Greenberg, ein leitender Kolumnist der Website MarketWatch, drückte es etwas vorsichtiger aus: „In China zu investieren ist mit äußerster Vorsicht zu genießen.“

Es sei an dieser Stelle erwähnt, dass nicht jeder korrupt ist – keineswegs ist das der Fall. Wie Professor Chow es formulierte, geben viele Chinesen nach wie vor viel auf die alten kulturellen Standards der Aufrichtigkeit und Integrität. Die Geschichte von Liu Shuwei, einer Dozentin an der Central University of Finance and Economics in Peking, ist typisch für eine Seite Chinas, auf die in der Presse des Westens nur selten eingegangen wird.

Lius Fachgebiet ist die Finanzbuchhaltung. Zur letzten Jahrhundertwende entwickelte sie eine Faszination für den Hype um Ju Zhaomin, einen gerissenen Unternehmer, der innerhalb von vier Jahren Lantian, ein bescheidenes Geschäft für Fisch und Lotuswurzeln, in Chinas erstes börsennotiertes ökologisches Landwirtschaftsunternehmen verwandelte. Es war das Jahr 1996, eine Zeit in der Aktienkursmanipulationen an der Shanghaier Börse an der Tagesordnung waren. Lantians jährlicher Nettogewinn erhöhte sich während der folgenden drei Jahre um fast das Zehnfache, die Marktkapitalisierung stieg um mehr als das

Vierfache. Im Jahr 2000 meldete das Unternehmen Umsätze in Höhe von 222 Millionen Dollar. Chinesische Banken schienen der Auffassung zu sein, dass dies Rechtfertigung genug sei, dem Unternehmen weitere 225 Millionen Dollar zu leihen. Viele dieser Banken machten sich nicht einmal die Mühe, in die Bilanzen des Unternehmens zu schauen, um die Kredite zu gewähren; sie gingen in Ruhe ihre eigenen Bücher mit den Bestechungsgeldern durch, die von Ju und anderen Führungskräften von Lantian bezahlt wurden, um den scheinbaren Wohlstand des Unternehmens zu sichern.

Liu sah sich jedoch die Bilanzen und Finanzberichte an – sie interessierte sich für ihr Fachgebiet und hatte keinerlei geschäftliches Interesse. Was sie beunruhigte: Obwohl das Unternehmen einen Umsatz von 222 Millionen Dollar vermeldete, gab es nur offene Forderungen in Höhe von 1 Million Dollar, eine unmögliche Lücke für ein rechtschaffenes Unternehmen. Im Oktober 2001 veröffentlichte sie eine Studie, in der sie die finanzielle Tragbarkeit des Unternehmens in Frage stellte und sie schickte Warnungen an die Bankbeamten, um auf die Finanzsituation des Unternehmens aufmerksam zu machen.

Die Banken drehten Lantian fast über Nacht den Geldhahn zu. Das Unternehmen rächte sich, indem es Liu wegen übler Nachrede verklagte. Trotz einer anonymen Todesdrohung wich Liu nicht von ihren Schlussfolgerungen zurück. Stattdessen schickte sie Kopien ihrer Arbeit an Nachrichtenagenturen überall in China. Damit war sie am Ziel. Ihre Analysen waren stichhaltig genug, um für große Schlagzeilen zu sorgen. 2002 wurden Ju und einige weitere hochrangige Mitarbeiter bei Lantian wegen Bilanzbetrugs festgenommen und das Unternehmen wurde vorläufig an der Börse gesperrt. Und die Banken? Sie mussten letztendlich für ihre illegalen Machenschaften eine Strafe von insgesamt 500.000 Dollar zahlen.

Der Skandal von Lantian und Lius Enthüllung sind in vieler Hinsicht sehr interessant. Unter anderem zeigen sie, dass viele Wissenschaftler sowie Regierungsbeamte Korruption vehement ablehnen. Tatsächlich kursieren immer mehr Geschichten über alte kommunistische Kader, die zunehmend verärgert darüber sind, dass das Land vom reinen kommunistischen Weg abweicht und Fälle wie die Lantian-Affäre möglich machen. Und dann ist die Ehre bemerkenswert, die Liu zuteil wurde. Für die Aufdeckung des Lantian-Betrugs wurde sie zur Wirtschaftsperson des Jahres 2002 ernannt; sie war die erste Frau, der diese Ehre zuteil wurde. Unter all den Kommentaren, in denen sie für ihre Leistungen gelobt wurde, befand sich jedoch auch einer, der betonte, dass ihr Erfolg das Resultat von Maos Philosophie war. Es sei dem Vorsitzenden Mao zu verdanken, so war in diesem Artikel zu lesen, dass es Frauen nun frei stehe, ihre Füße nicht mehr zu bandagieren und Karriere zu machen. Somit tarnt das zügellos kapitalistische China seinen wirtschaftlichen Erfolg – und stellt kommunistische Ideologen zufrieden – indem es verkündet, dass es den Vorschriften des Vorsitzenden Mao Folge leistet.

Dennoch gibt es nicht genug Bürger wie Liu, die sich aktiv gegen die Korruption einsetzen, die in Chinas Gesellschaft so präsent ist, eine Korruption, die Auswirkungen auf das Inland und auf das Ausland hat. Wie Steve Hanke in einer Kolumne von *Forbes* schrieb, liegt China im Korruptionsranking der Weltbank, die eine eigene Investmentklima-Abteilung unterhält, unter 155 Ländern auf Platz 100 und damit im unteren Drittel. Hanke stellte weiterhin dar, wie einfach es für Insider ist, chinesische Unternehmen auszuplündern.

Investoren müssen aufgrund des Korruptionsniveaus besonders vorsichtig sein, wenn sie in chinesische Aktien investieren. Denjenigen unter uns, die aus dem Land kommen, in dem Enron und WorldCom entstanden, ist klar, dass wir scheinheilig klingen könnten, wenn wir uns über Korruption in anderen Ländern beschweren. Wir erkennen auch die harte Arbeit der Börse in Shanghai an, die der erhöhten Transparenz und der Überwachung von Verstößen galt, sowie die jüngste Einführung politischer Reformen durch die Regierung, durch die Korruption auf allen Ebenen eingedämmt werden soll. Dennoch muss auf diesem Gebiet noch viel mehr passieren, damit Investoren sich mit ihren in China gelisteten Aktien wirklich wohlfühlen können. Wie der Bürgermeister von Shanghai, Han Zheng, nach einem großen Rentenversicherungsskandal im Jahr 2007 einräumte, „desinfiziert Sonnenschein am besten, und Transparenz selbst ist eine Art Überwachung."

Die allumfassende Bedeutung der Kultur

Trotz der Risiken, die in der wirtschaftlicher Landschaft Chinas wahrgenommen werden und tatsächlich existieren, sind wir nach wie vor der Überzeugung, dass dem Land eine hervorragende Zukunft bevorsteht, und wir führen dieses Gefühl auf die Kultur Chinas zurück, die ein fester Bestandteil seiner Gesellschaft ist. Es ist eine Kultur, die sich über Jahrtausende entwickelt hat, eine, die in vielerlei Hinsicht ihre Wurzeln in den Lehren des Konfuzianismus hat, der Loyalität gegenüber der Familie und der Regierung. Diese Loyalität wird heutzutage durch einen ausgeprägten Stolz auf das Land und seine Errungenschaften zum Ausdruck gebracht.

Der Konfuzianismus regt eine Verehrung der Bildung an und erkennt harte Arbeit an. Dabei handelt es sich um Werte, die in chinesischen Gemeinden überall auf der Welt sehr präsent sind. In einem Artikel der New York Times im Mai 2006 stellte der Kolumnist Nicholas D. Kristof die Frage: „Warum sind asiatische Amerikaner so gut in der Schule?" Er merkte an, dass in chinesischen Dörfern immer noch Denkmale an Menschen erinnern, die während der Ming-Dynastie das Äquivalent zum Zulassungstest für amerikanische Hochschulen (SAT) perfekt meisterten. Diejenigen Chinesen, die in die Vereinigten Staaten umsiedelten, brachten die Verehrung für Bildung und harte Arbeit mit sich. Aber nicht nur das, denn sie sorgten auch dafür, dass diese Werte an ihre Kinder weitergegeben wurden. Kristofs Fazit: „Der Erfolg asiatischer Amerikaner hat hauptsächlich mit ihrer Kultur zu tun."

Sir W. Arthur Lewis, einer der hervorragendsten Ökonomen des 20. Jahrhunderts, betonte ebenfalls die Bedeutung der Kultur. Er befasst sich schon sein ganzes Leben lang mit Fragen der wirtschaftlichen Entwicklung, wie zum Beispiel mit der folgenden: Warum floriert die Volkswirtschaft in einigen Ländern, während sie in anderen stagniert? Hängt das vom Regierungssystem und von der Organisation der Volkswirtschaft ab? Haben Planwirtschaften gegenüber Volkswirtschaften, in denen Planung keine Rolle spielt, Vorteile? Diese Fragen standen bei seinem großen Werk, *Die Theorie des wirtschaftlichen Wachstums*, das 1955 veröffentlicht wurde, im Mittelpunkt. 1979 erhielt er den Nobelpreis für Wirtschaftswissenschaften für seine „wegbereitenden Studien der wirtschaftlichen Entwicklung mit einem Schwerpunkt auf den Problemen von Schwellenländern."

Nach lebenslangen Studien der fundamentalen Kräfte, die die wirtschaftlichen Wachstumsraten bestimmen, war Sir Arthur der Überzeugung, dass ein Faktor wichtiger als alle anderen ist. Die wichtigste Determinante der wirtschaftlichen Wachstumsrate ist die kreative Energie der Bevölkerung. Es sind die unternehmerische Antriebskraft und die Ambitionen der Menschen, durch die das Wirtschaftswachstum angespornt wird. Das Beste, was eine Regierung tun kann, ist es, Bedingungen zu schaffen, unter denen durch den kreativen Enthusiasmus der Bevölkerung ein Imperium aus Ziegelsteinen und Stahl entstehen kann. Wir sind der Auffassung, dass Sir Arthur den aktuellen Erfolg Chinas nach den wirtschaftlichen Reformen für ein Musterbeispiel dafür halten würde, wie die Kultur, Antriebskraft, Zielsetzung und Kreativität eines Volkes, wenn sie entfacht wurden, zu volkswirtschaftlichen Wundern führen können.

ZUSAMMENFASSUNG

China ist fest entschlossen, seinen Reichtum und seine Raffinesse in der Welt zur Schau zu stellen, und diese Entschlossenheit wird von einer Kultur gestützt, die ihre vergangene Größe ehrt und unbedingt an der zukünftigen Größe teilhaben will. Vielleicht ist es gleichermaßen wichtig, dass das Land über eine Regierung verfügt, die nahezu alle Möglichkeiten hat, durchzuführen, was immer sie zum Erreichen ihrer Ziele für nötig erachtet.

Die Alterung der Bevölkerung und die finanzielle Stabilität des Landes sind – bei genauerer Betrachtung – keine ernstzunehmenden Probleme. Zusätzlich geht die Regierung aktiv gegen die Zerstörung der Umwelt und die Einkommensunterschiede vor. Steigende Gehälter, auch wenn sie für einige kurzfristig gesehen nachteilig sind, fördern den Übergang von einer Volkswirtschaft mit exportabhängiger Produktion zu einer Wirtschaft, in der der Binnenkonsum eine sehr viel größere Rolle spielt. Es kann zwar niemand vorhersagen, wohin politische Spannungen führen werden, aber da China sehr viel Wert darauf legt, Gastgeber der Olympischen Spiele 2008 und der Expo 2010 zu sein, gibt es für die Regierung bedeutende Anreize, Auseinandersetzungen zu vermeiden. Man kann jedoch nur hoffen, dass mehr gegen die Korruption unternommen wird. Sie ist der Krebs, der in vielerlei Hinsicht die Mandarin-Dynastie und die Kuomintang von Chiang Kai-shek zerstört hat, und es besteht die Gefahr gleichermaßen vernichtender Auswirkungen auf die momentane Prosperität der Regierung. Ja, es gibt einige Probleme. Ja, auch Risiken. Aber es zeichnen sich Änderungen ab und zumindest gehen diese Veränderungen in die richtige Richtung. Es wird zu Rückschlägen kommen und der Wachstumspfad in die Zukunft wird wahrscheinlich nicht ohne Hindernisse sein. Dennoch glauben wir fest daran, dass China bei einer praxisorientierten, marktfreundlichen Regierung und mit einer ambitionierten, gebildeten und unternehmerischen Bevölkerung aller Wahrscheinlichkeit nach noch viele Jahre rapiden Wachstums vor sich hat.

Nun, da wir im Detail auf die umfassenden Rahmenbedingungen eingegangen sind, unter denen Investitionschancen in China entstanden sind, ist es an der Zeit, spezifische Investmenttypen genauer unter die Lupe zu nehmen.

Teil II

Die Investments

Nun, da wir kurz auf Chinas Geschichte, Kultur, Errungenschaften und mögliche Zukunftsaussichten eingegangen sind, wenden wir uns als nächstes den Investmentarten zu, die sich anbieten, um von Chinas außergewöhnlichem Wirtschaftswachstum zu profitieren. Dieser Teil befasst sich im Wesentlichen mit Aktien, da sie das gängigste und am einfachsten zugängliche Instrument für Investoren sind. Und so wie es in China eine sozialistische Regierungsstruktur mit chinesischen Merkmalen gibt, ist auch der Aktienmarkt des Landes ein einzigartiges Gebilde mit typisch chinesischen Merkmalen. Ein Kapitel widmen wir auch Chinas Immobilien, Kunst und Rentenpapieren. Dieser Teil vermittelt das nötige Grundverständnis, um bestimmte Investmentstrategien anzuwenden, die in Teil III beschrieben werden.

KAPITEL 4

Die einzigartige Beschaffenheit des chinesischen Aktienmarktes

Es ist egal, ob eine Katze schwarz oder weiß ist, Hauptsache sie fängt Mäuse.

– DENG XIAOPING

ES MAG ÜBERRASCHEND SCHEINEN, ABER ÖKONOMEN sind sich zumindest in einer Sache einig: Systeme für die Allokation von Ressourcen liegen innerhalb eines Spektrums, das durch zwei Extremen begrenzt ist. An einem Ende befindet sich die freie Marktwirtschaft, in der Preise und Transaktionen allein durch individuelle Verbraucher und Produzenten bestimmt werden, und am anderen Ende befindet sich die Planwirtschaft, in der alle Preise und Transaktionen von der Regierung kontrolliert werden. Diese zwei Extreme sind auch als kapitalistische und sozialistische Volkswirtschaften bekannt. Ein einwandfrei funktionierender Aktienmarkt ist der Schlüssel zu einer erfolgreichen freien Marktwirtschaft (so geht Nobelpreisträger John Hicks davon aus, dass die industrielle Revolution ohne die Entwicklung auf den Finanzmärkten nicht stattgefunden hätte); Planwirtschaften machen von solchen Institutionen keinen Gebrauch.

Das heutige China strebt die Mitte dieses wirtschaftlichen Spektrums an und ist das erste Land überhaupt, das dies in einer solch aufwendigen und komplizierten Größenordnung versucht. Chinas Hybridwirtschaft besteht aus einer Mischung staatseigener und privater Unternehmen. Einige Unternehmen, wie die Internetsuchmaschine Baidu.com, sind in Privatbesitz. Andere, wie PetroChina, das große chinesische Ölunternehmen, befinden sich zum Großteil in Staatsbesitz. Aber obwohl die Regierung den Großteil der Aktien hält, werden die Aktien PetroChinas auf dem offenen Markt gehandelt. PetroChina ist kein ungewöhnliches Beispiel. Die meisten größeren chinesischen Unternehmen, deren Aktien in New York und in Hongkong gehandelt werden, sind zu einem beachtlichen Teil in den Händen des Staates.

Ein einwandfrei funktionierender Aktienmarkt ist aus drei Gründen von
höchster Wichtigkeit. Er gibt Signale an das Management über die Richtung zu-
künftiger Investitionen, er stellt das Kapital zur Verfügung, das zukünftige Expansion antreibt, und er ist ein Markt für die Ersparnisse von Privatpersonen.
Man kann sagen, dass Chinas Zukunft in hohem Maße von seinen Versuchen,
einen funktionstüchtigen Finanzmarkt auf die Beine zu stellen, abhängt. Mehr
noch: Aufgrund der einzigartigen Eigenschaften der chinesischen Volkswirtschaft wird sich der chinesische Markt von allen bisher existierenden unterscheiden. Es ist daher sinnvoll, die wichtigsten Funktionen jedes Aktienmarktes zu
verstehen, bevor näher auf die Geschichte des chinesischen Aktienmarktes und
auf seine ungewöhnliche Struktur eingegangen wird.

DIE ROLLE DES AKTIENMARKTES IN EINER FREIEN MARKTWIRTSCHAFT

Die Allokation von Kapitalressourcen spielt eine äußerst wichtige Rolle für die
Fähigkeit einer Volkswirtschaft, ein anhaltendes reales Wirtschaftswachstum zu
schaffen. Wenn Unternehmen und Industrien, die in der Lage sind, Produktivität
und Produktion zu erhöhen, kein Kapital zur Verfügung gestellt wird, dann wird
die wirtschaftliche Wachstumsrate darunter leiden. Es ist äußerst wichtig, dass
der Vorgang der Kapitalzuteilung flexibel und schnell vonstatten geht, damit die
Anpassungsfähigkeit des volkswirtschaftlichen Produktionsprozesses und somit
seine langfristige Wachstumsrate aufrechterhalten bleiben.

In Volkswirtschaften mit kapitalistischen Eigenschaften geben Aktienmärkte
wichtige Signale an die Unternehmensleitung über die Kosten des Investment-
kapitals ab, das eine essenzielle Rolle dabei spielt, die optimale Menge der realen
Anlage- und Ausrüstungsinvestitionen zu bestimmen. Während der Mao-Jahre
Chinas zwischen 1949 und 1977 gab es in China keine Aktienmärkte und das
Land befand sich fast vollständig am planwirtschaftlichen Ende des wirtschaftlichen Spektrums. 1958 trugen Staatsunternehmen (SOEs) beispielsweise mehr
als 97 Prozent zum BIP bei. Diese Unternehmen waren nicht gewinnorientiert
und investierten in viele unproduktive Projekte.

Durch die Reformen unter Deng Xiaoping erkannte China allmählich, dass ein
Aktienmarkt eine wichtige Rolle bei der Neustrukturierung seiner hoffnungslos
ineffizienten SOEs spielen könnte. Die neuen Anführer des Landes verstanden
das Prinzip, dass die Privatisierung der SOEs durch Aktienbesitz für zweierlei
sorgen würde, finanzielle Disziplin und harte Einschränkungen für Manager, die
gezwungen wären, im Interesse der Aktionäre anstatt des Staates oder sogar im

Eigeninteresse zu handeln. So kann ein Aktienmarkt zur besseren Unternehmensführung beitragen. Bestenfalls kann er einem schwachen Management, fehlendem Verantwortungsbewusstsein und weit verbreiteter Korruption entgegenwirken, die mit vielen Staatsunternehmen in Verbindung gebracht werden. China hat zwar den Reiz dieses Prinzips erkannt, es jedoch bisher nur teilweise umgesetzt, wie noch später in diesem Kapitel zu zeigen sein wird.

Aktienmärkte bieten zum Großteil leicht verständliche Einschätzungen der finanziellen Lage einzelner Unternehmen sowie ihrer Zukunftsaussichten. Letztendlich leisten Aktienmärkte das, was William J. Baumol mit „Magie" umschrieb: Sie finanzieren langfristige Investments durch Mittel individueller Sparer, die vielleicht dazu tendieren, ihr Kapital nur kurzfristig anzulegen. Im Falle Chinas sind Aktienmärkte besonders wichtig, da sie Anlagemöglichkeiten für beachtliche Mengen individueller Ersparnisse sowie auch für chinesische institutionelle Anleger bieten. Durch die Bereitstellung dieser Liquidität können die Kapitalkosten gesenkt und die kostengünstige Finanzierung langfristiger Investitionen erleichtert werden. Wie Baumol in seinem Buch *The Stock Market and Economic Efficiency* (1965) schlussfolgert:

Aus all diesen Gründen ... muss man den Aktienmarkt als Verteilungsmechanismus par excellence für Kapitalressourcen sehen und trotz eines gewissen Unbehagens wegen der bedauerlichen Effekte der Spekulation ist man schnell geneigt, den Aktienmarkt als außergewöhnlich effizienten Verteilungsmechanismus zu verstehen.

Wie effektiv der chinesische Aktienmarkt diese Erwartungen an die Effizienz erfüllt, wird in Kapitel 5 veranschaulicht.

DIE ERSTEN AKTIENMÄRKTE CHINAS

Nach Ende des Zweiten Opiumkriegs im Jahre 1860 brachten die westlichen Länder das Konzept des Aktienmarktes nach China. Und, wie bei so vielen ihrer Aktivitäten, schlossen sie die Chinesen davon aus. Im Juni 1866 öffnete in Shanghai eine Maklergesellschaft für ausländische Aktien ein informelles Büro, um den Austausch von Aktien zu erleichtern; unter den dort ursprünglich gehandelten Unternehmen befand sich auch die Hong Kong and Shanghai Banking Corporation. 1881 erhielt die Einrichtung einen formaleren Rahmen und in Shanghai entstand Chinas erste Aktienbörse – sie stand nur ausländischen Unternehmen offen.

Das Beispiel, Kapital durch die Ausgabe öffentlicher Anteilsscheine aufzubringen, brachte chinesische Intellektuelle dazu, sich genauer mit der Rolle von Aktiengesellschaften zu befassen. Davor (und wie wir später ausführen werden, in gewissem Maße sogar noch heute) waren Geschäftsbeziehungen in China allein von persönlichen Beziehungen abhängig und nicht von unpersönlichen Geschäften auf einem Aktienmarkt. 1868, unter der Federführung des einheimischen Chinesen Yung Wing, einem Yale-Absolventen aus dem Jahre 1854, wurde die erste Aktiengesellschaft Chinas geschaffen, von Chinesen gegründet und nur Chinesen vorbehalten. Die Initiative weckte die Aufmerksamkeit der Qing-Mandarine und fand ihre Anerkennung.

Somit entstanden im China des späten 19. Jahrhunderts zwei Arten des Aktienmarktes. Der erste, der weithin als Vorläufer der heutigen Shanghaier Börse gilt, wurde von Ausländern geleitet und stand nur Ausländern offen. Der zweite bestand aus einer Reihe formaler und informeller Handelsabkommen, über die Chinesen überall im Land Aktien handelten.

Im Jahr 1911 zentrierten sich die Händler, die in Shanghai chinesische Aktien handelten, im Beneficent Fragrance Tea House. Drei Jahre später gründeten sie die Shanghai Securities Dealers Association. 1918 entstand die erste formale chinesische Börse in Peking. Zum Ende des Jahres 1921 gab es über 140 Börsen in Shanghai und weitere 52 in anderen Städten des Landes. Ein Professor für Finanzwesen in Yale, Zhiwu Chen, beschreibt diese Märkte als Vehikel, die überwiegend der Spekulation dienten; Investoren erwarben dort in der Regel Aktien, ohne etwas über das emittierende Unternehmen oder seine Aussichten zu wissen. Darüber hinaus waren diese frühen chinesischen Aktienmärkte im Wesentlichen auf die Landwirtschaft und Familienbetriebe ausgerichtet und spielten nie eine wichtige Rolle in der Volkswirtschaft.

Die von Ausländern geführte und kontrollierte Shanghaier Börse war eine andere Sache. Neben dem Geschäftssinn der Kolonialmächte, die die Kontrolle hatten, profitierte die Börse auch von den Talenten zugewanderter Flüchtlinge, die dem Chaos des Ersten Weltkriegs und seinen Folgen entflohen waren. 1932 waren 40 Prozent der Sitze an der Börse in den Händen sephardischer Juden.

All About Shanghai, ein Leitfaden aus dem Jahre 1934, beschreibt diesen Aktienmarkt folgendermaßen:

Shanghai bietet Einheimischen und Ausländern Gelegenheiten zur Spekulation mit Rohstoffen und Aktien, Goldbarren und Silber. Es erfolgt eine prompte Ausführung auf allen führenden und auf den meisten kleineren Märkten der Welt. Londoner, Pariser und New

Yorker Aktien sind gelistet sowie auch inländische Emissionen, von denen es viele gibt ...
beiderlei Bonds und Aktien. Schlusskurse der New Yorker Börse sind in Shanghai früh
morgens am Tag darauf verfügbar ... Die Shanghaier Börse ist die vielleicht vielseitigste
auf der Welt.

Mit Beginn der Weltwirtschaftskrise und den Invasionen der Japaner in China
begannen die – ohnehin nie finanzstarken – lokalen Aktienmärkte zu verschwinden. Die Shanghaier Börse bestand jedoch bis zum 8. Dezember 1941 – dem Tag,
an dem die Japaner die Kontrolle über die gesamte Stadt erlangten.

DIE ZWEITE RUNDE DER CHINESISCHEN AKTIENMÄRKTE

Und dann kam die große Stille. Als die Kommunisten 1949 die Macht erlangten,
dachten sie nicht daran, wieder einen Aktienmarkt zu eröffnen. So eine Einrichtung war kapitalistisch und ließ sich nicht mit der marxistischen Ideologie
der revolutionären Regierung Maos vereinbaren. Zu allem Übel war der Vorsitzende der niedergeschlagenen Kuomintang-Partei, Chiang Kaishek, selbst
ein Börsenmakler. Die Emission und der Handel von Aktien wurde verboten.
Weder Privatbesitz noch Einkommen durch Kapital anstelle von Arbeit konnte
die Volksrepublik China tolerieren. Die Märkte blieben für fast vier Jahrzehnte
geschlossen.

1978 kam es zu einer zweiten Revolution, als Deng Xiaoping seinen Plan zur
Reanimierung der kranken chinesischen Volkswirtschaft ausführte. Sie sollte
durch die Umwandlung der Volkswirtschaft von einer Planwirtschaft zu einer
freien Marktwirtschaft erreicht werden, in der Eigeninitiative angeregt und belohnt werden würde. Der anfängliche Erfolg war bemerkenswert: Dengs wirtschaftliche Reformen verwandelten eine stillstehende Volkswirtschaft in eine,
die rapide wuchs. Es wurde jedoch bald offensichtlich, dass Teilreformen den
wirtschaftlichen Erfolg nicht aufrechterhalten konnten. Besonders zwei Probleme mussten gelöst werden. Wirtschaftswachstum erfordert Kapitalinvestitionen
und es mussten Mechanismen geschaffen werden, die für die Bereitstellung von
Kapital sorgen würden. Zweitens erwiesen sich die vom Staat betriebenen Unternehmen (SOEs) als schlecht verwaltet und höchst ineffizient. Um mit diesen
Problemen fertig zu werden, erlaubte die chinesische Regierung die Ausgabe von
Stammaktien und Anleihen, um die unzureichende Kapitalausstattung auszugleichen und eine Effizienzsteigerung der SOEs zu ermöglichen. Aktienmärkte
können disziplinierend wirken und ein Maß für die direkte Einschätzung der

Managementeffektivität darstellen. Diese Erlaubnis wurde in der Verfassung von 1982 festgeschrieben.

In der Mischwirtschaft Chinas kamen die Aktien jedoch nicht über Nacht an die Börse. Stattdessen entstand ein langsamer Prozess, der mit der Ausgabe aktienähnlicher Wertpapiere in den 80ern begann. Der Prozess wurde in den ländlichen Betrieben (*Township and Village Enterprises*, kurz TVE) eingeleitet, die als Antwort auf die wirtschaftlichen Reformen Deng Xiaopings entstanden. Um Kapital für die TVE zu erhalten, wurde eine genossenschaftliche Aktionärsstruktur eingeführt, um in einem Dorf so viel Kapital wie möglich aufzubringen. Das erste Unternehmen, das solche Aktienzertifikate ausgab, war ein TVE aus Shenzhen namens Bao'an County Joint Investment Company. Ein Jahr später wurde der Beijing Tianqiao Department Store das erste SOE, das zur Aktiengesellschaft umstrukturiert wurde.

Eine Entscheidung der Regierung, die Reform der Volkswirtschaft zu beschleunigen, führte zu einer explosionsartigen Zunahme der Aktienemissionen. Von 1984 bis 1989 entstanden überall im Lande Aktiengesellschaften, mit Aktien im Wert von insgesamt 3,8 Milliarden Yuan. Um die Öffentlichkeit zum Aktienkauf zu animieren, mussten die Unternehmen Dividenden versprechen, die über den Zinsen von Bankkonten lagen. Einige Unternehmen versprachen sogar Aktien zu einem Festpreis von ihren Besitzern zurückzukaufen. Viele Anteilsscheine ähnelten so anfangs mehr Anleihen als Aktien. Aber formale Sekundärmärkte, an denen Aktien gehandelt werden konnten, fehlten. Daher war es nicht überraschend, dass es zu informellen Absprachen kam, um den Kauf und Verkauf von Aktien für diejenigen Aktionäre zu erleichtern, die Bargeld brauchten. Diese Abkommen waren aber alles andere als zufriedenstellend. Da sie von der Regierung nicht sanktioniert waren, galten sie als illegaler „Schwarzmarkt". Käufer auf dem Sekundärmarkt verlangten Risikozuschläge und boten den Verkäufern typischerweise sehr niedrige und relativ unangemessene Kurse für ihre Aktien.

Die Shanghaier Filiale der People's Bank of China (PBC) beschloss, Wertpapiertransfers offiziell zuzulassen, um den Schwarzmarkthandel aus der Welt zu schaffen. Dieser Markt war jedoch äußerst eingeschränkt. Um Aktien zu übertragen, mussten Käufer und Verkäufer zur Bank (oder zum ursprünglich emittierenden Unternehmen) gehen und dort die Transaktion abschließen. Darüber hinaus wurden die Handelskurse von der Bank festgelegt und waren im Wesentlichen unabhängig von Angebot und Nachfrage. So blieb der Schwarzmarkthandel weiter beliebt.

Der nächste Schritt auf dem Weg zu einem modernen chinesischen Aktienmarkt wurde im September 1986 unternommen, als die Shanghaier Filiale der PBC die Gründung des ersten Freiverkehrsmarktes in China autorisierte. Diese Art Markt findet überwiegend innerhalb eines Telefonnetzwerks von Wertpapierhändlern statt und nicht mehr auf einem zentralisierten Parkett. Innerhalb eines Jahres richteten 15 Finanzinstitute Handelszentren in Shanghai und Shenzhen ein. Obwohl bei dem folgenden Handel Angebot und Nachfrage eine gewisse Rolle spielten, waren die Kurse noch lange nicht effizient. Professionelle Spekulanten, die in der Regel bestens über den Wert der von ihnen gehandelten Wertpapiere informiert waren, hielten relevante Informationen zurück oder übertrieben so, dass sie die Kurse deutlich zu ihren Gunsten manipulierten. Die Kurse wurden künstlich beeinflusst und schwankten täglich nicht selten um 20 Prozent. Darüber hinaus wurde von Einwohnern anderer Provinzen, die Aktien handeln wollten, erwartet, dass sie nach Shanghai oder Shenzhen kamen.

CHINAS AKTIENMÄRKTE HEUTE

Offensichtlich brauchte China eine nationale Aktienbörse, um von gut funktionierenden Finanzmärkten zu profitieren. Das erkannte auch die Regierung und brachte in der Folge ein einzigartiges System zum Einsatz. Die neue Börse Shanghai (SSE), die 1990 gegründet wurde, spiegelte viele Elemente der chinesischen Vergangenheit. Als wir uns mit dem Vizepräsidenten der SSE, Wu Yalun, trafen, erfuhren wir, dass Zhu Rongji, der damalige Bürgermeister von Shanghai (und spätere Premierminister Chinas), damals fest entschlossen war, der Stadt ihren Glanz als Finanzhauptstadt Asiens wiederzugeben. Er warb daher für eine neue Börse. Sobald die Landesregierung die Einrichtung eines Aktienmarktes in der Stadt bewilligte, bestimmte die Stadtregierung ihren Bau am Bund, dem ehemaligen Finanzzentrum des Ostens und Standort der „Westländer"-Börse, wo Chinesen für gewöhnlich nur als niedere Arbeitskräfte zugelassen wurden. Wu, der mit der Platzierung der neuen Institution beauftragt war, suchte in der Nähe des ursprünglichen Aktienmarktes und stellte fest, dass der frühere Ballsaal der Peacock Hall noch verfügbar war. Dieser Saal, dessen eingelegter hölzerner Tanzboden nach wie vor intakt war, wurde das Parkett für die wiedereröffnete Börse Shanghai. Unter tosendem Beifall schlug der Eröffnungshammer am 19. Dezember 1990 nieder und Börsenmakler mit roten Westen nahmen ihre Plätze an ihren Schreibtischen ein.

Bürgermeister Zhus Finanzcoup wurde in anderen Großstädten Chinas mit Neid und einiger Verbitterung aufgenommen. Allein Shenzhen war mutig genug zu handeln. Am 18. Dezember, dem Tag vor der glanzvollen Eröffnung der SSE, gaben Sprecher von Shenzhen bekannt, dass sie ohne Aufsehen zu erregen, ihren bestehenden Freiverkehrsmarkt in eine offene Börse mit zentralisiertem Parkett umgewandelt hatten. Sie handelten ohne Zustimmung Pekings, was einem kleinen Aufstand gleichkam. Da Peking es nicht zu einem öffentlichen Streit kommen lassen wollte, wurde Shenzhen im Stillen die Erlaubnis für den Betrieb einer offenen Börse erteilt – aber nur unter der Bedingung, dass die Eröffnung auf das folgende Frühjahr verschoben wurde. Darüber hinaus verbot die Regierung jede weitere offene Börse im Land. Mit der Schaffung dieser beiden Aktienmärkte und dem nachfolgenden wettbewerbsorientierten Wertpapierhandel bei vereinheitlichten Abwicklungsverfahren wurde jeglicher Handel auf dem Schwarz- und Freiverkehrsmarkt eingestellt.

Das Handelssystem war von Beginn an elektronisch, das erste in Asien, das von dieser Methode Gebrauch machte. Es ist nach wie vor moderner und effizienter als die Handelssysteme in Hongkong und Taiwan. Alle chinesischen Städte sind mit den beiden Börsen elektronisch verbunden. Wu Yalun merkte an, dass Nomura seine Händler in Japan im Gebrauch von Handzeichen ausbilden musste, die in nichtelektronischen Börsen verwendet werden. An Börsenplätzen wie Tokio oder New York kommunizierten Parketthändler oft über Handzeichen, um ihre Geschäfte abzuwickeln. Das war in China nie der Fall; Wu sagte, es sei einfacher zu behaupten, eine Handbewegung versehentlich gemacht zu haben, als eine Computereingabe als Irrtum zu deklarieren. Heute kann die SSE 30.000 Transaktionen in der Sekunde bewältigen, die höchste Quote auf der Welt. Die Abwicklungszeiten der Wertpapiertransaktionen (T + 1 oder ein Tag nach dem Geschäft) sind die kürzesten auf der Welt (in den USA gilt T + 3 oder Abwicklung innerhalb von drei Tagen nach dem Geschäft). Der Shanghaier Aktienmarkt – der jüngste der Welt – kann 30 Millionen Transaktionen pro Tag abwickeln, verglichen mit 5 Millionen an der Tokioter Börse und 10 Millionen an der NASDAQ in den USA.

Chinas Vergangenheit spiegelte sich auch in der einzigartigen Methode, nach der die Unternehmen ursprünglich ausgesucht wurden, die an der Börse notiert werden sollten. Die kontrollierende Hand der Regierung war in diesem Vorgang allgegenwärtig; private Unternehmen wurden nicht zugelassen. Das Land war schon seit Langem in regionale Regierungen aufgeteilt und nun erhielten diese Regierungen jeweils ein Kontingent, um zu bestimmen, welche SOEs aus ihrem

Bereich notiert werden sollten. Mit dieser Landeslisten ließ sich intern sehr viel Geld machen. Die meisten Aktien gingen an Unternehmensbesitzer (das heißt, die Kommunalverwaltungen haben im Grunde Aktien an sich selbst vergeben) und einige an Angestellte der Unternehmen. Kommunalverwaltungen, die erfolgreich Unternehmen notierten, erhielten größere Kontingente. Die zwei chinesischen Börsen hatten angesichts der einzigartigen Umstände, unter denen sie geschaffen wurden, keinen besonders guten Start: Während des ersten Jahr wurden an beiden Börsen insgesamt nur 14 Unternehmen notiert und die gesamte Marktkapitalisierung aller Notierungen belief sich auf lediglich 6,72 Milliarden Yuan. Der erste Schwung börsennotierter Unternehmen in Shanghai bestand aus restrukturierten ehemaligen Staatsunternehmen. In Shenzhen waren es hauptsächlich Joint-Venture-Unternehmen.

Das Kontingentierungssystem enthielt jedoch insofern ein Wettbewerbselement, als die Kommunalverwaltungen belohnt wurden, die die erfolgreichsten Unternehmen an die Börse brachten. Im Jahr 2000 erhielten Wertpapierhändler das Recht, Unternehmen zur Notierung vorzuschlagen, wodurch die Rolle der Regierung deutlich reduziert wurde. Privatunternehmen blieben nicht länger von der Börse verbannt. Das Kontingentierungssystem und die Notierung von Privatunternehmen verliehen den Märkten neuen Schwung und die chinesische Börse wurde, gemessen an der offiziellen Marktkapitalisierung, innerhalb von zwölf Jahren zur achtgrößten der Welt. Kein anderer Aktienmarkt in der Geschichte wuchs so rapide. Im Jahr 2006 wurden über 1.400 Unternehmen mit einem Marktwert von insgesamt 9 Billionen Yuan an den Börsen geführt. Das monatliche Handelsvolumen belief sich auf fast eine halbe Milliarde Yuan.

Dieses Wachstum verdient besondere Anerkennung, wenn man sich vor Augen führt, dass institutionelle Anleger eine relativ geringe Rolle auf dem heutigen Aktienmarkt in China spielen. In den Vereinigten Staaten beispielsweise sind Institutionen wie die Kranken- und Pensionskassen besonders wichtige Größen an der Börse. An einem durchschnittlichen Tag machen sie bis zu 90 Prozent der Handelsaktivität aus. In China beschränkt die Regierung den Aktienanteil an den Portfolios von Institutionen wie Lebensversicherungsgesellschaften und Banken. Normalerweise kann eine Lebensversicherungsgesellschaft nicht mehr als 10 Prozent ihrer Investitionen in Wertpapieren halten. Zusätzlich beinhalten Chinas Investmentfonds nur 26 Prozent aller handelbaren Anteilsscheine. Viele Investmentfonds bestehen vorwiegend aus Rentenpapieren und Instrumenten des Geldmarktes und weniger aus Aktien. Darüber hinaus war es für Investmentfonds in China bis vor Kurzem sehr schwierig von der Regierung zugelassen zu werden, anders als in den Vereinigten Staaten, wo Investmentfonds über Nacht aufzutauchen scheinen.

Das Wachstum und die Struktur des chinesischen Aktienmarktes spiegeln die sehr pragmatische Natur der chinesischen Regierung und auch ihre Bereitschaft in jedem Stadium der volkswirtschaftlichen Entwicklung zu experimentieren. Ihre Vorgehensweise lässt sich am besten als Versuch und Irrtum beschreiben. Führende Köpfe des Landes haben diesen Prozess auch mit den Worten beschrieben: „einen Fluss überqueren, indem man sich an den Steinen am Grund vorantastet". Während seiner Reise in den Süden Chinas hielt Deng Xiaoping 1992 eine Ansprache, die beispielhaft für diese Herangehensweise ist. Er stellte die Frage: „Sind Wertpapiere und der Aktienmarkt gut oder schlecht? Sind sie charakteristisch für den Kapitalismus? Kann der Sozialismus Nutzen aus ihnen ziehen? Wir erlauben es den Menschen selbst zu ... urteilen, aber wir müssen diese Dinge ausprobieren." Deng sagte weiterhin, dass der Aktienmarkt erweitert werden könnte, wenn er nützlich sein sollte; andernfalls könnte man ihn wieder abschaffen. Das Wachstum auf den Märkten ist der Beweis für seinen Nutzen, aber auch für die pragmatische Politik der chinesischen Regierung.

Dennoch war der chinesische Aktienmarkt zum Zeitpunkt der Drucklegung dieses Buches immer noch bescheiden im Vergleich zu den Märkten der westlichen Welt. Der Anteil am BIP, den all die in Shanghai und Shenzhen gehandelten Aktien ausmachen, ist relativ gering (bei ungefähr 50 Prozent), wenn man ihn mit den Aktienmärkten von Industrieländern wie den Vereinigten Staaten vergleicht (wo sich die gesamte Aktienmarktkapitalisierung auf etwa 150 Prozent des BIPs beläuft). Diese Zahl ist jedoch etwas irreführend, da gut über die Hälfte der Aktien an chinesischen Börsen vom Staat oder von staatlich geleiteten Ämtern gehalten und nicht aktiv gehandelt werden.

Die kombinierte Marktkapitalisierung der Börsen von Shanghai und Shenzhen beträgt nur etwas über 1 Mrd. Dollar, was nur in etwa die Hälfte der 2 Mrd. Dollar ist, die von den Chinesen in Haushaltsersparnissen gehalten wird. Die gesamte Marktkapitalisierung Chinas beläuft sich auf weniger als die kombinierte Marktkapitalisierung von General Electric, Microsoft und der Exxon Mobil Corporation. Der inländische Aktienmarkt trägt nach wie vor nur in sehr geringem Umfang zur Finanzierung des Wachstums gewerblicher Unternehmen bei. Neue Zulassungsregeln befinden sich jedoch in Vorbereitung, durch die zusätzliche staatseigene Aktien in den allgemeinen Handel fließen und in- und ausländischen Investoren der Marktzugang erleichtert werden sollen. Diese Änderungen sollten aus dem Aktienmarkt eine weitaus bedeutsamere Finanzierungsquelle für Unternehmen machen. Darüber hinaus hat die Regierung offenbar im Stillen festgelegt, dass alle Neuemissionen in Hongkong oder anderen Finanzzentren auch in China notiert werden müssen. Wir rechnen daher mit einer deutlichen Zunahme des Marktwerts der Aktien, die an lokalen chinesischen Aktienmärkten gehandelt werden. In Zukunft könnte die Kapitalallokation in China daher weitaus weniger vom Staat und sehr viel stärker von den wirtschaftlichen Signalen abhängen, die vom Markt ausgehen.

BESTIMMUNGEN DER BÖRSEN

Als die ersten Aktien in China auftauchten, wussten nur wenige Chinesen, dass Aktienkurse schwanken könnten. Das änderte sich Ende der 80er Jahre in einer Phase, die im Allgemeinen als „Aktienfieber" bezeichnet wird. Die Aktie der Shenzhen Development Bank wurde erstmals 1988 zu einem Kurs von 20 Yuan pro Aktie in Umlauf gebracht. Im März 1989 kündigte die Bank die Zahlung einer Dividende an, die über 100 Prozent des Aktienwertes repräsentierte. Wie erwartet stieg der Kurs schlagartig an. Zum Ende des Jahres 1989 wurden die Aktien der Bank zu 90 Yuan pro Aktie gehandelt, was einem Anstieg des ursprünglichen Emissionskurses um 350 Prozent gleichkommt. Dieses Ereignis gab chinesischen Investoren ein äußerst attraktives Beispiel für das Gewinnpotenzial, das mit Aktienbesitz verbunden sein kann.

Dieses Schlüsselerlebnis gilt üblicherweise als Genesis der spekulativen Aktienkultur in China. Wie wir deutlicher im nächsten Kapitel sehen werden, kam es in den 90ern tatsächlich zu einigen Wellen der zügellosen Spekulation und Marktmanipulation. Die Erfahrungen machten unmissverständlich klar, dass das Land ein Aufsichtssystem brauchte, unter dem der Aktienmarkt mit einem gewissen Maß an Effizienz und in Übereinstimmung mit der generellen Regierungspolitik funktionieren konnte.

Obwohl 1989 ausgedehnte Regelwerke entworfen wurden, war der Markt Anfang der 90er nach wie vor relativ unreguliert. Am 10. August 1992 kam es jedoch zu einem Ereignis – genannt „8.10 Incident" – das rechtliche Rahmenbedingungen unausweichlich machte. An diesem Tag standen zehntausende Chinesen Schlange, um bei einer der öffentlichen Erstemissionen an der Shenzhen Börse Aktien zu zeichnen, nur um dann zu erfahren, dass alle Antragsformulare bereits vergeben waren. Die folgenden heftigen Demonstrationen frustrierter und verärgerter Investoren verdeutlichten es der Regierung, dass der Aktienmarkt unter eine funktionierende Börsenaufsicht gestellt werden musste.

Die chinesische Wertpapieraufsichtskommission (China Securities Regulatory Commission, CSRC) ist die oberste Überwachungsbehörde des chinesischen Aktienmarktes. Die CSRC ist das Pendant zur Börsenaufsichtsbehörde in den USA (United States Securities and Exchange Commission, SEC). Die CSRC trägt zur Regulierung des Handels bei, sorgt für die Vermeidung von Betrug, verkündet Notierungsstandards, regelt Neuemissionen und gibt Aktien von staatlichen Betrieben oder andere illiquide Papiere zum Handel frei. Zusätzlich trägt die CSRC auch dazu bei, die Kontingente festzusetzen, in deren Rahmen ausländische Investoren begrenzte Mengen von regionalen chinesischen Aktien kaufen dürfen.

Besonders überraschend für diejenigen, in deren Augen die Regierung Chinas eine monolithische Einheit ist: Die auf den chinesischen Finanzmärkten für die Regelsetzung verantwortliche Amtsgewalt ist in der Praxis recht diffus. Das Finanzministerium, die State Planning Commission, die People's Bank of China, Provinzautoritäten und andere fällen alle gewisse Entscheidungen mit. Bei der Frage, wie schnell China in eine wirklich freie Marktwirtschaft umgewandelt werden soll, bestehen noch erhebliche Meinungsverschiedenheiten. Darüber hinaus behindert die ursprüngliche Eigentümerstruktur, durch die zwei Drittel aller Aktien vom Staat kontrolliert werden, die Entwicklung eines unabhängigen Rechtssystems.

In unserer Diskussion mit Regierungsbeamten waren wir jedoch überrascht, dass über die Richtung der notwendigen Änderungen Einigkeit bestand. China wirkt entschlossen, einem Pfad zu folgen, der aus dem chinesischen Aktienmarkt ein alternatives Finanzierungsinstrument für staatseigene Unternehmen macht, sie letztendlich reformiert und den Weg zu ihrer vollständigen Privatisierung freimacht. Erst wenn die Staatsunternehmen privatisiert sind, wird es möglich sein, vollständige gerichtliche und behördliche Unabhängigkeit herzustellen und einen gut funktionierenden rechtlichen Rahmen zu schaffen, in dem die Aktienmärkte florieren können.

DIE PRIVATISIERUNG VON WERTPAPIEREN

Eine auffällige Eigenschaft des chinesischen Aktienmarktes ist die teilweise verwirrende Trennung in handelbare und nichthandelbare Aktienkategorien. Mit der Gründung der neuen Börse Shanghai – der SSE – im Jahre 1990 wurden die auf dem modernen chinesischen Aktienmarkt gelisteten Wertpapiere in zwei Kategorien eingeteilt: Aktien in den Händen individueller Anleger, die auf dem Aktienmarkt verkauft oder gekauft werden konnten, und Aktien im Besitz des Staates oder anderer „Rechtspersonen", die auf dem Markt nicht gehandelt werden konnten. Eine „Rechtsperson" ist dabei in der Regel eine andere staatliche oder regionale Behörde, die Miteigentümer des Unternehmens ist. Bis zum heutigen Tage war und bleibt der chinesische Aktienmarkt der einzige auf der Welt, auf dem sich eine Mehrheit der notierten Unternehmen im Staatsbesitz befinden. Und ein bedeutender Teil der notierten Aktien kann nicht gehandelt werden. Wie es in *Anna und der König* heißt: „ist verwirrend."

Diese Struktur wurde von den „Gründungsvätern" der neuen Volkswirtschaft Chinas konzipiert, um sicherzustellen, dass der Staat weiterhin die Kontrolle über die Staatsunternehmen behält, auch nachdem sie für den Handel freigegeben wurden. Auch durch die anschließende Handelsaktivität sollte in der Zukunft kein Druck entstehen, diese Situation zu ändern. Schätzungsweise zwei Drittel der am Markt kapitalisierten chinesischen Aktien, die in Shanghai und Shenzhen notiert werden, befanden sich bis vor Kurzem in der Hand von Regierungsstellen oder anderen Wirtschaftseinheiten des Staates. Bis Ende 2006 waren Aktien in Staatseigentum nicht für den Handel auf dem freien Markt zugelassen. Die Aktien der „Rechtspersonen" sind nur begrenzt marktfähig, da sie erst mühsam durch die Regierung für den Handel freigegeben werden müssen.

Die Existenz staatseigener Aktien ist zu einem wesentlichen Hindernis für die Umwandlung der chinesischen Volkswirtschaft in eine vollends marktorientierte geworden. Ebenso behinderte sie das Wachstum und die Entwicklung der chinesischen Börsen. Seit 1999 glauben viele Finanzanalysten des chinesischen Festlandes, dass der Aufstieg und Fall des chinesischen Aktienmarktes eng mit den staatlichen Bemühungen zur Reduzierung ihrer Anteile an notierten Unternehmen verbunden ist.

Zwei wichtige Probleme machen den Investoren Sorge. Erstens der beunruhigende Einfluss auf die Unternehmensführung. Aktionäre hätten gern Gewissheit, dass sich unternehmerische Entscheidungen allein am Aktionärsnutzen orientieren. Besitzt die Regierung die Aktienmajorität, haben die Minderheitsaktionäre guten Grund zur Annahme, dass die Regierung andere Ziele verfolgt. Die Regierung ist kaum an der Entwicklung des Aktienkurses interessiert. Sie profitiert kaum von steigenden Kursen und muss auch keine feindliche Übernahme befürchten, wenn die Kurse fallen.

Das Verhalten der Banken, die sich zum Großteil in Staatsbesitz befinden, ist ein ideales Beispiel für diesen Konflikt. Oft kommt es vor, dass Banken ein SOE im produzierenden Gewerbe vorfinden, das finanzielle Unterstützung braucht, um weiter zu existieren. Das SOE mag zwar unprofitabel sein und kaum in der Lage, das Darlehen zurückzuzahlen, es ist aber möglicherweise ein größerer Arbeitgeber in der Region und sein Zusammenbruch könnte zu weitläufiger Arbeitslosigkeit führen. Die Regierung wird in diesem Fall ein Interesse daran haben, dass die Bank das Darlehen gewährt und so Arbeitsplätze erhalten bleiben, obwohl eine Rückzahlung unwahrscheinlich ist. Dieses allgemeine Beispiel verdeutlicht die gegenwärtige Situation, die zu den vielen „notleidenden" Kredite geführt hat, die das chinesische Bankensystem zu verkraften hat.

Ein zweites Problem entsteht, wenn die staatseigenen Aktien sofort für den Handel freigegeben und dann schnell an die Öffentlichkeit verkauft werden. In diesem Fall können große Mengen von zuvor nichthandelbaren Aktien den Markt überschwemmen und zu einem verheerenden Preisverfall führen. Investoren nennen dieses Phänomen das „Überhangproblem". 2001 wurde ein Programm zur Reduzierung der Aktien im Staatsbesitz angekündigt, in dessen Rahmen der Verkauf aller Aktien von Staatsunternehmen über einen Zeitraum von fünf Jahren erfolgen sollte. Nach Beginn des Programms Mitte 2001 fielen die Kurse in Shenzhen und in Shanghai um etwa 40 Prozent und das Programm wurde noch im gleichen Jahr beendet. Es wurde deutlich, dass eine Lösung des Überhangproblems besondere Sorgfalt erfordert.

2005 beendete Shang Fulin, der Vorsitzende der CSRC, erfolgreich eine Mission, die viele in den Finanzkreisen Chinas für unmöglich hielten: Er entwickelte eine Methode nach der öffentliche Besitzer von SOE-Anteilen einen Bonus erhalten sollten, wenn nichthandelbare Aktien in handelbare Aktien umgewandelt würden. Damit konnten die sonst üblichen drastischen Wertverluste reduziert werden. Im Sommer 2006 verkündete beispielsweise Sinopec (SNP), die gemessen an ihrer Kapazität größte Ölraffinerie Asiens, dass Aktionäre auf dem chinesischen Festland für je 10 eigene Aktien 2,8 Aktien als Ausgleich erhalten würden, wenn sie der Umwandlung von nichthandelbaren in handelbare Aktien zustimmen würden. Shangs Plan gab den Inhabern von börsengehandelten Aktien die Gewissheit, dass Abgabe und Handel der noch in Staatsbesitz befindlichen Aktien allmählich und nach einem bestimmten Zeitplan erfolgen würde. In chinesischen Finanzkreisen ist man davon überzeugt, dass dieser Plan zum Aufstieg der chinesischen Börse während des Jahres 2006 beigetragen hat.

Am 4. September 2005 verabschiedete die CSRC offiziell ein Regelwerk mit dem umwerfenden Titel „Reform und Verwaltungsmethoden für die Diversifikation des Aktienbesitzes bei notierten Unternehmen". Trotz der bürokratischen Bezeichnung steht dieses Werk für eine der umfassendsten Privatisierungsbewegungen der Welt. Wu Yalun erklärte uns während unseres Interviews an der Shanghaier Börse die grundlegenden Auswirkungen. Zunächst werden intern alle umgewandelten Aktien ein Jahr lang für den Handel gesperrt. Zweitens können diejenigen, die ursprünglich über 15 Prozent der nichthandelbaren Aktien hielten, im Jahr nach der Sperrzeit nicht mehr als 5 Prozent und innerhalb von zwei Jahren nicht mehr als 10 Prozent ihrer Anteile verkaufen.

Durch die Umwandlung von nichthandelbaren in handelbare Aktien und die langsame, aber stetige Freigabe der seit Kurzem handelbaren Aktien auf dem Markt, nehmen Handelsaktivität und Marktwert inzwischen drastisch zu. Aber mit einem Anteil der nichthandelbaren Aktien von 70 Prozent zu Beginn des Konversionsprozesses wird der praktische aber langsame Weg den Überhang abzubauen und einen rein marktorientierten Handel zu etablieren noch einige Jahre andauern.

DIE BUCHSTABENSUPPE DER AKTIENTYPEN

Als ob die Geschichte über handelbare/nichthandelbare Aktien für jemanden, der einfach nur etwas Geld mit seiner Investitionen in China verdienen will, nicht schon verwirrend genug wäre, gibt es zusätzlich noch den Sumpf einer wahrhaften Buchstabensuppe von Aktienbezeichnungen. Sie lassen erkennen, wo die Aktien gehandelt werden und wer sie erwerben kann. Hierin liegt das zweite besondere Merkmal des chinesischen Aktienmarktes. Diese Aktienbezeichnungen werden im Folgenden beschrieben, in alphabetischer Reihenfolge.

A-Aktien: erhältlich für chinesische Anleger. Die überwiegend auftretende Klasse von öffentlich gehandelten Aktien – sie macht etwa 30 Prozent aller Aktien aus – wird A-Aktien genannt. Diese Aktien sind in Yuan denominiert und werden an den Börsen Shanghai und Shenzhen gehandelt. Ursprünglich durften nur Einheimische chinesische A-Aktien besitzen, aber wie wir weiter unten sehen werden, hat eine begrenzte Anzahl ausländischer Investoren nun ebenfalls Zugriff auf diese Aktienkategorie. Tickersymbole für A-Aktien werden in Zahlen ausgedrückt, z.B. 600028.SH. Die Ziffern identifizieren das Unternehmen und die beiden Buchstaben die Börse (hier: Shanghai).

A-Aktien standen in der Geschichte des chinesischen Aktienmarktes meist für Anteile an kleineren Unternehmen mit weniger gutem Management. Die Änderung kam ab 2006, als der Markt für A-Aktien in den Himmel schoss. Die Regierung machte sich Sorgen, dass eine Blase der Übertreibung entstehen und vielleicht genau zu den Olympischen Spielen in Peking platzen könnte, die das Land doch nutzen wollte, um moderne wirtschaftliche Macht zu demonstrieren. Sie begann also neue Maßnahmen einzuführen, um den Markt auf eine breitere Basis zu stellen. Damit wirkte die Regierung einer Situation entgegen, in der viel Geld – zum Großteil aus Sparkonten, dem traditionellen chinesischen Instrument zur Aufbewahrung von Vermögen – zu wenigen Aktien nachjagt und so die Kurse weiter nach oben treibt.

Während in der Vergangenheit die größeren Unternehmen mit besserem Management nicht an chinesischen Börsen notiert werden konnten und nur an ausländischen Aktienmärkten gehandelt wurden, beschleunigte die Regierung im Frühjahr 2007 die Umwandlung des Marktes für A-Aktien. Sie führte inoffiziell die Vorschrift ein, dass Unternehmen, die ein Listing im Ausland anstrebten auch an einer lokalen Börse notiert sein mussten. Gleichzeitig forderten viele der bisher nur im Ausland gehandelten größeren Unternehmen, wie China Mobil und die Aluminum Corporation of China, von der Regierung die Zulassung auch an den chinesischen Börsen, die daraufhin erteilt wurde. Man geht davon aus, dass die seit Kurzem erhältlichen A-Aktien dieser größeren Unternehmen mit besserem Management einen Teil der Überschussliquidität aufnehmen und den Spekulationswahn, der diesen Markt überfiel, ein wenig reduzieren werden.

Darüber hinaus finden sich unter den Käufern von A-Aktien tendenziell mehr Privatanleger als institutionelle Investoren (in den USA befinden sich über 70 Prozent des Aktienbesitzes in den Händen von Institutionen). Ein leitender Angestellter der CSRC sagte uns, dass die Entwicklung einer institutionellen Aktionärsbasis zu den Primärzielen der CSRC gehört. Zur Zeit unseres Gesprächs gab es für Banken und Versicherungsgesellschaften gesetzliche Beschränkung, die den Aktienanteil ihrer Vermögen auf ein Minimum beschränkten.

B-Aktien: erhältlich für ausländische Investoren. Diese Aktien wurden allein für ausländische Investoren geschaffen, die sich auf chinesischen Märkten engagieren wollten. Das Ziel war es, Chinesen, die nicht auf dem Festland lebten, die Möglichkeit zu geben, in China zu investieren und chinesischen Unternehmen eine weitere Kapitalquelle zu erschließen. B-Aktien werden an der Börse Shenzhen in Hongkong-Dollar und an der Börse Shanghai in US-Dollar gehandelt. Da zwischen den Aktientypen A und B keine Arbitrage-Geschäfte möglich sind (Bewohner des Festlandes haben keinen sofortigen Zugriff auf B-Aktien und ausländische Investoren haben nur begrenzt Zugriff auf A-Aktien), werden die B- und A-Aktien desselben Unternehmens in der Regel zu unterschiedlichen

Kursen gehandelt. Darüber hinaus ist die Anzahl von B-Aktien gering, sodass sie relativ illiquide sind. Die chinesischen Behörden erwägen momentan den Handel von B-Aktien ganz einzustellen, wir haben daher B-Aktien in unsere Strategieüberlegungen nicht einbezogen.

H-Aktien: erhältlich für Investoren aus Hongkong. Da B-Aktien kein internationales Kapital anziehen konnten, genehmigte die Regierung 1993 die Einführung von H-Aktien. H-Aktien repräsentieren Unternehmen auf dem Festland Chinas, die in Hongkong registriert sind und an der Börse Hongkong gehandelt werden. Dazu gehören SOEs, die eine umfassende Umstrukturierung durchlaufen haben und damit die Kriterien der Regierung für eine Emission auf internationaler Ebene erfüllen. Staatsunternehmen, die ein internationales Listing anstreben, brauchen zunächst die Genehmigung der chinesischen Regierung. Die an der Börse Hongkong notierten Unternehmen gehören in der Regel zu den besonders leistungsstarken und wurden zum Teil ausgewählt, um chinesische Unternehmen international in einem guten Licht darzustellen. H-Aktien werden in Hongkong-Dollar gehandelt. Wie bei den A-Aktien bestehen die Tickersymbole aus Nummern (z. B. 0386.HK). Da chinesische Bürger Yuan nicht uneingeschränkt in Hongkong-Dollar umtauschen können, blieb ihnen de facto die Möglichkeit verwehrt, Aktien von einigen der größten und gewinnbringendsten Unternehmen Chinas zu kaufen. Ab 2006 änderte sich diese Situation allmählich. Als die Regierung großen Unternehmen wie der Bank of China und China Life die Erlaubnis zum Börsengang in Festlandchina und an den internationalen Aktienmärkten erteilte, gewann die Entwicklung an Dynamik. Wie wir im nächsten Kapitel sehen werden, wurden diese Unternehmen 2007 in Shanghai tendenziell jedoch zu höheren Kursen gehandelt als in Hongkong und New York.

Zusätzlich werden in Hongkong sogenannte Red Chips gehandelt. Red Chips sind Aktien chinesischer Unternehmen, die in Hongkong gehandelt werden und zu mindestens 35 Prozent in festlandchinesischem Besitz sein müssen. In vielen Fällen handelt es sich bei diesen Aktien tatsächlich um eine Notierung durch die „Hintertür". Ein chinesisches Unternehmen, das nicht an der Börse zugelassen ist, kauft hierbei ein relativ inaktives Unternehmen, das in Hongkong notiert ist, und steckt Kapital vom Festland in die „Muttergesellschaft" in Hongkong. Das Red-Chip-Unternehmen wird dann zu einer Art Beteiligungsgesellschaft mit Zugriff auf internationale Finanzmittel, die als Vehikel für den Erwerb chinesischer Anlagen genutzt werden können. Alle in Hongkong gehandelten Aktien sind für internationale Investoren erhältlich.

N-Aktien: in den USA gehandelte chinesische Aktien. Einige der leistungsstärksten chinesischen Unternehmen wurden von der chinesischen Regierung auserkoren, sich bei der Börsenaufsichtsbehörde in den USA (SEC) registrieren zu lassen und ihre Aktien in den Vereinigten Staaten in Umlauf zu bringen. Diese Unternehmen werden weithin als „die Besten der Besten" betrachtet und sind leistungsstark und gewinnbringend genug, um den Anforderungen einer Börsennotierung in den USA gerecht zu werden. Gehandelt werden sie in der Regel an der New Yorker Börse NYSE oder – vor allem im Fall von hoch technologisierten Unternehmen – an der NASDAQ – daher die Bezeichnung „N-Aktien". Tickersymbole für an US-Börsen gehandelte Aktien werden in Buchstaben angegeben (z. B. SNP für Sinopec).

Die Aktien werden generell als *American Depository Receipts* (ADRs) gehandelt, was heißt, dass die Geschäfte in US-Dollar abgewickelt werden; auch Dividenden werden in US-Dollar gutgeschrieben. Auf den ersten Blick erscheint es also für einen Bürger der Vereinigten Staaten einfach, in ein ausländisches Unternehmen zu investieren. Aber nein, in diesem Fall sind die Dinge nicht so, wie sie scheinen. Bei ADRs handelt es sich oft um Aktienbündel. Aktienbündel! Woher kommt das? Wenn ein ausländisches Unternehmen an einer Börse in den USA zugelassen wird, dann möchte es so verlockend wir möglich aussehen. Da die einzelnen Aktien vieler ausländischer Unternehmen so billig sind, glaubt man, dass die Notierung der Einzelaktien den Eindruck eines kleinen, kurzlebigen Unternehmens erweckt. Daher kombinieren bzw. bündeln ausländische Unternehmen oft mehrere Aktien und führen sie als eine ADR-Aktie an einer US-Börse ein. Eine in New York gehandelte Aktie von Sinopec (SNP) entspricht zum Beispiel 100 in Hongkong gehandelten Aktien.

Und der ganze Rest: an anderen internationalen Börsen notierte Aktien. Einige der chinesischen Unternehmen, die an internationalen Börsen zugelassen sind, haben sich dazu entschlossen New York zu umgehen und stattdessen eine Notierung an der Londoner Börse (L-Aktien), der Tokioter Börse (T-Aktien) oder der Börse Singapur (S-Aktien) zu suchen. Diese Aktien sind zwar für alle internationalen Investoren erhältlich, werden jedoch in britischen Pfund bzw. in japanischen Yen oder in Singapur-Dollar gehandelt. Der Verzicht auf die Notierung in New York spart Kosten für die Erfüllung der SEC-Voraussetzungen und des Sarbanes-Oxley-Acts, die von einigen Unternehmen als zunehmend belastend empfunden werden.

Leicht verwirrt? Nie das Alphabet besonders gut beherrscht? Es kommt noch mehr. Wer genau aufgepasst hat, weiß inzwischen, dass einige chinesische Unternehmen nur in Form von A-Aktien gehandelt werden, andere wiederum nur als H-Aktien, einige als A- und H-Aktien, ungefähr zwei Dutzend als H- und N-Aktien, rund ein Dutzend werden lediglich als N-Aktien notiert und für immer als A-, H- und N-Aktien. Ja, in der Tat verwirrend. Um diese unglaublich komplexe Situation noch verwirrender zu machen: Ein und dasselbe Unternehmen wird in China und auf internationalen Märkten oft zu unterschiedlichen Kursen gehandelt. Diese Kursdifferenz spiegelt den äußerst begrenzten Zugriff wider, den ausländische Investoren auf festlandchinesische Aktien haben, und den begrenzten Zugriff der Chinesen auf internationale Aktien, wie wir im folgenden Kapital sehen werden. Sollte ein Ausländer daher beispielsweise eine Aktie von Sinopec halten und sollte es ihm auffallen, dass sie in Shanghai zu einem um 25 Prozent höheren Kurs gehandelt wird, dann hilft ihm das nichts – da er seine Aktien in Shanghai nicht leerverkaufen kann, während er sie in Hongkong oder New York kauft. Überall, wo Arbitrage beschränkt ist, können von Markt zu Markt Kursabweichungen entstehen.

VERÄNDERUNGEN DER CHINESISCHEN BÖRSENBESTIMMUNGEN SEIT DEM JAHR 2000

Seit dem Beitritt zur WTO im Jahr 2001 hat China sein Reformtempo erhöht, um ein rechtliches Umfeld für seine Kapitalmärkte zu schaffen, das dem Niveau internationaler Standards entspricht. Die Welthandelsorganisation fordert beispielsweise in allen Industriezweigen, mit Ausnahme sensibler Unternehmen der nationalen Sicherheit, ausländische Investitionen zuzulassen. Das hieß, China musste seine Investmenttore öffnen. Und das tat es, auf sehr chinesische Art und Weise.

„Cuefee"- und *„Quidee"-Kontingente.* Das klingt nach neuen sportlichen Herausforderungen für Harry Potter, ist aber die Bezeichnungen für zwei Programme, die China startete, um seine Kapitalmärkte weiter zu stärken. Das QFII-Programm (Qualified Foreign Investor Program – QFII wird im Englischen „Cuefee" ausgesprochen) begann im November 2002 und erlaubt es einer begrenzten Anzahl qualifizierter institutioneller Anleger auf jährlich erneuerbarer Basis, direkt an Chinas inländischen Aktienmärkten teilzuhaben. UBS, die größte Bank Europas mit Sitz in Zürich, war die erste Bank, der ein QFII-Kontingent zuge-

teilt wurde. Seitdem haben einige Banken, Versicherungsgesellschaften, Makler, Universitäten und andere Investoren solche Kontingente erhalten. Obwohl die Kontingente im Laufe der Zeit größer geworden sind, sind sie nach wie vor relativ klein. Darüber hinaus gibt es Begrenzungen der Anzahl A-Aktien, die im Rahmen von QFII-Kontingenten an einem einzigen Unternehmen erworben werden dürfen, und das Programm erlaubt keine uneingeschränkte Kapitalrückführung. Die Aufsichtsbehörden fürchten, dass der inländische Markt bei unbeschränktem Zugang ausländischer Investoren überflutet werden könnte, da seine Gesamtkapitalisierung so gering ist. Zusätzlich werden die Größe und die Verlängerung eines QFII-Kontingents oft von den Bereichen bestimmt, in die die Institutionen investieren. Zum Zeitpunkt der Drucklegung dieses Buches, fördert die Regierung keine weiteren Auslandsinvestitionen in den Immobilienmarkt und das Baugewerbe; Institutionen, die ihre QFII- Investitionen auf diese Branchen konzentriert haben, werden es im kommenden Jahr schwer haben, zusätzliche Kontingente zu erhalten.

Die CSRC und die State Administration of Foreign Exchange (SAFE) verwalten die Kontingente. Eine weitaus liberalere Gestaltung dieser Kontingente brächte in unseren Augen viele Vorteile mit sich. China muss dringend eine institutionelle Investmentkultur entwickeln und die Präsenz ausländischer Investoren kann auch die Entwicklung einer inländischen Kultur des institutionellen Investments beflügeln. Institutionelle Investoren können eine wichtige Überwachungsfunktion übernehmen und dadurch an der Verbesserung der Unternehmensführung mitwirken. Sie können auch dazu beitragen, Marktanomalien zu beseitigen, die durch die Buchstabensuppe entstanden sind und dazu geführt haben, dass Unternehmen in Shanghai, Hongkong und New York zu anderen Kursen gehandelt werden als in China.

Die CSRC ist sich über diese Vorteile genau im Klaren und sehr daran interessiert, ein institutionelles Investmentklima in China zu schaffen. In unseren Gesprächen mit den Beamten wurde auch die Befürchtung zum Ausdruck gebracht, dass die Märkte überschwemmt werden könnten, wenn die Kontingente zu schnell liberalisiert werden. Die Gesamtkapitalisierung aller chinesischen Wertpapiere machte im Juli 2007 weniger als 2 Prozent des Weltmarktes aus. Die CSRC spricht sich daher für eine schrittweise Liberalisierung der Kontingente und der Beschränkung des Aktienbesitzes aus, die unter QFII für die Beteiligung an Unternehmen gelten. Es bestehen jedoch kaum noch Zweifel an der Richtung die die Gesetzgebung in Zukunft voraussichtlich gehen wird, wenn die Aktien der staatseigenen Unternehmen frei handelbar werden. China bewegt sich in

Richtung eines marktwirtschaftlichen Systems, in dem Unternehmen zum Nutzen der Aktionäre und nicht der Regierung geführt werden. Und die Freigabe der Aktien im Staatsbesitz wird zu erhöhter Marktliquidität, zu besserem Schutz der Minderheitsaktionäre und zu erhöhter Effizienz der staatlichen Betriebe selbst führen.

Im Juli 2006 führte die Regierung das QDII-Programm (Qualified Domestic Institutional Investing Program – QDII wird im Englischen „Quidee" ausgesprochen) ein. Ähnlich wie das QFII-Programm ermöglicht es chinesischen Institutionen den Yuan in Fremdwährungen zu tauschen, um Aktien an internationalen Börsen zu erwerben. Die Regierung glaubt, dass dieses Programm, zumindest teilweise, den steigenden Aufwertungsdruck vom Yuan nehmen kann, der durch die sintflutartigen Devisenströme entsteht, die sich über China ergießen.

Umwandlung nichthandelbarer Aktien. Hierbei handelt es sich wohl um die größte und am weitesten reichende Reform des chinesischen Marktes. Anfang 2007 hatten alle Unternehmen auf dem chinesischen Markt entweder bereits ein Programm eingeleitet, um eingeschränkte Aktien handelbar zu machen, oder dies zumindest angekündigt. Die Reform, die zur freien Handelbarkeit aller Aktien führen soll, wurde 2005 in Gang gesetzt und umfasst zusätzlich ein QFII-ähnliches System. Ausländische Investoren, die über kein ungenutztes QFII-Kontingent verfügen, sollen staatseigene Aktien bis zu einem bestimmten Umfang über private Transaktionen erwerben können. Fünf Regierungsbehörden gaben 2006 eine gemeinsame Entscheidung bekannt, die es ausländischen Investoren, die nicht am QFII-Programm teilnehmen, ermöglicht, strategische Aktienpositionen in den staatlichen Unternehmen aufzubauen. Für solche Käufe sollten mindestens 10 Prozent des Aktienkapitals der notierten Unternehmen zur Verfügung gestellt werden und eine Haltedauer von drei Jahren vereinbart werden.

Neue Bilanzierungsstandards. Bis vor Kurzem gab es auf dem chinesischen Aktienmarkt keine allgemeingültigen Bilanzierungsstandards. Es besteht weitgehend der Glaube, dass chinesische Unternehmen traditionell vier Arten von Geschäftsbüchern führen – eins für die Regierung, eins für die Akten des Unternehmens, eins für Ausländer und eins (offensichtlich nicht sehr weit verbreitetes) für das, was wirklich geschieht. Wenn man daher einen Geschäftsbericht unter die Lupe nahm, sah man nicht notwendigerweise das, wofür man bezahlte. Im unaufhaltsamen Bestreben, China zu einem funktionstüchtigen Markt von Weltformat zu verwandeln, wurde die Regierung aktiv, um diese Situation zu korrigieren.

Seit dem 1. Januar 2007 müssen nun alle Unternehmen, die an den Börsen in Shanghai und Shenzhen zugelassen sind, dem chinesischen Finanzministerium einen Jahresbericht nach den International Financial Reporting Standards (IFRS) vorlegen. Es handelt sich dabei um ein äußerst ambitioniertes Projekt, besonders angesichts der Verflechtungen vieler chinesischer Unternehmen, die aus zahlreichen Tochtergesellschaften bestehen, sowie angesichts des Mangels an qualifizierten Finanzbuchhaltern, die die Rohdaten verstehen und sie verarbeiten können (der Berufsstand der Buchhalter in China muss sich immer noch davon erholen, unter Mao in Bausch und Bogen aufs Land verbannt und umerzogen worden zu sein). Um eine ungefähre Vorstellung von der unternehmerischen Aufgabe zu vermitteln: Diejenigen chinesischen Unternehmen, die eine Notierung an der Börse Hongkong anstrebten, brauchten im Durchschnitt drei Jahre, um die geforderte IFRS-Bilanzierung zu bewerkstelligen und den Anforderungen der Börse Hongkong zu entsprechen. Obwohl die notierten Unternehmen der Anordnung des Finanzministeriums bis 2007 Folge leisten sollten, ist man weithin der Auffassung, dass viele von ihnen die IFRS-Anforderungen noch nicht ganz erfüllen. Der Fortschritt kommt zwar nur langsam, die neue Vorschrift weist aber ganz klar den richtigen Weg. Martin Fahy, der zuständige Leiter für die Entwicklung des asiatischen und pazifischen Raums beim Chartered Institute of Management Accountants (CIMA), ist davon überzeugt: „Finanzmarkt und Volkswirtschaft können ohne objektive und unabhängige Buchhaltung nicht funktionieren."

Termingeschäfte und andere moderne Techniken. Die Regierung Chinas arbeitet weiterhin daran, die Kapitalmärkte des Landes rationaler zu gestalten. Der Chinese Financial Futures Exchange führte im September 2006 beispielsweise eine neue Börse ein, die sich vorwiegend mit dem Handel von Finanzderivaten befasst. Sie wird es Institutionen ermöglichen, sich durch Investitionen in Index-Futures auf den Shanghai-Shenzhen-300-Index gegen Marktrisiken abzusichern.

Darüber hinaus rechnen wir damit, dass die Regierung bald zwei weitere Handelsmethoden einführen wird: Margin Trades und Leerverkäufe. Margin Trades ermöglichen es Investoren, sich Geld zu leihen, um Aktien zu kaufen. Leerverkäufe erlauben es Investoren, Aktien zu verkaufen, die sie nicht besitzen – was völlig legal ist –, in der Hoffnung, dass sie diese später für weniger Geld zurückkaufen können. Ohne Leerverkäufe können Investoren nur Gewinne erzielen, wenn der Kurs ihrer Aktie steigt. Da man von Kursschwankungen in beide Richtungen profitieren kann – man muss nur die richtige Richtung wählen –, tragen Leerverkäufe zu ausgeglicheneren Handelsmustern bei.

ZUSAMMENFASSUNG

Wie in diesem Kapitel verdeutlicht wurde, hat China bereits viel unternommen, um seine Finanzmärkte zu reformieren und die freie Marktwirtschaft anzunehmen. Dadurch entstand jedoch etwas, das man nur als chinesisches Puzzle bezeichnen kann: verschiedene Aktientypen, die eine Art Buchstabensuppe bilden, die kontrollierende Hand der Landesregierung bei der Freigabe von Aktien und ständig neu ausgetüftelte Programme. Irgendwie aber funktioniert diese Mischung verschiedener Faktoren – und in jüngster Zeit sogar überraschend gut. Aber China ist von einem rein marktwirtschaftlichen System noch weit entfernt. Staatsunternehmen kontrollieren nach wie vor einen großen Teil der Wirtschaftsleistung des Landes und unserer Meinung nach könnte die Privatisierung staatseigener Aktien schneller vonstatten gehen. Mit Sicherheit muss noch viel mehr passieren. Chinas Märkte sind weit davon entfernt, problemlos zu sein, und man verlässt sich noch immer zu sehr auf den Staat.

China befindet sich aber auch in einer beispiellosen Situation, wenn man die Entwicklung seines Aktienmarktes betrachtet. Der Zutritt für Ausländer ist weiterhin beschränkt, der spekulative Enthusiasmus der Chinesen für den Aktienbesitz wird staatlich gedämpft, neue Bilanzierungsstandards und Transparenzanforderungen werden eingeführt und auch der Korruption hat man den Kampf angesagt. China vollführt einen extrem empfindlichen Balanceakt, der nicht nur die Zukunft Chinas beeinflusst, sondern Auswirkungen auf die gesamte Weltwirtschaft haben wird. Wir haben mit Beamten auf vielen Ebenen und in unterschiedlichen Behörden gesprochen und sind von der Kreativität und dem Einsatz beeindruckt, die sie dieser Aufgabe widmen.

KAPITEL 5

Die Effizienz des chinesischen Aktienmarktes

„Stir frying" („Kurz gebraten")
– CHINESISCHER SLANG FÜR AKTIENSPEKULATION

FINANZÖKONOMEN, SCHWER VON BEGRIFF, WIE SIE SIND, verwenden den Ausdruck „Effizienz", um zum Ausdruck zu bringen, ob ein Markt frei von Korruption und Manipulation ist oder nicht, oder, wie Finanzökonomen es gerne ausdrücken, ob Aktien in einem Markt alle verfügbaren Informationen über Zustand und Aussichten des Unternehmens in angemessenem Maße widerspiegeln. Finanzökonomen würden einer Institution nie vorwerfen, es an der nötigen Gewissenhaftigkeit fehlen zu lassen oder nicht über die notwendigen Werkzeuge zu verfügen, um Gaunereien zu verhindern; stattdessen sagen sie einfach, dass der Markt „ineffizient" ist. Die (nicht vorhandene) Effizienz des chinesischen Aktienmarktes ist das Thema dieses Kapitels. Obwohl es hier mit Sicherheit ein gewisses Maß an einschläfernder Prosa gibt, sind diese Informationen wichtig, da die von uns empfohlenen Investmentstrategien davon abhängen, inwieweit der chinesische Markt dem Ideal der Effizienz entspricht.

Ebenfalls einschläfernd wird unsere Prüfung des chinesischen A-Aktien-Marktes sein, zu dem chinesische Bürger Zugang haben und der in der Praxis ausländischen Investoren verschlossen ist und die Analyse der Märkte für H-, N-, und andere Aktien, die für alle internationalen Investoren verfügbar sind (für chinesische Investoren jedoch nur begrenzt, da sie hohe Geldsummen nicht ohne Weiteres aus dem Land transferieren können). Leser, die unserem Urteil uneingeschränkt vertrauen, können dieses Kapital getrost überspringen; diejenigen, die in der Finanzbranche tätig sind oder ihre Gelder gerne selbst verwalten, sollten die Ausführungen dagegen aufmerksam lesen, da die folgenden Informationen essenziell sind, um vom Boom der chinesischen Volkswirtschaft zu profitieren. Oder wie Finanzökonomen es sagen würden: Das Ausmaß der

Kurseffizienz chinesischer Aktien ist entscheidend für die Entwicklung optimaler Investmentstrategien, die mit hoher Wahrscheinlichkeit dazu führen, dass Investoren vom anhaltenden enormen Wirtschaftswachstum profitieren können, das wir für die chinesische Volkswirtschaft prognostizieren.

EFFIZIENZ IN EINEM AKTIENMARKT

Finanzökonomen machten all den Spaß und die Spannung des Investierens zunichte, als sie das Konzept eines effizienten Marktes entwickelten. Diese Art Markt ist äußerst langweilig. Alle relevanten Neuigkeiten werden in die Aktienkurse vollständig und ohne Verzögerung mit aufgenommen. Man kann die anderen Händler nicht beim Raten übertrumpfen, es gibt keine Vorahnungen und keine Emotionen. Wenn es relevante Neuigkeiten gibt, egal ob gut oder schlecht, reagieren Investoren und Händler sofort; im Gegenzug passen sich die Aktienkurse sofort an. Nach der Theorie spiegelt daher jede Aktie zu jeder Zeit die Aussichten des in Frage stehenden Unternehmens vollständig wider. In einem solchen Markt sind alle Unternehmen in den Kursen absolut korrekt bewertet. Ein Investor könnte ein Portfolio wählen, indem er Dartpfeile auf Aktienseiten wirft und genauso erfolgreich sein wie jeder beliebige andere Investor, da es nicht viel Unterschied macht, für welche Aktien er sich entscheidet. Eine noch bessere Analogie wäre es, dass der Investor eine Decke über alle Aktienseiten wirft und einfach alle auf dem Markt verfügbaren Aktien kauft und hält. Genau das tut ein Indexfonds, auch wenn diejenigen, die ihn zusammenstellen, möglicherweise nicht wirklich eine Decke über die Aktienseiten werfen. Stattdessen wählen und kombinieren sie eine repräsentative Gruppe von Wertpapieren, die ihrer Auffassung nach dem Investor ein Portfolio bieten, das sich in etwa so wie der Markt als Ganzes verhalten wird.

Finanzökonomen verachten nicht nur den Glanz und die Aufregung weniger effizienter Märkte, sie schwelgen geradezu in Verdunkelung und Komplikation. Wie sollen die Massen von Assistenzprofessoren schließlich jemals eine Festanstellung bekommen, wenn sie nicht in langweiliger Prosa schreiben und größtenteils unverständliche mathematische Symbole verwenden? Nachdem sie wer weiß wie viel Papier verschwendet haben, haben Finanzökonomen die Theorie des effizienten Marktes durch eine Zweiteilung noch weiter ausgearbeitet – vielleicht wäre das Wort verschleiert angebrachter.

Die zwei Teile der Theorie unterscheiden sich nach der Art der Informationen, die in Aktienkursen enthalten sind und nach ihrer Verlässlichkeit. In einem vollkommen effizienten Markt können professionelle Investoren nicht besser sein als Amateure, da die Aktie eines Unternehmens bereits alles, was man über das Unternehmen weiß, widerspiegelt.

In der Fachsprache der Finanzökonomen besagt die enge (oder schwache) Form der Theorie, dass keine Analyse vergangener Kursmuster einen Weg zu „klugem Investment" und außergewöhnlichem Gewinn aufzeigen kann. Diagramme sind nur zur Dekoration und für Interessenten an moderner Kunst halten sie einige interessante Verschnörkelungen parat. In einem ineffizienten Markt existieren brisante Vorgehensweisen wie Aktienkursmanipulationen und gewitzte Händler können solche Vorgänge ausmachen, indem sie die Aktienkurven studieren, die das Muster vergangener Kursbewegungen bilden. Diese Theorie heißt nicht umsonst eng (schwach): Dies funktioniert zwar gut in den Märkten vieler Industrieländer, ist jedoch ungeeignet für die praktische Anwendung in den Märkten einiger Schwellenländer, wo Kursmanipulationen fast an der Tagesordnung sind.

Finanzökonomen haben ihren Horizont auch erweitert und haben eine weite (oder starke) Form der Theorie effizienter Märkte entwickelt. Diese Version besagt, dass Investitionsentscheidungen, die auf fundamentalen Faktoren basieren – wie Erträgen, Dividenden und Aussichten für das zukünftige Wachstum des Unternehmen –, kein bisschen helfen, da alle Fundamentaldaten, ob gut oder schlecht, bereits im Aktienkurs widergespiegelt werden. Mit anderen Worten besagt die enge Form, dass vergangene Aktienkurse nutzlos sind, und die weite Form, dass Fundamentaldaten auch nicht helfen. Beide Formen gehen davon aus, dass keine Tricks angewandt werden – dass die Geschäftsbücher nicht gefälscht und die Aktienkurse nicht manipuliert werden. Und beide behaupten, dass die Auswahl individueller Aktien gefährlich ist. Für das Protokoll: Weder Warren Buffet noch Peter Lynch sind oder waren je Finanzökonomen.

Zur Verteidigung des Konzeptes effizienter Märkte sei jedoch gesagt, dass viele Menschen mit Freuden die Aufregung wilder Schwankungen und Wetten auf bestimmte Aktien gegen ein stetiges, gewinnbringendes Langzeitwachstum des Marktes eintauschen. Die wachsende Zahl von Indexfonds auf allen internationalen Märkten sowie die Beliebtheit von Exchange Traded Funds (ETFs), die im Grunde börsengehandelte Indexfonds sind, untermauern die Sichtweise, dass Indexfonds eine profitable Möglichkeit sind, um die Risiken individueller Aktien zu umgehen. Es ist weitaus einfacher und günstiger, Indexfonds und ETFs zu besitzen und über die letzten Jahrzehnte gesammelte Hinweise deuten darauf hin, dass ihre Leistung (abzüglich Managementgebühren) die Nettoerträge der aktiv verwalteten Investmentfonds übersteigt. Tatsächlich wird die Effizienz eines Marktes auch daran gemessen, ob aktive Manager einen Marktindex schlagen können. Dazu wird der durch den Marktindex erzielte Ertrag mit dem durch professionelle „aktive" Manager erzielten Ertrag verglichen. Solche Manager sind der Auffassung, dass sie höhere Erträge erreichen können, indem sie ihre Käufe auf Aktien beschränken, die sie für unterbewertet halten. Das Verhalten von Aktienkursen spielt in einem effizienten Markt noch eine weitere Rolle. Aktienkurse verhalten sich in einem hochgradig effizienten Markt nicht nach einem bestimmten Schema, sie sind unberechenbar. Paradoxerweise impliziert eine solche zufällige Verhaltensweise nicht, dass der Markt unberechenbar ist. Im Gegenteil: Effizienz bedeutet, dass Aktienkurse neue Daten sofort wenn sie aufkommen widerspiegeln – nicht erst im Laufe der Zeit. Daher können zukünftige Aktienkurse nicht auf der Basis vergangener Aktienkurse vorhergesagt werden. Aktien ändern sich natürlich, wenn neue Daten zur Verfügung stehen, aber echte Neuigkeiten sind gemäß der Definition unvorhersehbar. Ereignisse wie die Entdeckung eines neuen Ölfeldes, die Entdeckung, dass das Management eines Unternehmens die Mittel des Unternehmens gestohlen hat und all die anderen Arten von neuen Daten, aufgrund derer sich Aktienkurse verändern, können in einem hocheffizienten Markt nicht mithilfe von vergangenen Aktienkursen oder durch vergangene Nachrichten vorhergesagt werden. Daher bieten Aktienkurse aus der Vergangenheit keine Richtlinien für die Vorhersage von Aktienkursen in der Zukunft und es entstehen keine Kursmuster, die Investoren irgendeine Hilfe sein könnten.

Man stelle einen effizienten Markt einem solchen gegenüber, in dem es Insiderhandel oder Aktienkursmanipulation gibt. Man nehme an, dass der für die Entdeckung des neuen Ölfeldes verantwortliche Geologe selbst die Initiative ergreift und Aktien des Unternehmens kauft, dem das Feld gehört. Am nächsten Tag erzählt er die Neuigkeit seiner Familie, später seinen Freunden und irgendwann den Chefs des Unternehmens, von denen alle Aktien kaufen, sobald sie die Neuigkeit erfahren. In so einem Szenario steigt der Aktienkurs im Laufe der Zeit langsam und beständig, sodass er sich bei der öffentlichen Bekanntgabe dieser Neuigkeit möglicherweise bereits vollständig angepasst hat und der Geologe und seine Familie und Freunde alle Belugakaviar essen und teuren Champagner trinken.

Ein weiteres Szenario, in dem eine Gruppe von Händlern absichtlich versucht, einen Aktienkurs zu manipulieren: Man stelle sich vor, dass die Autoren dieses Buches einen Investmentpool gründen. Nach dem Erwerb einer Anfangsposition in der (imaginären) Aktie der Mei Immobiliengesellschaft verkauft Patricia einige der Poolaktien zu einem Kurs von 100 Yuan an Burton. Burton verkauft dann dieselben Aktien an Jianping zu einem Kurs von 101 Yuan und Jianping verkauft sie für 102 Yuan an Rui weiter. Rui verkauft die Aktien dann wieder Patricia für 103 Yuan pro Aktie. Man beachte, dass all diese Geschäfte keine wirklichen sind – die Aktien wechseln nur zwischen den Poolmitgliedern. (Das sind sogenannte „Scheingeschäfte", die auf fast allen Märkten der Welt illegal sind.) Sie verursachen einen systematischen täglichen Anstieg des Aktienkurses. So ein Aufwärtstrend erregt wahrscheinlich die Aufmerksamkeit öffentlicher Investoren, die möglicherweise glauben, dass steigende Kurse bedeuten, dass die Mei Immobiliengesellschaft bald sehr erfreuliche Neuigkeiten verkünden wird. Nun, da die Öffentlichkeit kauft und die Kurse weiter steigen, ist es für die Poolmitglieder an der Zeit „den Stecker zu ziehen". Sie verkaufen ihre Anfangsposition, die zu weitaus niedrigeren Kursen erworben wurde und lassen die Öffentlichkeit mit Aktien zurück, deren Kurse künstlich überteuert sind.

Im Falle des chinesischen Marktes können wir die Existenz von Insiderhandel oder die Art der Marktmanipulation überprüfen, die weiter oben beschrieben wurde, indem wir die aufeinander folgenden Aktienkurse betrachten. Entwickeln sich die Kurse zufällig, so wie man es in einem effizienten Markt erwarten würde? Oder finden Kursänderungen oft in eine einzige Richtung statt und sind die Kurse zumindest etwas vorhersehbar, wenn man vergangene Kursänderungen als Anhaltspunkt verwendet? Nun die Krux: Hier kommen die enge und die weite Form der Theorie effizienter Märkte ins Spiel. Wir nennen die Tests, die auf Kursmustern im Zeitablauf basieren, Tests der „schwachen Hypothese" effizienter Märkte. Wenn die schwache Hypothese zutrifft, dann können Chartleser keine Handelsstrategie entwickeln, die zu überdurchschnittlichen Erträgen führt. Die Tests, die herausfinden, ob die Märkte ineffizient genug sind, damit professionelle Wertpapieranalysten und Portfoliomanager den Investor mit den Dartpfeilen – oder wenn man realistischer sein möchte, die Indexinvestoren – schlagen, nennt man Tests der „starken Hypothese" effizienter Märkte. Wir werden in diesem Kapital auf beide Arten von Tests eingehen, einerseits für A-Aktien und andererseits für Aktien, auf die internationale Investoren uneingeschränkt Zugriff haben.

TESTS DER MANIPULATION CHINESISCHER AKTIEN

Wenn Informationen sich nicht vollständig und sofort in den Börsenkursen wi-
dergespiegeln, so wie das bei unserem hypothetischen Geologen der Fall war,
dann passen sich die Aktienkurse nur nach und nach neuen Informationen an.
In einem solchen Fall sind zukünftige Kurse auf der Grundlage vergangener
Kurse vorhersehbar und man kann durch die Identifizierung solcher voraussag-
barer Muster und durch entsprechende Geschäfte, Gewinne erzielen. Vielleicht
lässt sich also die schwache Hypothese effizienter Märkte am einfachsten testen,
indem man explizit darauf achtet, ob die heutige Kursveränderung durch die
Kursänderungen von gestern oder durch die der Tage zuvor (oder von Woche zu
Woche, Monat zu Monat etc.) vorhergesagt werden kann.

Kontinuierliche Kursbewegungen in dieselbe Richtung können auch ein Zeichen der Manipulation sein, so wie beim Investmentpool unserer Autoren. Die
Kurse in sehr effizienten Märkten verhalten sich ganz wie bei einer „Zufallsbewe-
gung“, bei der Kursänderungen unterschiedlicher Zeiträume nicht miteinander
korrelieren. Darüber hinaus ist es dann unmöglich, den kommenden Kurs einer
Aktie vorauszusagen, indem man vergangene Kursentwicklungen unter die Lupe
nimmt. In den USA korrelieren die Börsenkurse verschiedener Zeiträume so gut
wie überhaupt nicht miteinander.

Wir werden jetzt nicht mit einem schwer verdaulichen wissenschaftlichen
Bericht fortfahren, der über die Vielzahl von statistischen Studien informiert,
die nach Mustern in der Entwicklung von Aktienkursen in China suchen und
Aktienkursmanipulationen als Erklärungsmöglichkeit heranziehen. Leser, die
an einer vollständigen Beschreibung interessiert sind, können Zugriff auf die
zu diesem Buch gehörigen Referenzen erhalten. Wir listen hier lediglich die
Schlussfolgerungen auf. Der A-Aktien-Markt besteht den Test der schwachen
Hypothese nicht. Einfach gesagt bedeutet dies, dass Fachleute Handelsstrategien
verwenden können, um den Markt zu schlagen. Wir fanden auch heraus, dass
der H-Aktien-Markt, zumindest in der Vergangenheit, ineffizient im Sinne der
schwachen Hypothese war. Es gibt jedoch einige Anzeichen dafür, dass er zum
jetzigen Zeitpunkt einigermaßen effizient geworden ist.

DAS RISKANTE VERHALTEN CHINESISCHER AKTIEN

Es gibt in China unzählige Beispiele für Betrug in der Buchhaltung und Aktienkursmanipulation. Die Agricultural Bank of China setzte 1993 viel aufs

Spiel, als sie 10 Millionen Dollar in Form von gefälschten Wechseln ausgab. Shen Taifu hatte eine bessere Idee. Er betrog als leitender Angestellter bei der Great Wall Machinery and Electronics and Technological Industry Company 100.000 schwerstarbeitende Chinesen, indem er sie veranlasste, insgesamt über 170 Millionen Dollar in Wertpapiere zu investieren, für die er mit jährlichen Zinsen von 24 Prozent warb. Nachdem er das Geld eingesammelt hatte, versuchte Shen China mit einem gefälschten Pass zu verlassen. Er wurde gefasst und irgendwann erschossen, was wieder einmal den alten Spruch „das letzte Hemd hat keine Taschen" belegte. Diese zwei Fälle, sowie zahlreiche weitere Beispiele, veranlassten das Finanzministerium eine Studie durchzuführen. 1999 veröffentlichte das Ministerium Daten, nach denen unfassbare 89 Prozent der an chinesischen Börsen notierten Unternehmen ihre Geschäftsbücher gefälscht hatten.

In einem typischen Beispielfall entwickelten zwei Festlandchinesen – Zhu Huanliang, ein Unternehmer, und Lu Liang, ein Journalist – einen Plan, der Ähnlichkeiten zu den Pools aufwies, die in den Vereinigten Staaten Ende der 20er Jahre, noch vor der Gründung der SEC, entstanden. Die Geschichte beginnt 1998, als die China Venture Capital Group an der Börse in Shenzhen zugelassen und zu einem Kurs von etwa 10 Yuan pro Aktie gehandelt wurde. Die beiden Männer legten ihre Mittel zusammen und erwarben langsam Anteile, die sich irgendwann auf über die Hälfte der handelbaren Aktien des Unternehmens beliefen. Im Frühjahr 1999 veröffentlichte *Securities Market Weekly* (eine chinesische Investmentzeitschrift) den ersten von vier Artikeln, die von einem gewissen Mr. K (Lus Pseudonym) verfasst wurden, der mit den Reichtümern warb, die man durch spekulative Unternehmen machen könnte, die die neue Technologie zu nutzen wüssten. Nachdem Lu auf eine clevere Weise das Interesse der Öffentlichkeit geweckt hatte, heizte er es im August 1999 noch weiter an, als einer seiner Artikel (ohne den Namen des Verfassers) in *China Securities Daily* erschien, der beschrieb, wie die China Venture Capital Group kurz davor stand, Chinas Berkshire Hathaway zu werden.

Während der Artikel gedruckt wurde, wickelten die beiden Männer einige „Scheinverkäufe" ab. Zhu verkaufte Lu Aktien für 10 Yuan und kaufte sie für mehr zurück. Der Aktienkurs stieg rasch von 10 auf 13 Yuan und das Spiel nahm seinen Lauf. Und was für ein Spiel es war! In den folgenden 26 Monaten wurden die Aktien der China Venture Capital Group zu immer höher werdenden Kursen verkauft. Um nichts dem Zufall zu überlassen, wurde durch die Fortführung einer Reihe von „Scheinverkäufen" zu immer höheren Kursen der Eindruck eines aktiven Interesses an der Aktie aufrechterhalten. Die Börse in Shenzhen ist eine

ABBILDUNG 5.1   *Der Aktienkurs der Chinese Venture Capital Group*
                 Juni 1998 – Juli 2001

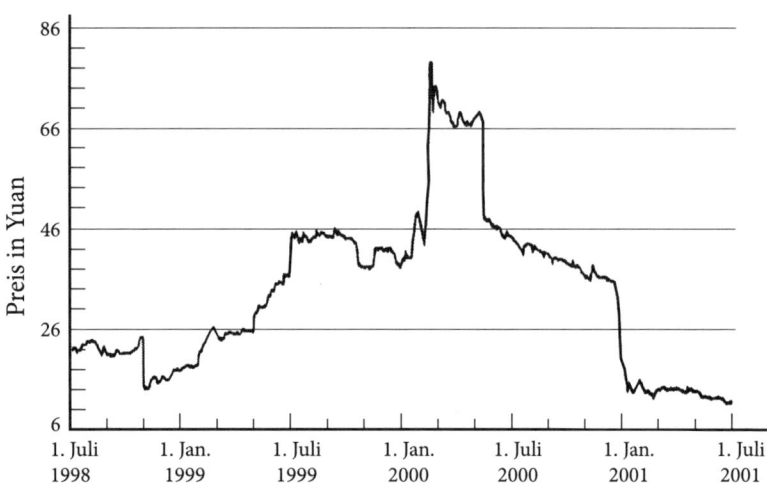

Quelle: Guojun Wu, University of Houston, Arbeitspapier, „Manipulative
Trades in Equity Markets" (2007).

elektronische Börse, darum musste Lu sicherstellen, dass Poolmitglieder ihre
Aufträge zeitgleich eingaben. Die Makler, die die telefonischen Aufträge ent-
gegennahmen, verbuchten entweder nur die Käufe oder nur die Verkäufe. Lus
Händler sprachen in zwei Hörer zugleich und wenn der Händler sagte: „50.000
Aktien zu einem Kurs von 30 Yuan", dann verstanden die Makler, dass ein Konto
das des Käufers und eins das des Verkäufers war. Professor Guojun Wu stellt
eine einzigartige Sammlung von Daten zu allen Transaktionen zu dieser Zeit
zusammen und konnte alle Konten ausfindig machen, die von den Manipulato-
ren kontrolliert wurden. Er fand heraus, dass in vielen Monaten der Jahre 1999
und 2000 „Scheinverkäufe" ganze 90 Prozent des täglichen Handelsvolumens
ausmachten. Der Höhepunkt war erreicht, als über 1.500 Aktienhandelskonten
in über 20 chinesischen Provinzen Teil des Plans waren und der Kurs ein Hoch
von 84 Yuan erreichte. Alles in allem haben die Drahtzieher über 640 Millionen
Dollar von den Geldern ihrer Investoren eingesteckt.

   Kein manipulierender Plan kann auf unbegrenzte Zeit funktionieren. Mehrere „Händler, die auf dem Laufenden waren" erkannten allmählich, dass sie
eventuell von dem Pool profitieren könnten. Zhu war einer von ihnen und verriet seinen Partner, der mit einer auf spektakuläre Weise platzenden Blase zu-

rückgelassen wurde, wie in Abbildung 5.1. dargestellt. Das Vermögen von 100 Unternehmen und vielen Mitbeteiligten, die auch in den Plan verwickelt waren, löste sich ebenfalls in Luft auf. Lu machte ein wenig wieder gut, indem er seine „Geständnisse" an den Reporter einer Zeitschrift verkaufte. Am Ende bekamen Lu und Zhu Hausarrest; vielleicht halfen das Geld von Lus Geständnis und von Zhus Verrat beiden dabei, ihren Wärtern irgendwie zu entkommen. Obwohl sechs ihrer Komplizen am 1. April 2003 von einem Pekinger Gericht zu Gefängnisstrafen zwischen zwei und vier Jahren verurteilt wurden, werden die beiden Urheber des Plans noch immer gesucht.

Viele weitere Beispiele für Aktienkursmanipulationen bekräftigen die Schlussfolgerung, dass der chinesische Aktienmarkt alles andere als effizient ist.

Ein Beispiel aus der Mitte der 90er Jahre betrifft ein sehr irdisches Unternehmen – die Dalian Beida Auto Stock Company Ltd. Dieses Unternehmen, das einfach Beida Auto genannt wurde, war vorwiegend im Autoreparaturgeschäft tätig. Um den Kurs der Aktie hochzutreiben, änderte das Management den Namen des Unternehmens in Beida Tech und behauptete, dass das Unternehmen zu den führenden Technologieunternehmen Chinas gehören würde. Mit lediglich der wirren Identität des Unternehmens als Grundlage (das Unternehmen selbst war unprofitabel) stieg der Kurs der Aktie Ende der 90er drastisch an, nur um dann in den ersten Jahren nach der Jahrtausendwende wieder zusammenzubrechen. Investoren in den Vereinigten Staaten werden sich jedoch daran erinnern, dass viele US-amerikanische Unternehmen im Laufe des Jahres 1999 ein „.com" an ihren Namen hängten, um gleich im Jahr darauf Kapital aus dem Internethype zu schlagen, der über die Finanzmärkte der Welt fegte.

Ein ähnliches Szenario spielte sich im Fall der Chemical Fiber Company ab, die Textilfasern herstellte und beständig Verluste machte. Mit einer Namensänderung in das schleierhaftere Haihong Holdings kündigte das Unternehmen an, dass die glamourösere digitale Unterhaltung nun auch Teil ihres Geschäftes sei. In einer Phase stieg der Aktienkurs an 23 aufeinanderfolgenden Tage um jeweils 5 Prozent (das tägliche Kurslimit an der Börse Shenzhen). Der Aktienkurs erhöhte sich um das Neunfache in dieser Zeit, obwohl das Unternehmen nur Verlustgeschäfte machte. Später fiel der Aktienkurs fast genauso schnell. Ein weiteres Beispiel war die Aktie von Shanghai Meilin, einem Konservenhersteller, der Geld verlor. Das Unternehmen kündigte an, dass es ins E-Business einsteigen würde und wählte als Adresse für seine Website: 85818. Wie wir gesehen haben, ist acht eine besondere Glückszahl für Chinesen und die Website klang wie „-ich-Glücklicher-werde-glücklich-sein-Glück-haben" auf Shanghainesisch. Das mit dem E-Business war nie ausschlaggebend, aber die Unternehmensgründer, die ihre Aktie unsagbar überteuert an die Öffentlichkeit verkauften, hatten in der Tat „Glück". Die Anleger machten große Verluste. Amerikaner dürfen jedoch nicht selbstgefällig sein. Ein Börsenwert in Höhe von über 5 Billionen Dollar löste sich in Luft auf, als die Internetblase kurz nach der Jahrtausendwende platzte. Die Aktienmärkte der USA sind zwar zweifellos die effizientesten auf der Welt, aber selbst sie bewerten Aktien nicht immer effizient.

Und es geht weiter. Die Regierung Chinas gab der CSRC im Januar 2006 neue Kontrollbefugnisse und verdoppelte im Juni 2006 die maximal mögliche Gefängnisstrafe für Aktienkursmanipulation auf zehn Jahre. Folglich gab es im Sommer 2006 jede Menge interessante Schlagzeilen. Zwei Wochen nachdem die CSRC ihre neuen Befugnisse erlangt hatte, befasste sie sich mit den Tang-Brüdern. Die Regierung klagte die beiden Brüder an, die Kontakte im Bankwesen und zur Regierung hatten. Ihnen wurde vorgeworfen, Anleger um über 5,6 Millionen Dollar betrogen zu haben, die sie sich zwischen 2001 und 2004 erschlichen. Ihr atemberaubender Plan umfasste 2.500 Organisationen und 32.000 Individuen. Buchprüfer entdeckten, dass auf den Konten der Ocean Grand Holding, einem Hersteller von Chemikalien, der an der Börse Hongkong notiert wurde, 100 Mil-

Abbildung 5.2   *Das Arbitrage-Potenzial von A-Aktien: 18. Dezember 2006 bis 18. Januar 2007 Aktien von Sinopec (tägliche Kursdifferenz zwischen A-Aktien-Markt und N-Aktien-Markt)*

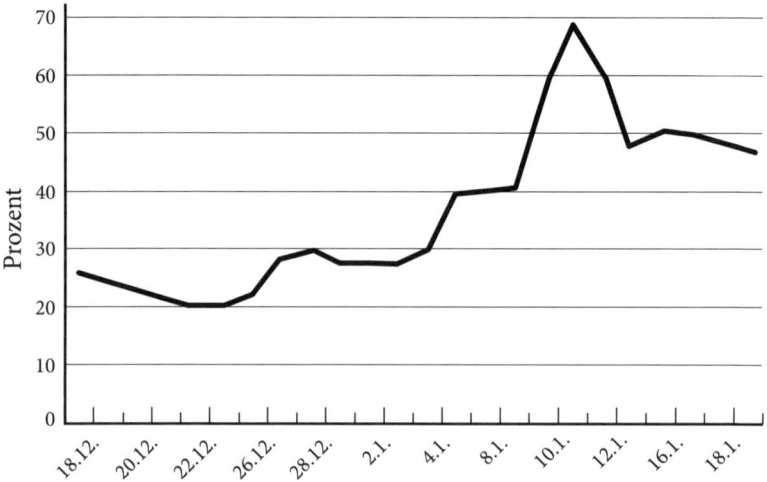

Quelle: Bosera Asset Management Co.

lionen Dollar fehlten. Ein Sprecher von Guangdon Kelon, dem größten Hersteller von Kühlschränken in China, gab an, dass Ermittlungen gegen einen früheren Vorsitzenden des Unternehmens wegen angeblichen Betrugs zu einer erneuten Aufarbeitung der Bilanz von 2005 führte. Dabei kamen Verluste in Höhe von fast 400 Millionen Dollar ans Licht. Und der Handel in den Aktien des Staatsunternehmens Shanghai Electric wurde eingestellt, nachdem Zeitungen berichteten, dass einer der Geschäftsführer in Verdacht stand, illegale Darlehen in Höhe von 400 Millionen Dollar durch einen städtischen Pensionsfonds erlangt zu haben.

Zusammenfassend sind die chinesischen Aktienmärkte nach der schwachen Hypothese effizienter Märkte nicht effizient. Sie sind gekennzeichnet von Aktienkursmanipulation sowie von Fällen unverblümten Bilanzbetrugs. Glücklicherweise erkennt die chinesische Regierung, wie wichtig es ist, diese unlauteren Methoden zu unterbinden und es ist wahrscheinlich, dass sich die Situation in Zukunft weiter verbessern wird.

DIE ROLLE DER ARBITRAGE BEI DER EFFIZIENZ

An dieser Stelle möchten wir jedoch auf etwas eingehen, was in unseren Augen ein interessanter und potenziell gewinnbringender Leckerbissen ist: Selbst wenn die Börsen Shanghais und Shenzhens absolut sauber wären, dann würden sie nach wie vor – im finanzwirtschaftlichen Sinne – als ineffizient gelten. Wie kommen wir zu so einer Behauptung? Ganz einfach. Einige der Unternehmen, die als A-Aktien gehandelt werden, sind an anderen Börsen in Hongkong oder New York zugelassen und ihre A-Aktien werden für gewöhnlich zu Kursen gehandelt, die über den Werten an den anderen Börsen liegen. Wenn man daher das Äquivalent von 15 Dollar pro Aktie an der Börse Shanghai zahlen würde, hätte man wahrscheinlich einen Nervenzusammenbruch, wenn man danach erfährt, dass die gleiche Aktie an der Börse in Hongkong für 10 Dollar pro Aktie gehandelt wird. Manchmal werden A-Aktien zu fast doppelt so hohen Kursen gehandelt wie die Aktien, die im Ausland notiert sind. An einem bestimmten Tag im Januar 2007, wie in Abbildung 5.2 dargestellt, wurden die Aktien von Sinopec an der Börse Shanghai zu einem 66 Prozent höheren Kurs gehandelt als dieselben Aktien von Sinopec in New York. Wenn es zusätzlich für dasselbe Unternehmen A- und B-Aktien gibt (beide gibt es nur auf den Börsen Festlandchinas), sind die A-Aktien in der Regel teurer. Dies ist kaum ein Beweis für einen effizient funktionierenden Aktienmarkt.

Die meisten Analysten machen Arbitrage dafür verantwortlich – oder vielmehr ihr Nichtvorhandensein. Was ist Arbitrage eigentlich? Warum wird dadurch sichergestellt, dass Aktien angemessen bewertet sind? Eine allgemeingültige Definition von Arbitrage ist der Erwerb in einem Markt zum teureren Weiterverkauf in einem anderen. In der Praxis sieht das dann so aus: Angenommen die Aktie PetroChina wird zu einem Kurs von 100 Dollar pro Stück in New York und für (das US-Dollar-Äquivalent) 110 Dollar pro Aktie in Hongkong verkauft. Der Arbitragehändler könnte eine Aktie von PetroChina in New York kaufen und sie zugleich in Hongkong verkaufen, was ihm einen Reingewinn von 10 Dollar aus der Differenz einbrächte. Solange es auf den beiden Börsen eine Diskrepanz zwischen den Kursen der Aktie von PetroChina gibt, ist ein solches Geschäft risikofrei und profitabel. Daher können wir vermuten, dass solche Arbitragegeschäfte solange andauern, bis die Kurse auf beiden Börsen identisch sind. Die Existenz von Arbitrage macht wettbewerbsfähige Märkte ziemlich effizient. Wenn die Aktie von PetroChina zu einem Kurs von 100 Dollar in New York verkauft wird, dann wird sie auch in Hongkong zu (zum Äquivalent von) 100 Dollar gehandelt und das gilt für jede beliebige weitere Börse, an der Arbitrage möglich ist. Das nennt man Jevons-Gesetz.

Aber was wäre, wenn die Aktie von PetroChina in Shanghai zu einem höheren Kurs als in Hongkong und in New York gehandelt wird? Das Arbitragegeschäft kommt nicht zustande, aufgrund von Handelseinschränkungen für chinesische und internationale Investoren und weil der chinesische Yuan (die Währung, in der die Aktie von PetroChina in Shanghai gehandelt wird) nicht ohne Weiteres in eine internationale Währung gewechselt werden kann. Da Arbitrage in diesem Fall unmöglich ist, kann dieselbe Aktie auf dem chinesischen Aktienmarkt und auf internationalen Aktienmärkten zu unterschiedlichen Kursen gehandelt werden – und wird es auch. Folglich kaufen Investoren für gewöhnlich Aktien von Unternehmen, die in China und international gehandelt werden, an den Börsen in Hongkong und New York günstiger ein.

Die natürlichen Arbitrageure, die frei zugängliche Märkte einigermaßen effizient halten, sind die Hedgefonds. Sobald eine Anomalie auftaucht – sagen wir, eine Aktie wird zu 100 Dollar pro Stück in New York und zu 110 Dollar in Hongkong verkauft – schlägt ein Hedgefonds zu und kauft die New Yorker Aktien, um sie dann sofort in Hongkong zu verkaufen. Der Gewinn geht in diesem und in jedem ähnlichen Fall an den Schnellsten. Denn sobald sich der günstige Kurs der Aktie von PetroChina in New York herumspricht, werden weitere Interessenten schlagartig Käufe tätigen, wodurch der Aktienkurs auf denselben Stand wie in Hongkong hochgetrieben wird. Unter dem Strich bedeutet das: Menschen können zwar bis sie schwarz werden behaupten, offene Märkte mit verlässlichen Informationen seien nicht effizient, aber die Existenz von Hedgefonds, die als Arbitrageure fungieren, können dazu beitragen, sie effizient zu machen. Und wo Hedgefonds nicht zugelassen sind, wird der Markt niemals einen zufriedenstellenden Effizienzgrad erreichen, nicht nach der engen Effizienzhypothese und nicht nach der weiten, zu der wir jetzt kommen.

GELDER FESTLANDCHINAS UND DER HEIMVORTEIL

Es ist nun an der Zeit, sich der zweiten Komponente des Effizienztests zuzuwenden: der starken Hypothese der Theorie effizienter Märkte. Sie werden sich vielleicht erinnern – und wir sind bereits zu der Erkenntnis gelangt, dass dieses Material oft einschläfernd sein kann –, dass einer der deutlichsten Tests der starken Hypothese darin besteht, die Leistung professioneller Investoren mit den Erträgen zu vergleichen, die durch das Halten eines Index mit einer breiten Basis entstehen, einem Index, der einfach alle auf einem Markt verfügbaren Aktien kauft und sie hält. Wenn sich alle Informationen in den Aktienkursen korrekt und ohne Verzögerung widerspiegeln, dann sollte es kaum eine Rolle spielen, für welche Form man sich entscheidet. Fast jeder kennt das Sprichwort „Mutter weiß es am besten". In einem einigermaßen effizienten Markt „weiß es der Markt am besten" und das Wissen der gesamten Investorengruppe ist demnach besser als die Ansichten eines beliebigen einzelnen Investors. In einem solchen Markt kann kein professioneller Investor oder Guru den Markt im Laufe der Zeit beständig schlagen. In den Vereinigten Staaten und in den meisten Industrieländern der Welt weist alles darauf hin, dass professionelle Investmentmanager ihre exorbitant hohen Gehälter ganz bestimmt nicht verdienen – wenn auch mit Sicherheit genießen –, wenn man ihre Leistung mit der von preiswerten Indexfonds vergleicht. Es stellt sich uns hier die Frage, ob chinesische Fondsmanager in ihrem eigenen Markt etwas sehen können, was Fondsmanager aus den USA in ihrem nicht sehen können.

Festlandchinesische Fondsmanager können den Markt des Festlandes tatsächlich schlagen. In Abbildung 5.3 zeigen wir die Ergebnisse unserer Prüfung aller Investmentfonds in China unter professionellem Management, und wie sie im Vergleich zu den Erträgen der Aktienindizes von Shanghai und Shenzhen aussehen. Um bei unserem Test kompromisslos fair zu sein, nahmen wir nur den Aktienanteil der verwalteten Fondsportfolios (in China verwalteten Fonds müssen – einzigartig auf der Welt – einen Teil ihrer Portfolios in Form von Anleihen halten). Aus der Abbildung können wir schließen, dass verwaltete Fonds, die auf den Erwerb von A-Aktien beschränkt sind, in den letzten Jahren durchschnittlich weitaus höhere Erträge erzielt haben als A-Aktien-Indizes zwischen 1998 und 2006. Wir ziehen den Schluss, dass der chinesische A-Aktien-Markt effizient gemäß der starken Hypothese ist. Daher ist die Strategie, am A-Aktien-Markt in Indexfonds zu investieren, nicht optimal. Damit zeigt sich erneut die Einzigartigkeit des chinesischen Aktienmarktes.

Man kann behaupten – und das tun wir –, dass Investmentmanager auf dem chinesischen Aktienmarkt einen Heimvorteil haben, den professionelle Manager in anderen Märkten nicht haben. Anders als bei Aktien in anderen Teilen der Welt, werden einige der notierten chinesischen Unternehmen tatsächlich von nicht-notierten Mutterkonzernen besessen und gehalten.

Demnach sind die Einnahmen der notierten Unternehmen den Bedürfnissen des Mutterkonzerns unterstellt. Wenn ein notiertes Unternehmen beispielsweise

Abbildung 5.3   *In China verwaltete Aktienfonds haben chinesische Aktienindizes in der Regel übertroffen*

Jahr	Erträge aus verwaltete Fonds* (%)	Erträge aus dem Aktienindex Shanghai (%)	Erträge aus dem Aktienindex Shenzhen (%)
1998	−9,50	−3,97	−29,52
1999	45,73	19,18	14,25
2000	70,60	51,73	41,05
2001	−33,04	−20,62	−30,03
2002	−19,47	−17,52	−17,03
2003	31,68	10,27	26,11
2004	−0,63	−15,40	−11,85
2005	−1,28	−8,33	−6,65
2006	102,69	130,43	132,12
Durchschnittliche Rendite	20,75	16,20	16,20

*Die Rendite wird am Aktienanteil des verwalteten Fondsportfolios gemessen. In die Berechnung mit einbezogen sind die Erträge aller offenen und geschlossenen Investmentfonds, die auf den Erwerb chinesischer Aktien beschränkt sind.

Quelle: Bosera Asset Management Co.

keine guten Ergebnisse erzielt, kann der Mutterkonzern dafür sorgen, dass das notleidende Unternehmen gewinnbringende Geschäfte mit einem anderen, dem Konzern unterstellten Unternehmen machen kann; auf eine ähnliche Weise können die Einnahmen des notierten Unternehmens abgeschöpft und daher vom Mutterkonzern verringert werden. Investmentmanager mit Heimvorteil haben das nötige Wissen und die Kontakte, um den Verflechtungen hinter den Notierungen an den chinesischen Börsen nachzugehen, und sie verwenden dieses Insiderwissen entschieden zu ihrem Vorteil.

In der englischsprachigen Welt gibt es ein altes Sprichwort, dass „es weniger darauf ankommt, was man kann, sondern darauf, wen man kennt"; in letzter Zeit wurde dieser Spruch vereinfacht, nun heißt es schlichtweg „Netzwerken". Auf Chinesisch gibt es ein ähnliches Konzept, genannt guanxi, wörtlich übersetzt „Beziehungen". Dieses Konzept reicht Jahrtausende in die Vergangenheit und umfasst mehr als das englische „Networking" (oder deutsche „Netzwerken"). Es bedeutet eine langfristige Verantwortung für das Wohlbefinden eines Anderen und setzt eine zwischenmenschliche Verpflichtung voraus. Professionelle Investmentmanager in China sind mit dieser Idee aufgewachsen und wissen, wie sie davon Gebrauch machen, um sich auf allen Ebenen und unter allen Verbindungen chinesischer Wirtschaftseinheiten zurechtzufinden. Ihre Resultate, die in der Tabelle 5.3 sind, zeigen, wie erfolgreich sie guanxi einsetzen.

Es gibt ein weiteres Anzeichen der Ineffizienz des chinesischen A-Aktien-Marktes, aus dem wir versuchen werden, einen Nutzen zu ziehen, wenn wir später in diesem Buch praktische Investmentstrategien entwickeln. Geschlossene Investmentfonds halten Investmentportfolios, wie dies auch die meisten offenen Investmentfonds tun. Offene Investmentfonds akzeptieren jedoch neue Gelder und nehmen Anteile zum Nettoinventarwert pro Fondsanteil zurück. Geschlossene Investmentfonds unterscheiden sich von offenen dadurch, dass sie nach dem Börsengang weder Anteile neu ausgeben noch bestehende einlösen. Um Aktien dieser Fonds zu kaufen oder zu verkaufen, muss man an die Börse gehen.

Der Kurs der Aktien in einem geschlossenen Investmentfonds hängt davon ab, was andere Investoren für sie zu zahlen bereit sind. Anders als bei offenen Investmentfonds hängt ihr Kurs jedoch nicht notwendigerweise mit dem Nettoinventarwert zusammen. Der Kurs eines Anteils an einem geschlossenen Investmentfonds kann daher über oder unter seinem Nettoinventarwert liegen. Es gab auf dem Markt der USA Zeiten, in denen geschlossene Investmentfonds für weit unter ihrem Nettoinventarwert verkauft wurden und Analysten deuteten dies als Zeichen von Ineffizienz. Bedeutende Abschläge gibt es in den USA nicht mehr. Geschlossene Investmentfonds in China wurden in letzter Zeit jedoch für 25 Prozent unter ihrem Nettoinventarwert oder sogar noch darunter verkauft. Wie in Kapitel 9 erläutert wird, sind wir der Auffassung, dass solche Fonds auf diesem Stand als attraktive Investments für chinesische Investoren gelten können.

CHINESISCHE AKTIEN AUF DEN BÖRSEN IN HONGKONG UND NEW YORK

Es ist nicht überraschend, dass der A-Aktien-Markt für chinesische Unternehmen Zeichen hoher Ineffizienz aufweist. Der Markt ist vom Zufluss internationalen Kapitals abgeschirmt und Arbitragegeschäfte, die Kurse auf Fundamentaldaten abstimmen könnten, sind verboten. Im Kontrast dazu ist der H-Aktien-Markt in Hongkong für alle internationalen Investoren zugänglich. Ähnlich sind in New York, London und an anderen internationalen Börsen gehandelte Aktien offen für den Zufluss internationaler Finanzmittel. Die Notierungsstandards an diesen Märkten sind strikt und die Börsenaufsicht ist besser entwickelt; wir können also davon ausgehen, dass der Markt für chinesische Aktien in Hongkong und anderswo effizienter ist.

Kommen wir noch einmal auf die starke Hypothese der Effizienz des H-Aktien-Markts für chinesische Aktien in Hongkong zurück. Als Resultat unserer Tests der schwachen Hypothese fanden wir heraus, dass der H-Aktien-Markt Ende der 90er Jahre und kurz nach der Jahrtausendwende, besonders während der SARS-Krise im Jahr 2003, ineffizient zu sein schien und zogen den Schluss, dass es eventuell ein gewisses Maß an Manipulation gab. Aber seit 2003 ist die Marktkapitalisierung auf dem H-Aktien-Markt drastisch angestiegen und weitere Tests konnten nicht bestätigen, dass die H-Aktien-Märkte ineffizient sind. Ähnliche Tests des N-Aktien-Markts mit Sitz in den USA lassen allgemein Effizienz vermuten. Die Kurse von festlandchinesischen Aktien, die an Börsen in den USA gehandelt werden, weisen keine Manipulationsmerkmale auf. Wir folgern daraus, dass der H- und der N-Aktien-Markt zum jetzigen Stand effizient gemäß der schwachen Hypothese sind.

Die Belege dafür, dass der Markt für chinesische Aktien, die auf internationalen Märkten gehandelt werden, effizient im Sinne der starken Hypothese ist, sind noch stärker. Abbildung 5.4 vergleicht die Investmentergebnisse von 15 aktiv verwalteten offenen Investmentfonds mit einem Marktindex von H-Aktien. Diese fünfzehn Fonds entstanden in den USA, aber gemanagt wurden sie in Hong-

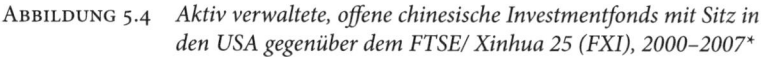

ABBILDUNG 5.4 *Aktiv verwaltete, offene chinesische Investmentfonds mit Sitz in den USA gegenüber dem FTSE/ Xinhua 25 (FXI), 2000–2007**

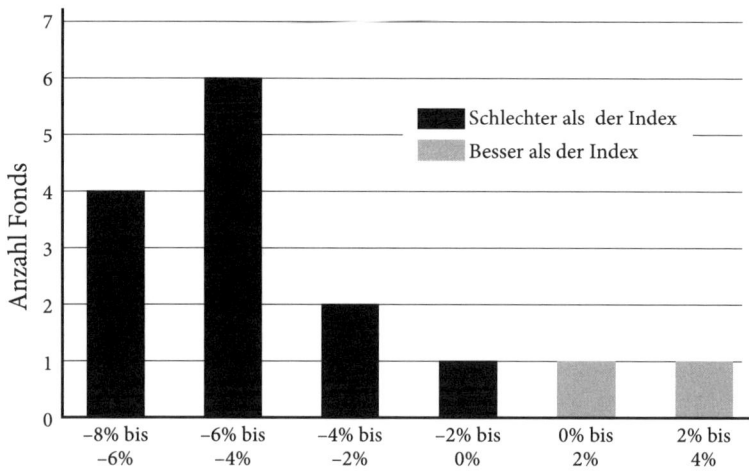

* Daten bis Juni 2007

Quelle: Kalkulation der Autoren.

kong. In den Fonds befanden sich H- sowie N-Aktien. Der verwendete Index ist der FTSE/Xinhua Index über 25 H-Aktien-Unternehmen. Der Index selbst bildet auch die Basis eines an der New Yorker Börse gehandelten Indexfonds. der unter dem Tickersymbol FXI gehandelt wird (Details hierzu in Kapitel 9). Ein Investor, der den Indexfonds gekauft hätte, hätte im Durchschnitt weitaus höhere Gewinne erzielt als die typischen aktiv verwalteten Investmentfonds. Darüber hinaus zeigt die Abbildung 5.4, dass nur einige wenige Fonds zwischen 2000 und 2007 den Indexfonds schlagen konnten. Die meisten Fonds lagen mit ihrer Leistung schlechter als der Index – einige mit erheblicher Differenz.

Eine weitere Studie umfasste den 25-Monatszeitraum zwischen November 2003 und Dezember 2006. In dieser Studie wurden die Ergebnisse von 23 Fonds mit Sitz in Hongkong, die in chinesische Unternehmen investierten, analysiert. Selbst ohne Berücksichtigung der Kosten schafften es nur wenige der aktiv gemanagten Hongkong Fonds den FXI-Index zu schlagen. Abbildung 5.5 zeigt die Ergebnisse. Wie wir in Teil III dieses Buches zeigen werden, scheint die Indexstrategie bei chinesischen Aktien, die an den internationalen Märkten gehandelt werden, eine praktikable Investment-Strategie zu sein.

Abbildung 5.5   *Aktiv verwaltete Fonds mit Sitz in Hongkong, die in chinesische Unternehmen investieren, gegenüber FXI, 2003–2006*

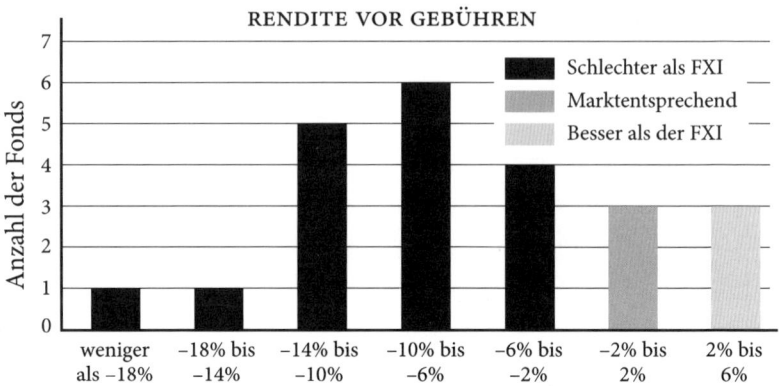

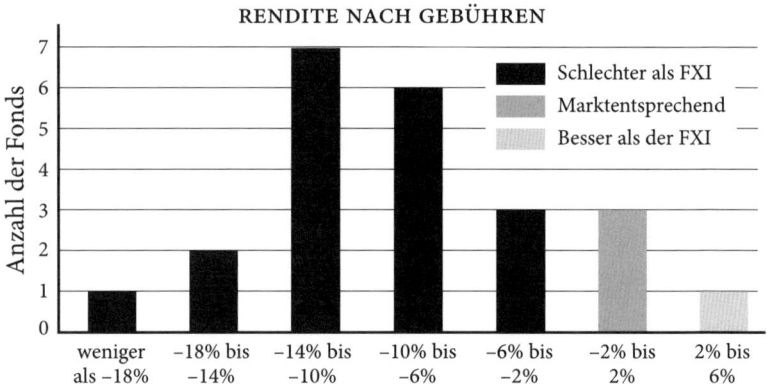

Quelle: Michael Massey (2007).

ZUSAMMENFASSUNG

In nicht-wissenschaftlichem Deutsch. Zwar haben Manipulation und Betrug bei den an chinesischen Märkten gelisteten Aktien stark zugenommen, doch inzwischen gibt es gemeinsame Anstrengungen, die auch von der Regierung unterstützt werden, dieser Situation ein Ende zu bereiten. Dennoch ist es für chinesische Investoren immer noch sinnvoll, sich von professionellen ortsansässige Investmentunternehmen mit bekanntermaßen guten Ergebnissen in der Vergangenheit beraten zu lassen. Anleger, die nicht in China leben und direkt in die boomende Wirtschaft des Landes investieren wollen, finden an den internationalen Märkten chinesische Aktien, die adäquat und effizient bewertet und über börsengehandelte Fonds (ETFs) auch leicht zugänglich sind.

In wissenschaftlichem Deutsch, wie es Ökonomen gern sprechen. Es gibt deutliche Anhaltspunkte dafür, dass der lokale chinesische A-Aktienmarkt ineffizient ist. Der Markt ist sehr volatil und Ziel wiederholter Spekulationswellen. Sowohl anekdotisch wie auch statistisch lässt sich belegen, dass Betrug und Manipulation eher regelmäßig auftauchen. Darüber hinaus gelingt es professionellen Investmentmanagern die breitgefächerten Börsen-Indizes der Märkte Shanghai und Shenzhen deutlich zu übertreffen.

Es gibt allerdings auch Anhaltspunkte dafür, dass der Markt im Laufe der Zeit effizienter wird. Mit der wachsenden Öffnung für internationale Investoren und besseren rechtlichen Rahmenbedingungen scheinen sich die Märkte internationalen Standards für Transparenz und Glaubwürdigkeit zu nähern. Dennoch konnten professionelle Investoren den Markt bis 2006 übertreffen. Eine Indexstrategie scheint auf dem A-Aktienmarkt wenig Erfolg versprechend.

Während es einige Anhaltspunkte dafür gibt, dass der H-Aktien-Markt bis zum Jahr 2005 nach der schwachen Markteffizienztheorie ebenfalls ineffizient war, zeigt die statistische Analyse, dass sich die Situation seither deutlich verbessert hat. Überdies scheinen professionelle Investoren nicht in der Lage zu sein, den H-Aktienindex chinesischer Unternehmen, die an den internationalen Börsen gelistet sind, zu übertreffen.

Wir werden uns diese Forschungsergebnisse zunutze machen – glücklicherweise dann in nicht-wissenschaftlichem Deutsch –, wenn wir optimale Investment-Strategien entwerfen, mit deren Hilfe Anleger vom anhaltenden Wirtschaftswachstum Chinas, mit dem wir in den kommenden Jahren rechnen, profitieren können.

ANMERKUNG: *Im August 2007, nachdem dieses Kapitel gesetzt und druckfertig war, unternahm China einen potenziell bedeutsamen Schritt in Richtung einer Lockerung der Restriktionen, die für chinesische Bürger gelten, die im Ausland investieren wollen. Während einer Versuchsphase werden chinesische Bürger die Möglichkeit haben, Konten bei der Tianjin-(Tientsin)-Niederlassung der Bank of China zu eröffnen und Yuan in Honkong-Dollar zu tauschen. Die Hongkong-Dollar können dann zum Kauf von Aktien verwendet werden, die an der Börse Hongkong notiert werden. Sollten politische Schritte unternommen werden, die solche Handelsmöglichkeiten ohne Beschränkung zulassen, könnten die in diesem Kapitel dargestellten Anomalien ihre Gültigkeit verlieren.*

Kapitel 6

Die Attraktivität chinesischer Aktien

*Ich bin ein großer Fan von Schlagwort-Investitionen und momentan
gibt es kein wichtigeres Schlagwort als China.*
– Kevin Kennedy, Fidelity Street Report

IM LETZTEN KAPITEL GING ES UM DIE SCHLECHTEN NEUIGKEITEN; in diesem Kapitel wollen wir uns nun mit den positiven Nachrichten beschäftigen. Wir sind extrem optimistisch, dass das außergewöhnliche Wachstum der chinesischen Wirtschaft anhalten wird und dass dieses Wachstum Ihnen – und uns – attraktive Renditen bescheren wird. Während es unsinnig wäre zu glauben, die Wachstumsraten blieben für immer bei 9 bis 10 Prozent, so sind wir doch recht zuversichtlich, dass die Wachstumsraten in den kommenden 20 Jahren weiter im hohen einstelligen Bereich liegen werden und China sich als die am schnellsten wachsende große Volkswirtschaft weltweit erweisen wird. Nach Ablauf dieser 20 Jahre – wenn die Kaufkraft angeglichen wurde – wird Chinas BIP wahrscheinlich höher sein als das der Vereinigten Staaten.

Mit unserer Einschätzung der Wachstumsaussichten Chinas stehen wir nicht alleine da. Im Jahr 2006 berichtete Goldman Sachs, dass Chinas BIP das der USA bis etwa 2050 weit hinter sich gelassen haben wird. Und während die chinesische Volkswirtschaft wächst, wachsen auch die Unternehmen des Landes: Viele stehen kurz davor, in die Riege der einflussreichen internationalen Unternehmen vorzustoßen. Im selben Jahr bereitete die Boston Consulting Group einen Bericht über einhundert Unternehmen in sich schnell entwickelnden Volkswirtschaften vor, von denen die Gruppe dachte, dass sie zu bedeutenden Global Playern werden würden. China führte die Liste mit 44 Unternehmen an, mit einigem Abstand und 21 Unternehmen folgte Indien auf Platz zwei.

WIRTSCHAFTSWACHSTUM BEDEUTET LEIDER NICHT IMMER
AUCH WACHSTUM AN DER BÖRSE

Doch kann das schnelle Wirtschaftswachstum signifikante Renditen für all diejenigen generieren, die in chinesische Aktien investieren? Wir glauben zwar, dass die Antwort auf diese Frage Ja lautet, doch es gab viele Fälle, in denen die Aktienmärkte schnell wachsender Wirtschaftssysteme keine bessere Performance boten als die Märkte in den langsamer wachsenden Wirtschaftssystemen. Mit anderen Worten: Eine wachsende Wirtschaft führt nicht in jedem Fall zu Börsen-Reichtum. Elroy Dimson, Paul Marsh und Mike Staunton von der London Business School bestätigten dies in einer wichtigen Studie.

Die Drei untersuchten Daten aus mehr als hundert Jahren und verglichen reales (inflationsbereinigtes) Wirtschaftswachstum und reale Aktienmarkt-Renditen von 53 Ländern über den Zeitraum 1900 bis Ende 2004 miteinander. Diese Zeitspanne war der Ursprung zweier besonderer Probleme. Erstens existierte während des Beobachtungszeitraums von über 100 Jahren in den meisten Ländern des Samples nicht durchgehend ein Aktienmarkt (die USA sind hierbei die große Ausnahme, da der dortige Aktienmarkt seit mehr als 100 Jahren besteht). Zweitens ist die Zeitspanne für Börsenbeobachtungen aufstrebender Märkte für gewöhnlich recht kurz.

Dimson und seine Kollegen versuchten diese Hürden zu überwinden, indem sie Tests durchführten, die sich über verschiedene Zeitspannen erstreckten und sich auf eine Reihe einzelner Länder bezogen. Das Ergebnis war für viele Investmentprofis überraschend: Im Grunde genommen gab es zwischen dem BIP-Wachstum und den Renditen der Investoren keine Korrelation. Das bedeutet ganz einfach, dass man in Ländern mit schnell wachsender Produktion und schnell wachsendem Einkommen nicht zwingend eine Menge Geld an der Börse verdient.

Es gibt einige Faktoren, die die mangelnde Korrelation zwischen Investitions-Renditen und realem Wachstum erklären. Zum ersten entspricht die Wachstumsrate der Gewinne und Dividenden nicht immer der des allgemeinen Wirtschaftswachstums. Zweitens kommt es manchmal vor, dass Kursgewinne in Landeswährung durch Wechselkursverluste aufgehoben werden. Drittens können selbst bei wachsenden Gewinnen die Kursgewinne manchmal durch rückläufige Kurs-Gewinn-Verhältnisse ausgehöhlt werden. Und schließlich werden in Wirtschaftssystemen, die der Korruption freien Lauf lassen, Profite oft an Manager, Familie oder Freunde verteilt – an jeden, nur nicht an die Aktionäre.

CHINESISCHE AKTIEN ENTTÄUSCHEN – ZU BEGINN

Die Performance des inländischen chinesischen Aktienmarktes, zumindest bis Ende 2005, zeigt wie wichtig die Studie von Dimson und seinen Kollegen ist. Die Renditen, die Investoren mit chinesische Wertpapiere verdienen konnten, die an den Börsen Shanghai und Shenzhen gehandelt wurden, waren, gelinde gesagt, jämmerlich. Obwohl das reale Wirtschaftswachstum zwischen 2001 und Ende 2005 stets zwischen 9 und 10 Prozent betrug und trotz sinkender Zinsen, verloren Anleger, die in lokale chinesische Aktien investierten Geld – und zwar eine Menge. Obwohl die Gewinne und Dividenden einzelner Unternehmen stiegen, zeigt Abbildung 6.1, dass Chinas Marktindizes zwischen 2001 und Ende 2005 um beinahe 50 Prozent fielen. Der chinesische Aktienmarkt scheint das Paradebeispiel für die Ergebnisse der Dimson-Studie zu sein.

Warum herrschte eine solche Diskrepanz zwischen den Erträgen der Investoren und dem Wirtschaftswachstum in China? Wir glauben, dass die Antwort auf diese Frage nicht nur die schlechte Performance zwischen 2001 und 2005 erklären wird, sondern auch für die Zukunft von großer Bedeutung ist. Doch zuerst wollen wir einige der beliebten Erklärungen für die Defizite untersuchen, die anscheinend nicht wasserdicht sind.

ABBILDUNG 6.1 *Fallstudie der katastrophalen Investmenterträge: Aktienmärkte Shanghai und Shenzhen, 2001–2005*

Jahr	Rendite des Shanghai Aktienindex (%)	Rendite des Shenzhen Aktienindex (%)
2001	−20,62	−30,03
2002	−17,52	−17,03
2003	10,27	26,11
2004	−15,40	−11,85
2005	−8,33	−6,65
KUMULATIVE 2001-2005	−44,02	−39,76

Quelle: Bosera Asset Management Co.

ENTSCHULDIGTE SCHULDIGE

In vielen Fällen basierten Dimsons Resultate auf einer Diskrepanz zwischen dem Wachstum der Wirtschaft und dem Gewinnwachstum der Unternehmen. Tatsächlich zeigen diese Resultate, dass Gewinne und Dividendenwachstum nur in schwacher Korrelation zum realen Produktionswachstum stehen. In China war das anders. Die Erträge der lokalen chinesischen A-Aktien stiegen nicht nur, sondern verzeichneten während der ersten Jahre des neuen Jahrtausends eine respektable Zunahme der jährlichen Wachstumsraten um beinahe 10 Prozent. Die Wachstumsraten der an die Aktionäre ausgeschütteten Dividenden waren ähnlich hoch. Es lag also nicht an mangelndem Gewinnwachstum, dass chinesische Aktien nicht in der Lage waren Renditen zu liefern, die dem Wirtschaftswachstum zwischen 2001 und 2005 entsprachen.

Wir glauben, dass ein Teil der Gewinne von korrupten Managern abgezweigt wurde und dass bei der Führung vieler staatlicher Unternehmen das Hauptaugenmerk nicht vorrangig auf den Interessen der Aktionäre lag. Dennoch erklärt inadäquates Profitwachstum nicht die negativen Renditen der Aktionäre. Außerdem war der Wechselkurs des chinesischen Yuan zu dieser Zeit gekoppelt und im Verhältnis zum US-Dollar gab es keine Abwertung.

NATÜRLICH LIEGTS AM KURS-GEWINN-VERHÄLTNIS

Wir glauben, dass sich die schlechte Performance chinesischer Aktien während der ersten fünf Jahre des 21. Jahrhunderts durch eine deutliche Veränderung der Bewertungsbeziehungen auf dem Aktienmarkt Chinas erklären lässt. Mit anderen Worten: Obwohl die Gewinne (G) stiegen, sank das Kurs-Gewinn-Verhältnis dieser Gewinne. US-Investoren waren schon während des Dot.Com Crashs im Jahr 2000 einer ähnlichen Situation ausgesetzt. Im Rahmen dieses Crashs, an den sich viele Investoren und ihre leeren Geldbörsen noch deutlich erinnern können, sank das allgemeine Markt-Kurs-Gewinn-Verhältnis um mehr als ein Drittel, fiel von mehr als 30 auf 20 Zähler, wobei die KGVs der Hightech-Aktien mit doppelt so hoher Verlustrate sanken, vorausgesetzt diese Wertpapiere generierten überhaupt Gewinne. Chinas Bewertungscrash war sogar noch dramatischer als der der Dot.Com-Pleite.

Als Deng Xiaoping seinem Volk erklärte, es sei wunderbar, reich zu sein, waren viele überzeugt, die neuen Aktienmärkte seien der schnellste Weg zu Reichtum und Wohlstand. Der neue chinesische Markt versprach der größte Asiens zu werden und die Investoren waren überzeugt, dass sie nur schnell einsteigen müssten, um garantiert reich zu werden. Auf den Märkten wurde vorrangig spekulativ Handel betrieben und so waren die Börsen in Shanghai und Shenzhen nichts anderes als legale Spielcasinos. Die Marktbeteiligung institutioneller Anleger war beschränkt und die Bewertungen auf dem Markt für A-Aktien hatten bald keinen Bezug mehr zur Realität. An den Aktienmärkten in Shanghai und Shenzhen wurden Wertpapiere zu deutlich höheren Bewertungen gehandelt als ähnliche Titel an den internationalen Börsen.

Manipulation war an der Tagesordnung und die Kurs-Gewinn-Verhältnisse an der Börse erreichten in den 90er Jahren dreistellige Werte. Selbst zu Beginn des 21. Jahrhunderts waren auf den A-Aktienmärkten Kurs-Gewinn-Verhältnisse von 50 durchaus gängig. Solche Niveaus lagen deutlich über den Vielfachen vergleichbarer Unternehmen, die an den Weltmärkten gehandelt werden, und auch deutlich über den Kursen, zu denen dieselben chinesischen Unternehmen an den internationalen Märkten verkauft wurden. Im Grunde genommen wurden chinesische Aktien während der späten 90er Jahre ständig zu „Blasen"-Kursen verkauft und selbst im Jahr 2001 war der Markt – Titel wurden zum 50-fachen Wert der Gewinne verkauft – im Vergleich zum Rest der Welt extrem überbewertet.

Wie Abbildung 6.2 zeigt, sanken die Kurs-Gewinn-Verhältnisse chinesischer Wertpapiere während der ersten fünf Jahre des 21. Jahrhunderts dramatisch. Aufgrund des Zusammenbruchs der Vielfachen konnten die Kurse chinesischer Aktien das tatsächliche Gewinnwachstum nicht widerspiegeln. Stellen Sie sich eine Aktie vor, die pro Wertpapier einen Dollar Gewinn macht und dann mit einem Kurs-Gewinn-Verhältnis von 60, also 60 Dollar pro Aktie, verkauft wird. Jetzt nehmen wir einmal an, dass sich der Gewinn auf zwei Dollar pro Aktie verdoppelt, während das Kurs-Gewinn-Verhältnis auf das weltweit herrschende Durchschnittsniveau von 15 fällt. Die Aktie wird dann für 30 Dollar pro Titel verkauft. Der Wert der Aktie ist um 50 Prozent gesunken, obwohl die Gewinne sich verdoppelten. Dieses einfache Beispiel zeigt, warum chinesische Aktien während der ersten Jahre des neuen Jahrtausends eine dermaßen schlechte Investition waren.

Doch Anfang 2006, als sich die Kurs-Gewinn-Verhältnisse im Einklang mit den weltweiten Niveaus im hohen Zehnerbereich einpendelten, bestand kein Grund dafür, davon auszugehen, die Renditen würden weiterhin hinter den Erwartungen zurückbleiben. Nachdem sich die Bewertungen gegen Ende des

Abbildung 6.2   *Eine Tabelle, die alles sagt: Kurs-Gewinn-Verhältnisse der Aktien an der Börse Shanghai, Dezember 2001 – Dezember 2005*

	2001	2002	2003	2004	2005
Shanghai A-Aktien	48,30	41,25	32,98	21,03	18,42

Quelle: Bosera Asset Management Co.

Jahres 2005 angepasst hatten, konnte man davon ausgehen, dass es ausreichend Gründe gab zu glauben, das zukünftige Gewinnwachstum werde sich in steigenden Aktienkursen widerspiegeln. Wie die Abbildung 6.3 zeigt, generierte der chinesische Aktienmarkt im Jahr 2006 (wie auch in der ersten Hälfte 2007) tatsächlich außergewöhnliche Renditen und machte so all die Verluste der vorangegangenen fünf Jahre wieder gut. Des Weiteren fällt es nun leichter, an die Stichhaltigkeit der Geschäftsberichte zu glauben. Im Jahr 2007 (vgl. Kapitel 4) verlangte China von allen an den Börsen Shanghai und Shenzhen gelisteten Unternehmen, für ihre Finanzberichte internationale Rechnungslegungsstandards anzuwenden. Das stellte sich als Segen heraus, nicht nur für die internationalen Wirtschaftsprüfungsunternehmen, die beauftragt wurden den Übergang zu erleichtern, sondern auch für inländische Investoren (Unternehmen, die im Ausland gelistet sind, müssen internationale Standards anwenden). Wir glauben, dass chinesische Aktien, vor allem diejenigen, die auf den internationalen Märkten gehandelt werden, selbst nach ihrem deutlichen Anstieg im Jahr 2006 vernünftig bewertet sind, und relativ großzügige zukünftige Ertragsraten versprechen.

Im August des Jahres 2007 wurden chinesische A-Aktien zu Kurs-Gewinn-Verhältnissen verkauft, die deutlich über dem weltweiten Durchschnitt lagen. Der Markt für A-Aktien war nicht länger billig. Im Jahr 2007 stiegen die Kurs-Gewinn-Verhältnisse auf dem Markt für A-Aktien auf weit über 40 Zähler, wodurch das Risiko einer weiteren Talfahrt auf dem Achterbahn-ähnlichen chinesischen Aktienmarkt definitiv wächst. Die Kurs-Gewinn-Verhältnisse für H-Aktien lagen jedoch bei nur etwa 18 und ein N-Aktien-Index, auf den wir später noch zu sprechen kommen werden, zeigte ein Kurs-Gewinn-Verhältnis von lediglich 14. Außerdem waren chinesische H- und N-Aktien im Verhältnis zu ihren Wachstumsraten noch vernünftig bewertet. Damit waren die Kennzah-

ABBILDUNG 6.3 *Im Jahr 2006 kommen die chinesischen Aktien zurück*

• Shanghai Börsen Composite Index +130%
• Shenzen Börsen Index +132%
•FTSE/Xinhua H-Aktien Index +79%

Quelle: Bosera Asset Management Co.

len, die das Kurs-Gewinn-Verhältnis mit dem Wachstum vergleichen, ein Kriterium mit dem wir uns weiter unten befassen werden, im Vergleich zu internationalen Aktien durchaus attraktiv. Chinesische Aktien, zumindest wenn sie auf internationalen Märkten gehandelt wurden, versprachen immer noch relativ großzügige zukünftige Renditen.

ANFANG 2007 VERSPRECHEN VIELE CHINESISCHE AKTIEN
GROSSZÜGIGE RENDITEN

Jedes Mal, wenn in es in einer Unterhaltung um „große Investoren" geht, werden sofort zwei Namen genannt: Warren Buffett und Peter Lynch. Buffett hält mit seinem Unternehmen Berkshire Hathaway einen sensationellen Langzeitrekord – seit mehr als 40 Jahren betragen die Jahresrenditen im Durchschnitt 25 Prozent. Lynchs Erfolgsgeschichte ist etwas kürzer. Er führte Fidelitys Magellan Fund nur 13 Jahre, brachte es im Durchschnitt auf eine jährliche Rendite von mehr als 29 Prozent und setzte sich, als er die Nase vorn hatte, im reifen Alter von 46 Jahren zur Ruhe. Buffett und Lynch haben eins gemeinsam, sie bezeichnen sich selbst als „Wert"-Investoren. „Wert"-Investoren versuchen in Aktien oder Unternehmen zu investieren, die, gemessen an Gewinnen, Vermögenswerten und Zukunftsaussichten, bescheiden bewertet sind.

Buffett war ein Schüler Benjamin Grahams, Co-Autor des Buches *Security Analysis*, der Bibel der Wertpapieranalysten. Grahams Hauptkriterium beim Aktienkauf war, dass der Aktienkurs unter dem Fundamentalwert der Aktie liegen musste. Dieser „Wert" wird bestimmt, indem man die tatsächlich vom Unternehmen erwirtschafteten Gewinne mit einem bescheidenen Kurs-Gewinn-Verhältnis, das nicht höher als das historische Markt-Vielfache sein darf, multipliziert. Generiert ein Unternehmen also einen Gewinn von zwei Dollar pro Aktie und

hat ein Kurs-Gewinn-Verhältnis von 14 (ein Wert, der leicht unter dem histori-
schen langfristigen Durchschnitt des US-Marktes liegt), so gilt ein Aktienkurs
unter 28 Dollar als Kaufindikator. Wird die Aktie allerdings zu 55 Dollar pro
Titel verkauft, würden Graham und Buffett wahrscheinlich einen Bogen darum
machen. Buffett bezieht in seine Überlegungen auch die Vermögenswerte eines
Unternehmens mit ein. Stimmt die Börsenbewertung einer Aktie mit diesem
Vermögenswert überein, bietet sich ein Kauf auch an, wenn das aktuelle Kurs-
Gewinn-Verhältnis über dem durchschnittlichen liegt.

Lynch fügte ein weiteres Kriterium hinzu – eines, das das Konzept des Wachstums mit einbezog – um gute Anlagechancen ausfindig zu machen. Für Lynch
hatten die besten Aktien nicht nur gute Wachstumsaussichten, sondern wurden
von der breiten Masse auf dem Markt auch noch nicht besonders wahrgenommen, sodass sie noch immer zu bescheidenen Kursen verkauft wurden. Er suchte
nach Aktien, die substanzielles langfristiges Wachstum versprachen, jedoch zu
vernünftigen Kurs-Gewinn-Verhältnissen angeboten wurden. Am besten waren
Aktien mit hohem Wachstumspotenzial und niedrigem KGV. Lynch berechnete
dann stets das Verhältnis des KGVs zur Wachstumsrate. Er hätte das Ergebnis
dieser Berechnung das Verhältnis zwischen KGV und Wachstum nennen können, doch glücklicherweise vereinfachte er den Namen und nannte es PEG-Ratio
(Price-Earnings-Growth). Fand er eine Aktie mit voraussichtlichem Wachstum
von 15 Prozent, die jedoch nur zum 15-fachen Wert der Gewinne verkauft wurde – also über ein Verhältnis zwischen KGV und Wachstum (PEG-Ratio) von
1 verfügte –, kaufte er diese Aktie für seinen Fonds. Lynch mied Aktien, deren
PEG-Ratio sich auf 3, 4 oder einen höheren Wert belief und bestückte daher sein
Portfolio mit Wertpapieren, die Werte möglichst nahe bei 1 aufwiesen. Wir werden Lynchs PEG-Kriterium nutzen, um schnell unsere These zu untermauern,
dass viele chinesische Aktien noch vernünftig bewertet waren, als dieses Buch
in Druck ging.

Heute wissen wir alle – oder sollten es wissen –, dass die Zukunft nicht ver-
lässlich vorhergesagt werden kann, was folglich auch für Wachstumsraten gilt.
Niels Bohr, Empfänger des Nobelpreises für Physik, sagte einmal: „Vorhersagen
sind immer schwierig – vor allem über die Zukunft." Die Profis, die ihr Geld
damit verdienen, Performance und Wachstumsraten einzelner Unternehmen zu
prognostizieren, nennt man Wertpapieranalysten. Normalerweise spezialisieren
sie sich auf einen Industriezweig und brüten über den Statistiken der gesamten
Industrie ebenso wie über denen eines einzelnen Unternehmens – diese Statistiken umfassen das bisherige Gewinnwachstum, die allgemeinen wirtschaftli-

chen Gegebenheiten, Investment-Pläne, wettbewerbliche Strategien für weiteres Wachstum und so weiter. Sie erstellen seitenweise Statistiken und erinnern dadurch, so schrieb Buffetts Mentor Graham, an Gilbert und Sullivans gelehrten Generalmajor, der so manche nette Anekdote über die Winkel der Hypotenuse zum Besten zu geben wusste. Während die Tatsachen erfreulich klingen mögen, können Fehler – vonseiten der Analytiker – verheerend sein.

Obwohl Wachstumsprognosen oft falsch sind, erkennen wir an, dass Schätzungen der Wachstumsraten nötig sind, um Licht in die verschiedenen Kurs-Gewinn-Verhältnisse auf dem Markt zu bringen. Die Ford Motor Company hatte zum Beispiel ein niedriges KGV und zahlte zu Beginn des neuen Jahrtausends saftige Dividenden. Selbst ein flüchtiger Blick auf die Wachstumsaussichten des Unternehmens hätte jedoch bereits ausgereicht, um Investoren zu verdeutlichen, dass sie definitiv keine Ford-Aktien kaufen sollten. Andererseits werden in den USA Google-Aktien und in China Baidu.com-Aktien zu Kurs-Gewinn-Verhältnissen verkauft, die weit über dem Marktdurchschnitt liegen, da Aktienkäufer davon ausgehen, dass diese Unternehmen sehr viel schneller als der Gesamtmarkt wachsen werden. Während wir also erkennen, dass die von Profis erstellten Wachstumsschätzungen sehr unpräzise sein können, und dies auch oft sind, so müssen wir sie doch nutzen, um die Bewertungen an der Börse zu verstehen. Im Folgenden werden wir Consensus-Schätzungen diverser Analysten verwenden – einen Schätzungsindex, wenn Sie so wollen – um PEG-Werte für den chinesischen Markt zu erstellen.

Abbildung 6.4 zeigt die PEG-Schätzungen für drei Arten chinesischer Aktien: A-Aktien, die in Shanghai und Shenzhen gehandelt werden H-Aktien chinesischer Unternehmen, die in Hongkong gehandelt werden und N-Aktien, die in New York als Hinterlegungsscheine für US-amerikanische Aktien (ADRs, American Depository Receipts) gehandelt werden. Während der PEG-Wert des US-Marktes zum Zeitpunkt der Drucklegung dieses Buches bei etwa 2 lag, waren die PEG-Werte vieler chinesischer Aktien niedriger, vor allem, wenn sie auf internationalen Märkten gehandelt wurden. Anfang des Jahres 2007 war der PEG-Wert chinesischer A-Aktien vergleichbar mit dem der US-Aktien; die Bewertungen der H- und N-Aktien, die näher bei 1,5 lagen, waren attraktiver. Legt man Lynchs PEG-Bewertungskriterium zugrunde, scheinen die auf den internationalen Märkten gehandelten Aktien chinesischer Unternehmen noch immer vernünftig bewertet.

Abbildung 6.4   *Kurs-Gewinn ÷ Wachstum-Verhältnisse (PEG) für verschiedene*
                 chinesische Wertpapierindizes, Frühjahr 2007

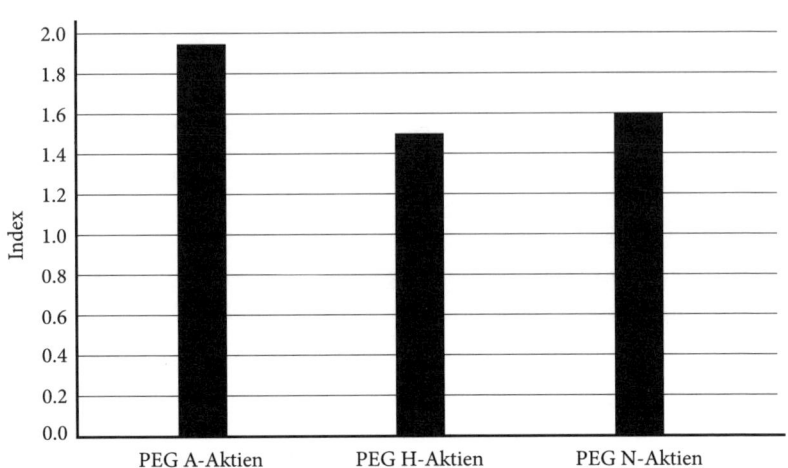

Der PEG-Wert für den US-Markt liegt ungefähr bei 2

Quelle: A-Aktien-Daten aus Gewinnprognosen von Bosera Asset Managemant Co.;
H- und N-Aktien Daten von Bloomberg und Institutional Brokerage Estimate Service.

WEITERE INSTRUMENTE ZUR MESSUNG DER ATTRAKTIVITÄT

Dem oben beschriebenen Vergleich könnte man vorwerfen, er vergleiche Äpfel
mit Birnen. Die Zusammensetzung chinesischer Aktienindizes unterscheidet
sich von Indizes auf internationalen Märkten wie den US-Börsen. Nehmen wir
zum Beispiel einmal den H-Aktienindex. H-Aktienindizes, wie etwa der FTSE/
Xinhua 25 Stock Index, umfassen vor allem Energie- und Finanzunternehmen –
Unternehmen, die traditionell zu niedrigen Kurs-Gewinn-Verhältnissen verkauft
werden und so chinesische Aktien künstlich billig erscheinen lassen. Außerdem
repräsentiert die Bewertung der in diesem Index gelisteten Unternehmen nicht
die gesamte Wirtschaft Chinas. Würden Äpfel mit Äpfeln verglichen, so müssten
chinesische Unternehmen aus verschiedensten Industriezweigen mit ähnlichen,
auf den internationalen Märkten gehandelten Unternehmen verglichen werden.

Um einen akkurateren Vergleich zwischen den relativen Bewertungen der Aktien chinesischer Unternehmen und Aktien aus den Vereinigten Staaten zu erhalten, führten wir eine sogenannte „Matched-Pairs"-Studie durch. Wir untersuchten eine Reihe verschiedener Industriesektoren in China und ordneten dann dem

in der jeweiligen Branche führenden chinesischen Unternehmen ein ähnliches US-amerikanisches Unternehmen zu. Nehmen wir zum Beispiel den Bereich der integrierten Ölkonzerne: Wir ordneten Chinas staatlichem Ölkonzern CNOOC den US-amerikanischen Konzern ExxonMobil zu. Alles in allem enthielt unsere Stichprobe chinesischer Unternehmen, die auf dem H-Aktienmarkt gehandelt werden, über zwei Dutzend Firmen. Diese Unternehmen ordneten wir dann einer gleich großen Anzahl Unternehmen zu, die in den USA beheimatet sind. Die KGV-Werte und die Consensus-Schätzungen des Gewinnwachstums der US-Unternehmen erhielten wir von Bloomberg und I/B/E/S (Institutional Brokerage Estimate Service). Die Werte für die chinesischen Unternehmen lieferte vor allem die interne Analyseabteilung der Bosera Asset Management Company, wobei einige zusätzliche Schätzungen vom I/B/E/S zur Verfügung gestellt wurden. Abbildung 6.5 stellt die Resultate dar – die erwarteten Wachstumsraten der für den Vergleich gewählten chinesischen Unternehmen sind höher als die vergleichbarer US-Unternehmen. Obwohl die Kurs-Gewinn-Verhältnisse der chinesischen Unternehmen etwas höher lagen, waren ihre PEG-Verhältnisse mit Werten unterhalb von 2 günstiger als die der US-Unternehmen, die über 2 lagen. Das Fazit lautet daher: Trotz des deutlichen Kursanstiegs chinesischer Aktien im Jahr 2006 waren die Bewertungen zu Beginn des Jahres 2007 noch vernünftig.

ABBILDUNG 6.5   *Vergleich der Bewertungen chinesischer und US-amerikanischer Unternehmen, Frühjahr 2007*

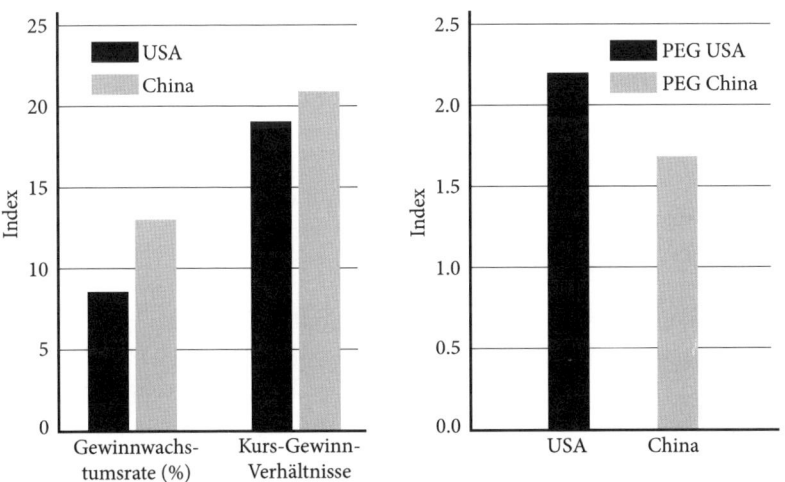

Quelle: Bloomberg; Institutional Brokerage Estimate Service; Bosera Asset Management Co.

Andere Bewertungskriterien bestätigen die Attraktivität chinesischer Anteils-
werte. Chinesische Aktien, vor allem H- und N-Aktien, werden auch zu gemä-
ßigten Vielfachen ihrer Umsätze und Cashflows gehandelt. Das Investmentunternehmen Goldman Sachs schätzte, dass der Unternehmenswert chinesischer
Unternehmen (darunter versteht man die Kombination aus dem Wert des Aktienkapitals und allen eventuell bestehenden Verbindlichkeiten) im Verhältnis
zum EBITDA eher niedrig ist. Der Terminus EBITDA ist Wall Street-Kauder-
welsch, steht für „earnings before interest, taxes, depreciation and amortization",
also Unternehmensgewinne vor Abzug von Zinsen, Steuern und Abschreibun-
gen, und misst den Brutto-Cashflow, der innerhalb eines beliebigen Jahres durch
das Unternehmen läuft. Im Jahr 2006 gehörte die Performance chinesischer
Aktien nach Jahren enttäuschender Renditen zu den besten. Selbst nach einer
solch herausragenden Performance boten sich im Sommer 2007 nach diesem
Kriterium noch immer attraktive Gewinnaussichten, vor allem bei Aktien, die
auch internationalen Investoren zugänglich sind.

DER YUAN BEGINNT ZU FLUKTUIEREN

Es gibt einen weiteren Grund für Optimismus in Bezug auf chinesische Aktien.
Starke, schnell wachsende Volkswirtschaften neigen dazu, starke Währungen zu
haben, das gilt vor allem für Nationen mit deutlicher Wettbewerbsfähigkeit im
Exportbereich. Sehen wir uns einmal das Verhalten des japanischen Yen während der Phase schnellen Wachstums in Japan in den 70er und 80er Jahren an.
Abbildung 6.6 zeigt, dass der Wert des Yen, der sich in den 60er Jahren auf mehr
als 350 Yen pro Dollar belief, stieg und so in den 90er Jahren etwas mehr als
100 Yen pro Dollar betrug. Auch die Währung Südkoreas wertete während der
Phase schnellen Wachstums in den 90er Jahren auf. Wir sind der Meinung, dass
China wachsenden Druck spüren wird, eine Aufwertung des Yuan zuzulassen,
da die Wirtschaft weiter wächst, die Exporte zunehmen und das Land beträchtliche Handelsüberschüsse genießt.

Unserer Ansicht nach ist der Yuan deutlich unterbewertet. Die Zeitschrift
The Economist entwickelte eine amüsante, wenngleich auch unwissenschaftli-
che Methode, die die relative Kaufkraft diverser Währungen zeigt. Das Maga-
zin untersucht was ein identisches Produkt – in diesem Fall ein Big Mac von
McDonald's – in verschiedenen Ländern kostet, um so zu einer Schätzung der
Kaufkraftparität zu gelangen. Legt man der Bewertung aktuelle offizielle Wech-
selkurse zugrunde, so wird ein Big Mac in den USA für 3,22 Dollar verkauft,

ABBILDUNG 6.6 *Der Yen-Dollar-Wechselkurs, 1960–2007*

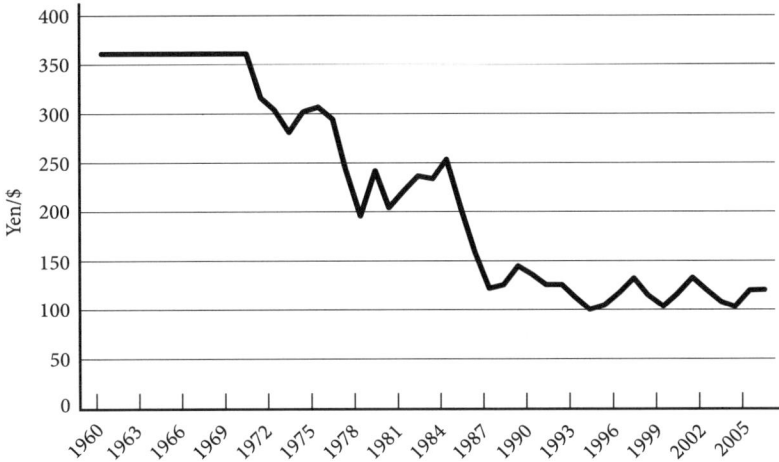

Quelle: International Financial Statistics

während der Verkaufspreis in China nur 1,41 Dollar beträgt. Gemessen am „Big Mac Index" erscheint der Yuan also im Vergleich zum Dollar um 60 Prozent unterbewertet.

Wir gehen nicht davon aus, dass China in nächster Zukunft eine deutliche Aufwertung der Landeswährung gegen den Dollar zulassen wird. Der japanische Yen brauchte für die Aufwertung von 350 Yen/Dollar auf 100 Yen/Dollar mehr als 35 Jahre. Aufgrund der großen chinesischen Erwerbsbevölkerung ist Chinas führenden Politikern an einer anhaltenden Unterbewertung der Währung gelegen, um so die Wettbewerbsfähigkeit chinesischer Exporte aufrechtzuerhalten. Doch wir glauben, dass hohe und wachsende Handelsüberschüsse auf lange Sicht politisch nicht tragbar sind. Im Jahr 2005 ließ China zu, dass der Wert der Landeswährung im Vergleich zum US-Dollar um 2 Prozent stieg; Im darauffolgenden Jahr beschleunigte sich die Aufwertung, sodass die Währung bis zum Ende des Jahres 2006 insgesamt um beinahe 6 Prozent zulegte. Auch in der ersten Hälfte des Jahres 2007 setzte sich die Aufwertung mit einem Anstieg um mehr als 3 Prozent fort. Wir gehen davon aus, dass sich dieser Trend fortsetzen wird, da die USA und die Europäische Union starken Druck auf China ausüben werden, damit das Land seine Währung anpasst, um den wachsenden Handelsüberschuss in Zaum zu halten. Jede Aufwertung des Yuan wird zusätzliche Erträge für Investoren außerhalb Chinas generieren.

Abbildung 6.7 *Der Big Mac Index: Schätzungen der Kaufkraftparität, 2007*

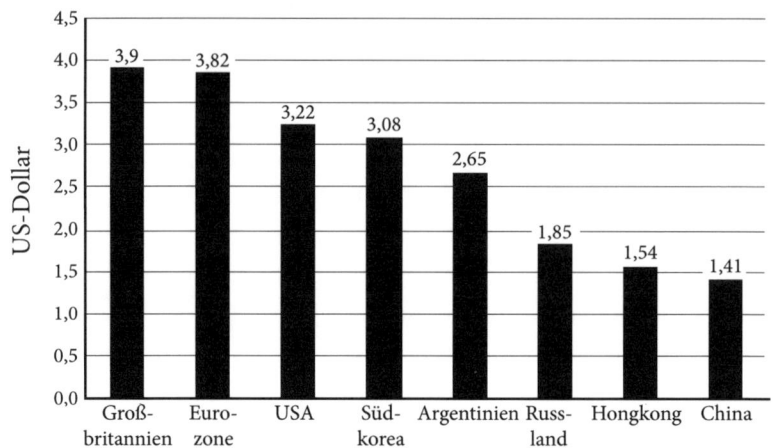

Quelle: The Economist

Nehmen wir beispielsweise einmal an, dass ein chinesisches Unternehmen Gewinne in Höhe von 10 Yuan pro Aktie macht und diese Wertpapiere in den USA zum zehnfachen Wert der Gewinne verkauft werden. Beliefe sich der Wechselkurs auf 8 Yuan pro Dollar, so würde das Unternehmen 1,25 Dollar verdienen und am US-amerikanischen Hinterlegungsscheinmarkt zu 12,50 Dollar verkauft werden. Stünde der Wechselkurs nun nach einer Aufwertung bei 7 Yuan pro Dollar, so entspräche der Gewinn in Höhe von 10 Yuan pro Aktie einem Gewinn von umgerechnet 1,43 Dollar pro Aktie, und bei einem KGV von 10 steigt der Aktienkurs auf 14,30 Dollar, was einem Anstieg von beinahe 11 Prozent entspricht.

Es sei jedoch gewarnt, dass die Gewinne eines Exportunternehmens, das starkem Preisdruck ausgesetzt ist, wahrscheinlich unter der Aufwertung der Währung leiden würden. Doch die Gewinne eines chinesisches Unternehmens, das Produkte für den heimischen Markt herstellt, sollten von diesem Effekt verschont bleiben. Sollte das Unternehmen für den Produktionsprozess Rohstoffe aus dem Ausland importieren müssen, so hätte dies vielmehr eine Gewinnsteigerung zur Folge, da ein stärkerer Yuan es dem Unternehmen ermöglichen würde, an allen Rohmaterialkosten zu sparen, deren US-Dollarpreise unverändert blieben.

AUCH DAS STANDARD-BEWERTUNGSMODELL LÄSST
CHINESISCHE AKTIEN ATTRAKTIV ERSCHEINEN

Lassen Sie uns ein anderes Modell verwenden, um die voraussichtlichen Wertpapiererträge in China mit denen großer Industrienationen, wie etwa den Vereinigten Staaten, zu vergleichen. Benannt nach seinem Erfinder, einem kanadischen Finanzökonomen namens Myron Gordon, postuliert das Gordon-Modell, dass die langfristige Ertragsrate von Wertpapieren geschätzt werden kann, indem man zur Dividendenrendite zum Zeitpunkt des Aktienkaufs die langfristige Wachstumsrate der Erträge und Dividenden addiert. Die Dividendenrendite ist nichts anderes als die Dividende, die eine einzelne Aktie (oder ein Aktienindex) generiert, geteilt durch den Kurs der Aktie (oder des Indexes). Die Wachstumsrate ist ganz einfach die durchschnittliche jährliche Rate, mit der Erträge und Dividenden der einzelnen Aktie oder des Aktienindexes wachsen. Beim Gordon-Modell handelt es sich nicht nur um ein theoretisches Modell – das fordert, dass jedes Vermögen so bewertet werden sollte, dass sein Wert den abdiskontierten zukünftigen Cashflows entspricht, die es generieren wird. Das Modell bietet auch eine sehr praktische Technik zur Erklärung früherer Erträge. Wir wissen zum Beispiel, dass der US-Aktienmarkt in den mehr als 80 Jahren zwischen 1926 und 2007 durchschnittliche jährliche Renditen generierte, die nur leicht unter 10,5 Prozent lagen. Die Dividendenrendite zu Beginn dieser Zeitspanne lag nur knapp unter 5 Prozent und das Wachstum der Gewinne und Dividenden betrug fast 5,5 Prozent. Addiert man die beiden Beträge, so erhält man eine Zahl, die ungefähr den 10,5 Prozent entspricht, die Investoren tatsächlich verdienten.

Welche Aussagen können wir über zukünftige Erträge treffen? Wir können das Gordon-Modell verwenden, um die Märkte der Vereinigten Staaten und Chinas basierend auf Daten vom Anfang des Jahres 2007 miteinander zu vergleichen. Prognosen für den US-Markt finden Sie in Abbildung 6.8.

Nach dem Gordon-Modell sind die Aussichten für Anleger auf dem US-amerikanischen Markt im Jahr 2007 schlecht. Da die Dividendenrenditen nur etwa 2 Prozent beträgt und die erwartete Wachstumsrate sich auf 5,5 Prozent beläuft, bleibt die langfristige Wertpapierrendite mit 7,5 Prozent deutlich hinter den 10,5 Prozent der Vergangenheit zurück.

Im Gegensatz dazu ergibt die gleiche Berechnung eine wesentlich höhere geschätzte zukünftige Ertragsrate für den chinesischen Markt. Während die Dividendenrendite chinesischer Aktien mit 1,5 Prozent hinter der US-amerikanischer Wertpapiere liegt, ist Chinas langfristige Wachstumsrate, die sich

Abbildung 6.8   *Geschätzte Renditen für Stammaktien auf dem US-Markt, 2007*
Dividendenrendite, Wachstumsrate, geschätzte Rendite für Anleger

Dividendenrendite	= 2,0%
Wachstumsrate	= 5,5%
geschätzte Rendite für Anleger	= 7,5%

Abbildung 6.9   *Geschätzte Renditen für Stammaktien auf dem chinesischen Markt, 2007*

Dividendenrendite	= 1,5%
Wachstumsrate	= 7,5%
geschätzte jährliche Währungsaufwertung	= 2–3%
geschätzte Rendite	= 11–12%

vorsichtigen Schätzungen zufolge auf 7,5 Prozent beläuft, deutlich höher als die der USA. Bitte beachten Sie, dass die für die zukünftige Gewinnwachstumsrate geschätzten 7,5 Prozent deutlich unter den früheren Werten liegen. Auch bleibt der Wert deutlich hinter den vergangenen Wachstumsraten der Wirtschaft und den Schätzungen der Wertpapieranalysten, die in einigen der bereits besprochenen Abbildungen verwendet wurden, zurück. Aus diesem Grund muss der Wert 7,5 Prozent als sehr konservativ betrachtet werden. Addiert man die beiden Zahlen, so erhält man eine geschätzte langfristige Rendite von 9 Prozent. Doch chinesische Aktien haben noch einen anderen Vorteil, der ihre Rendite wahrscheinlich weiter verbessern wird – die Währungsaufwertung. Steigt der Wert der chinesischen Währung um zwei bis drei Prozent, so gilt dies auch für den Wert aller chinesischen Vermögenswerte, inklusive der Aktien. Daher sind die Aussichten für chinesische Aktien wesentlich rosiger als für Wertpapiere in den USA (und auch besser als die aller anderen großen Finanzmärkte).

CHINESISCHE AKTIEN ERHÖHEN DIE VIELFALT –
UND DAS IST AUCH GUT SO

Es gibt noch einen anderen wichtigen Grund, warum Anleger ihre Investmentportfolios mit chinesischen Wertpapieren bestücken sollten. Chinesische Aktien sind außergewöhnlich volatil. Sie sind Auf- und Abwärtsschwankungen doppelt so häufig unterworfen wie US-Aktien. Tatsächlich ist die Volatilität chinesischer Aktien sogar noch höher als die von Wertpapieren in besonders instabilen aufstrebenden Märkten wie zum Beispiel Brasilien. Doch, so paradox dies auch scheinen mag, die Erweiterung des Investmentportfolios um chinesische Aktien könnte Anlegern einen großen Dienst erweisen. Chinesische Aktien können sowohl die Rendite erhöhen als auch das *Risiko* eines international diversifizierten Investmentportfolios *reduzieren.*

Ein einfaches Beispiel aus dem Buch „Global Bargain Hunting" von Malkiel und Mei erläutert die potenziellen Vorteile der Diversifizierung. Stellen Sie sich zwei benachbarte Länder vor: Sun Country, das am Fuß eines Berges liegt, und Ski Country, das an der Spitze des Berges liegt. Beide Länder leben hauptsächlich vom Tourismus. In Sun Country gibt es herrliche Strände, Tennisplätze, Schwimmbäder und Golfplätze. Ist es trocken und sonnig, dann boomt die Wirtschaft. Leider regnet es in manchen Jahren ununterbrochen, worunter der Tourismus leidet. In Ski Country findet man majestätische Berge und fantastische Skipisten. Solange Mutter Natur ausreichend Schnee liefert, sind die Hotels in Ski Country ausgebucht und das Geschäft brummt.

Jetzt stellen Sie sich bitte vor, dass die Hälfte der Jahre sonnig und trocken sind, wohingegen es während der anderen Jahre nass ist und schneit, und dass der Erfolg der beiden Wirtschaftssysteme einzig und allein vom Wetter abhängt. Während der sonnigen Jahre boomt Sun Country und die Renditen der Aktien der Sun-Country-Unternehmen belaufen sich auf 50 Prozent. Doch während der Regenzeit bleiben die Touristen fern und die Investoren verlieren 25 Prozent ihrer Anlagen. Sind 50 Prozent der Reisezeiten trocken und die anderen 50 Prozent verregnet, verdienen die Sun Country-Investoren pro Jahr im Durchschnitt eine Rendite von 12,5 Prozent. Investoren, die 200 Dollar anlegen, verdienen in trockenen Jahren 100 Dollar, während sie in verregneten Jahren 50 Dollar verlieren. Im Durchschnitt erhalten sie alle zwei Jahre ein Nettoeinkommen von 50 Dollar oder 25 Dollar pro Jahr, was bei einem Investment in Höhe von 200 Dollar einem durchschnittlichen jährlichen Ertrag von 12,5 Prozent entspricht.

Investoren in Ski Country sind in exakt derselben Situation, nur dass sie in den Jahren Gewinn machen, in denen die Sun-Country-Anleger Verluste verzeichnen. In nassen Jahren verfügt Ski Country über Schnee in Hülle und Fülle und die Investoren machen Gewinne in Höhe von 50 Prozent. Doch sind die Ski-Bedingungen schlecht, verlieren die Anleger 25 Prozent. Auch in Ski Country beträgt die durchschnittliche jährliche Rendite der Investoren 12,5 Prozent.

Nur in eines der beiden Länder zu investieren, ist sehr riskant. Mehrere aufeinanderfolgende Reisezeiten könnten trocken sein und Ski-Country-Investoren könnten ihr letztes Hemd verlieren.

Es könnte aber auch passieren, dass eine verregnete Saison nach der anderen die Investoren in Sun Country ruiniert. Doch obwohl es sehr riskant ist, in nur eine Entität zu investieren, kann dieses Risiko durch eine länderübergreifende Diversifizierung vollständig eliminiert werden. Anleger, die ihre Investitionen auf beide Länder verteilen, verdienen – unabhängig vom Wetter – jedes Jahr mit Sicherheit eine Rendite in Höhe von 12,5 Prozent. Nehmen wir einmal an, ein Investor legt sowohl in Sun Country als auch in Ski Country 100 Dollar an. Ist die Saison verregnet, verdient der Investor an seiner Anlage in Ski Country 50 Dollar, verliert jedoch 25 Dollar durch sein Investment in Sun Country. Im Durchschnitt generiert das Gesamtinvestment im Wert von 200 Dollar Gewinne in Höhe von 25 Dollar, beziehungsweise 12,5 Prozent. Ist es während der Reisezeit sonnig, ist die Nettorendite exakt gleich hoch, wobei die Erträge aus den beiden Ländern allerdings vertauscht werden. Der Trick, der dafür sorgt, dass dieses Spiel funktioniert: Obwohl beide Länder ein gewisses Risiko darstellen (die jeweiligen Renditen können von Jahr zu Jahr stark schwanken), wirkt sich das Klima unterschiedlich auf sie aus. (Statistisch gesehen herrscht zwischen den beiden Ländern eine vollständige negative Korrelation.)

Es ist recht unwahrscheinlich, dass sich die Vorteile der Diversifizierung in der Praxis ebenso klar und deutlich darstellen wie in diesem Beispiel. Oftmals wirkt sich die weltwirtschaftliche Situation – zumindest in gewissem Maße – auf alle Länder aus. Doch selbst in einer integrierten Weltwirtschaft kann es vorkommen, dass sich dasselbe Ereignis unterschiedlich auf verschiedene nationale Wirtschaftssysteme auswirkt. So ist zum Beispiel ein Anstieg der Preise für Öl, Mineralien und andere Rohstoffe für Nationen, die über viele solche natürliche Ressourcen verfügen, wie etwa Australien, von Vorteil, wirkt sich jedoch negativ auf Industrienationen aus, die diese Rohstoffe weiterverarbeiten.

Analysten verwenden Korrelationskoeffizienten um zu messen, wann verschiedene Märkte Hochs und Tiefs durchlaufen und welche Ausmaße diese annehmen. Eine perfekte positive Korrelation (ein Korrelationskoeffizient von +1) deutet darauf hin, dass sich zwei Märkte im Gleichschritt bewegen und die Kurse zum exakt selben Zeitpunkt steigen oder fallen. Eine perfekte negative Korrelation (ein Korrelationseffizient von −1) bedeutet, dass sich zwei Märkte stets in entgegengesetzte Richtungen entwickeln: Steigen die Kurse des einen Marktes, fallen die Kurse des anderen.

Besteht zwischen zwei Märkten eine perfekte negative Wechselbeziehung – wie es in unseren beiden frei erfundenen Urlaubsorten der Fall war – können Investoren das Risiko komplett ausschalten, indem sie diversifizieren. Doch um durch Diversifizierung das Risiko zu reduzieren, muss nicht zwingend eine perfekte negative Korrelation herrschen. Es genügt schon, wenn die wirtschaftliche Situation verschiedener nationaler Märkte nicht immer zu 100 Prozent deckungsgleich ist. Abbildung 6.10 zeigt, welch entscheidende Rolle der Korrelationskoeffizient dabei spielt, zu bestimmen, wie weit das Risiko durch Diversifizierung reduziert werden kann.

ABBILDUNG 6.10 *Der Korrelationskoeffizient und die potenzielle Risikoreduktion durch Diversifizierung**

KORRELATIONSKOEFFIZIENT	AUSWIRKUNG DER DIVERSIFIZIERUNG AUF DAS RISIKO
+1,0	Keine Risikoreduktion möglich
0,5	Gemäßigte Risikoreduktion möglich
0	Beträchtliche Risikoreduktion möglich
–0,5	Großteil des Risikos kann vermieden werden
–1,0	Gesamtes Risiko kann vermieden werden

*Je weniger die Aktien verschiedener Märkte zueinander in Wechselbeziehung stehen, desto mehr kann das Risiko durch die Diversifizierung reduziert werden.

Diese Prinzipien können wir in Zusammenhang mit chinesischen Aktien gewinnbringend in der Praxis anwenden. In Abbildung 6.11 sehen wir die Veränderung der Korrelationen im Verlauf der Zeit zwischen chinesischen A-Aktien und dem US-Markt, gemessenen am S & P 500 Aktienindex. Die gezeigten Korrelationen werden jeden Monat basierend auf den Daten der vorangegangenen 36 Monate gemessen (solche Berechnungen nennen wir „gleitende 3-Jahres-Korrelationen"). Die Abbildung zeigt, dass die Korrelationen zwischen den chinesischen A-Aktien und dem US-Markt in der Zeit von Ende der 90er Jahre bis Ende des Jahres 2006 über und unter Null fluktuierten. Im Durchschnitt lagen die Korrelationen des S&P 500 mit den Indizes der Börsen Shanghai und Shenzhen in der Nähe des Nullpunkts.

In Abbildung 6.12 zeigen wir, dass chinesische Aktien, die in Hongkong gehandelt werden (gemessen am Hang Seng Composite Index) stärker mit dem US-Markt korrelieren. Das war zu erwarten, denn schließlich ist der A-Aktienmarkt, der fast ausschließlich auf einheimische chinesische Investoren beschränkt ist, für größere Beträge internationalen Kapitals nicht zugänglich. Der Markt in Hongkong hingegen ist für solche Kapitalflüsse offen, wodurch eine Beeinflussung des Marktes durch Optimismus und Pessimismus der internationalen In-

Abbildung 6.11   *Gleitende 3-Jahres-Korrelationen chinesischer Aktien gegenüber S&P 500 Aktienindex, 1993–2007*

Quelle: Bosera Asset Management Co.

Abbildung 6.12   *Gleitende 3-Jahres-Korrelation im Verhältnis zum S&P 500 Aktienindex, 1996–2007*

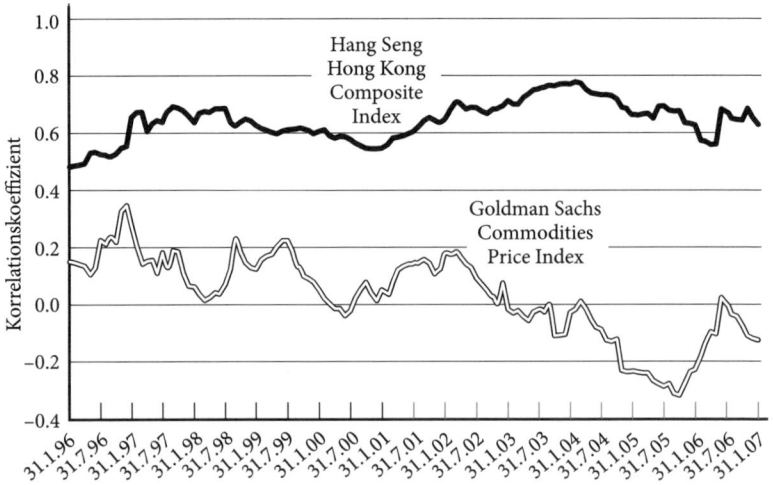

Quelle: Bosera Asset Management Co.

vestoren sehr viel wahrscheinlicher ist. Die Märkte in den USA und in Hongkong sind allerdings sehr weit davon entfernt, in perfekter Wechselbeziehung zu stehen. Normalerweise liegen die Korrelationen bei Messungen von 0,6 oder darunter. Diese Korrelationen sind niedrig genug, um moderate Risikoreduktion zu ermöglichen, indem man ein Portfolio, das bereits US-Aktien enthält, um in Hongkong gehandelte chinesische Festland-Aktien erweitert. Außerdem zeigt die Abbildung den Korrelationskoeffizienten zwischen dem S&P 500 und dem Goldman Sachs Commodity Index. Diese Korrelationen lagen Anfang des neuen Jahrtausends tatsächlich um den Nullpunkt oder im negativen Bereich.

So finden wir in der Praxis zwei Vermögenswertklassen (Rohstoffe und US-Aktien), die ein ähnliches Verhalten an den Tag legen wie die hypothetischen Renditen in Sun Country und Ski Country. Dieses Wissen wird uns zugutekommen, wenn wir uns in Teil III mit Investment-Strategien befassen.

DER ANTRIEBSEFFEKT DER OLYMPISCHEN SPIELE 2008 VERDIENT BEACHTUNG

Spezialisten auf dem Gebiet der verhaltensorientierten Finanzwissenschaft betonen die Bedeutung sowohl der psychologischen als auch der logischen Elemente, die hinter dem Verhalten der Aktienmärkte stecken. Diese Spezialisten formulieren ihre Fragestellung wie folgt: „Welcher Katalysator wird dafür sorgen, dass eine bestimmte Aktie oder Aktiengruppe die Aufmerksamkeit der Investoren auf sich zieht?"

An der Wall Street kommen Sportmetaphern zum Zug und man fragt sich, wann es zum Home-Run kommen wird oder wann der nächste Vierer stattfinden wird. (Letzteres bezieht sich auf Aktien, deren Kurse um mehr als das Vierfache steigen.) Für chinesische Wertpapiere gibt es offensichtlich einen Katalysator: die Olympischen Spiele in Peking im Jahr 2008. Dieses Großereignis hat China dazu veranlasst, Peking auf Vordermann zu bringen, die Verschmutzung der Stadt in Angriff zu nehmen und Infrastruktur und Anlagen zu verbessern. All das sollte dazu dienen, die Welt darauf aufmerksam zu machen, mit welch großen Schritten China sich in den letzten drei Jahrzehnten entwickelt hat. Wahrscheinlich wird sich durch die Olympischen Spiele auch der Fokus zahlreicher internationaler Investoren auf chinesische Aktien und deren signifikante Wachstumsaussichten richten.

Die Spiele könnten außerdem als Richtwert für das Wirtschaftswachstum und die Aktienmarktentwicklung des Landes dienen. Laut Goldman Sachs gibt es zwischen China und Japan im Jahre 1964 (als Tokio Austragungsort der Olympischen Spiele war) oder Südkorea im Jahr 1988 (als die Spiele in Seoul stattfanden) verschiedene Parallelen. Zwischen den Entwicklungsmodellen aller drei Länder bestehen Ähnlichkeiten – in jedem der Länder war die Beteiligung der Regierung und verschiedener Privatpersonen beträchtlich – ebenso wie zwischen den einzelnen Kulturen. Nach dieser Messlatte hinkt China hinsichtlich seines wirtschaftlichen Entwicklungsstandes und seines Pro-Kopf-Einkommens um etwa 40 Jahre hinter Japan und um etwa 20 Jahre hinter Südkorea her.

Prognosen für das Pro-Kopf-Einkommen in China stimmen mit der soeben erwähnten Zeitverzögerung von 20 und 40 Jahren überein. Nach diesen Prognosen wird China in 40 Jahren über ein Pro-Kopf-BIP verfügen, das den Wert des derzeitigen japanischen Pro-Kopf-BIPs übersteigt. In 20 Jahren sollte der Wert des chinesischen Pro-Kopf-BIPs über dem aktuellen Wert Südkoreas liegen. Diese Prognosen berechnen ein Absinken der chinesischen Wachstumsraten unter die derzeitigen Werte zwischen 9 und 10 Prozent ein. Dennoch lässt Chinas derzeitiger wirtschaftlicher Entwicklungsstand darauf schließen, dass das Land noch nicht am Ende seiner starken Wachstumsphase angelangt ist. China befindet sich vielmehr in der Anfangsphase einer Wachstumsperiode und dem Land steht ein ausgewachsener Konsumboom bevor.

In den 20 Jahren nachdem Japan Austragungsort der Olympischen Spiele war, generierte der Nikkei-Aktienindex durchschnittliche Jahresrenditen in Höhe von 9 Prozent.

Zwischen 1985 (damals begann man in Seoul mit den Vorbereitungen für die Olympischen Spiele im Jahr 1988) und 2005 generierte der koreanische KOPSI Index Renditen von mehr als 10 Prozent pro Jahr. Gehen wir recht in der Annahme, dass die chinesischen Aktienmärkte den Märkten in Japan und Südkorea zur Zeit, als diese Länder die Spiele ausrichteten, recht ähnlich sind, so sollten Investoren im Verlauf der nächsten Jahrzehnte ansehnliche Erträge einfahren. Gut möglich, dass die Olympischen Spiele in Peking im Jahr 2008 zum ausschlaggebenden Ereignis werden, das den internationalen Investoren die Augen öffnet und sie die Möglichkeiten erkennen lässt, die wir bereits jetzt für chinesische Investments sehen.

DAS GOLDMEDAILLEN-BAROMETER

Auch Goldman Sachs tüftelte recht fantasievoll an einer Messlatte für die Wirkung des Olympia-Effekts auf die Wirtschaft Chinas. Ausgehend von den Olympischen Spielen in Los Angeles im Jahr 1984 berechnete das Unternehmen die jährliche Wachstumsrate sowohl der Goldmedaillen Chinas als auch des nominalen BIPs des Landes. Die Ergebnisse, zu sehen in Abbildung 6.13, zeigten, dass die Wachstumsrate der Goldmedaillen das Wirtschaftswachstum akkurat vorhersagte: Ersteres betrug 16,4 Prozent, Letzteres 16,8 Prozent für die Zeitspanne zwischen 1984 und 2004. Obwohl China die meisten Goldmedaillen in der Olympischen Geschichte des Landes bei den Spielen in Athen im Jahr 2004 gewann – und so die Latte für ein weiteres Ansteigen über den Wert 16,4 Prozent hinaus recht hoch legte – geht das Land bei der Vorbereitung der Athleten auf die Olympischen Spiele 2008 aufs Ganze.

Sollte China es schaffen, bei den Olympischen Spielen im Jahr 2008 deutlich mehr Goldmedaillen zu gewinnen als bei früheren Spielen, so sollte die Wirtschaft – glaubt man dem Goldmedaillen-Barometer – ebenfalls wachsen. Da die Regierung verstärkt gegen Korruption vorgeht und sowohl Rechnungslegungsstandards als auch die Standards der Unternehmensführung verbessert hat, ist es durchaus möglich, dass das Goldmedaillen-Barometer für all diejenigen, die

ABBILDUNG 6.13 *Das Goldmedaillen-Barometer (in Form jährlicher Gesamtwachstumsraten)*

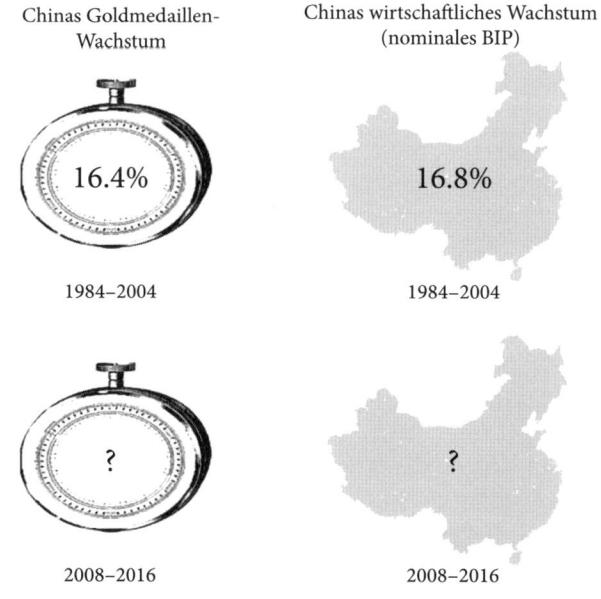

Quelle: Goldman Sachs.

in chinesische Wertpapiere investieren, den Weg zu höheren gewinnbringenden Renditen weist. Doch wie dies bei allen fantasievollen Maßstäben der Fall ist – vor allem beim Klassiker, dem „Rocksaum-Indikator", der angeblich die Richtung des Dow Jones anhand der von der Modeindustrie diktierten Rocklänge vorhersagen konnte – mag das Goldmedaillen-Barometer letztendlich nur den Erfolg der Athleten und nicht den Erfolg derer, die in das Land investieren, vorhersagen.

TATSÄCHLICH HAT DER ANTRIEBSEFFEKT BEREITS EINGESETZT

Wir glauben, dass der Olympische „Booster-Effekt" bereits eingesetzt hat (vgl. Abbildung 6.14). Im Jahr 2006 erwachten chinesische Aktien, repräsentiert von einem H-Aktienindex, der in New York als ETF unter dem Tickersymbol FXI gehandelt wird, geradezu schlagartig aus ihrer Lethargie. Ganz ohne Frage haben gewitzte Investoren bereits von der Attraktivität chinesischer Wertpapiere Notiz genommen.

Wir möchten Investoren jedoch warnen: Der an der Börse gehandelte Fonds FXI setzt sich anders zusammen als die allgemeine chinesische Wirtschaft. Der FXI beinhaltet sehr viele Aktien aus den Bereichen Energie und Finanzen. Mit

ABBILDUNG 6.14 *Chinesischer Aktienindex (FXI) im Vergleich zum S&P 500, 2005–2007*

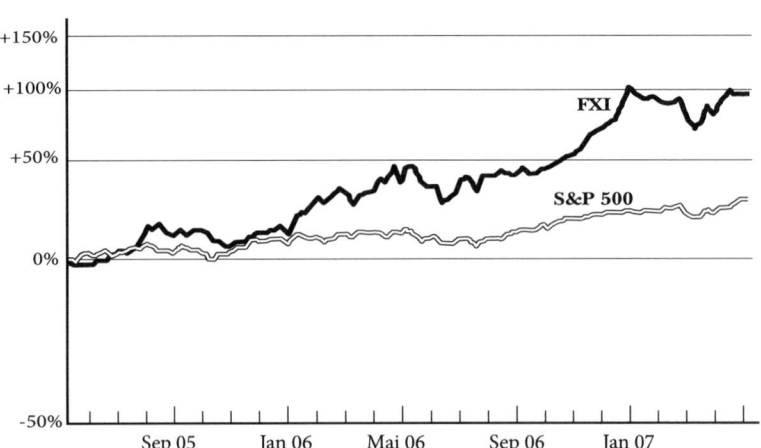

Quelle: http://finance.yahoo.com

der Abkühlung der heißgelaufenen Energie- und Immobilienmärkte wird sich auch das Wachstum dieser Sektoren abschwächen. Anleger sollten in Zukunft nicht mehr mit einer ähnlich dynamischen Entwicklung in diesen Branchen rechnen, auch wenn sich die robuste Performance dieser Sektoren auch in der Zukunft weiter fortsetzt. Wie Abbildung 6.14 zeigt, war die Performance des FXI in den ersten vier Monaten des Jahres 2007 einigen Schwankungen unterworfen.

WEITERE GRÜNDE FÜR OPTIMISMUS

Wir haben auf der Basis der extrem konservativen Prognose einer Gewinnwachstumsrate von 7,5 Prozent Argumente für Renditen chinesischer Wertpapiere im zweistelligen Bereich gefunden. Diese Wachstumsrate liegt unter der historischen Gewinnwachstumsrate des A-Aktienindex. Die dort gelisteten Unternehmen wuchsen langsamer als die H- und N-Aktienindizes.

Die Rate liegt außerdem weit unter den Gewinnprognosen der Wertpapieranalysten, die Wachstumsraten im mittleren Zehnerbereich erwarten. Obwohl Analysten oft zu optimistisch sind und zu rosige Prognosen erstellen, war dies im Fall China eher umgekehrt: Prognosen über das Wachstum chinesischer Unternehmen fielen fast immer zu konservativ aus und mussten nach oben korrigiert werden. Da die aktuelle Börsenbewertung der Gewinne und Cashflows in einem vernünftigen Rahmen liegt, wird sich dieses Wachstum wahrscheinlich in den zukünftigen Anlagerenditen widerspiegeln. Jede Aufwertung des chinesischen Yuan wird die Erträge für Investoren, die nicht aus China stammen, noch weiter verbessern.

Die Investmenterträge könnten auch durch bessere Unternehmensführung und transparentere Buchhaltung gesteigert werden. Da staatliche Unternehmen in Privatbesitz übergehen und immer mehr chinesische Unternehmen an internationalen Börsen gelistet werden, kann man davon ausgehen, dass sich die Unternehmensführung verbessert und den Rechten der Minderheitsaktionäre weitaus mehr Aufmerksamkeit gezollt wird als in der Vergangenheit. Es zeichnet sich immer stärker ab, dass die Zahl unabhängiger Geschäftsführer wächst und sie sich zunehmend in Aufsichts- und Vergütungskomitees engagieren. Die Qualität des Managements wird stetig besser und wir würden sogar das Wachstum der leistungsbezogenen Vergütungssysteme (wie zum Beispiel Aktienoptionspläne für Führungskräfte) als positiv bezeichnen. Sachgemäß angewendet können Aktienoptionen dazu beitragen, die Interessen der Manager und Aktionäre in

Einklang zu bringen. Schließlich, wie bereits in Kapitel 5 dargelegt, sehen wir, dass die Geschäftsberichte in China immer mehr an Transparenz gewinnen. Wir sind uns wohl bewusst, dass es in den Bereichen Rechnungslegung und Unternehmensführung noch immer Probleme gibt, doch die Richtung der Veränderungen ist ohne Zweifel positiv.

EINE WARNUNG AN DIE INVESTOREN

Wir müssen noch einmal betonen, dass chinesische Aktien bekanntermaßen sehr volatil sind. Bei Drucklegung dieses Buches mögen sie attraktiv erscheinen, doch es gibt keine Garantie, dass sie es auch noch sind, wenn Sie das Buch in den Händen halten.

Während wir dies schreiben, sind die Kurse chinesischer Unternehmen, sowohl auf dem chinesischen Festland als auch an den internationalen Börsen, deutlich gestiegen. Die Veröffentlichung eines Buches ist ein sehr langwieriger Prozess. Zwischen der Einreichung eines Manuskripts und der Veröffentlichung kann ein ganzes Jahr liegen. Wenn Sie dieses Buch im Jahr 2008 oder später lesen, ist nur eins über den chinesischen Aktienmarkt absolut sicher: „Er wird schwanken", wie schon J. P. Morgan sagte, als man ihn in den volatilen 20er Jahren nach der Richtung des US-Aktienmarktes fragte. Chinesische Aktien könnten auch noch attraktiver als zu Beginn des Jahres 2007 sein; aber auch im Gegenteil. Blasen-Bewertungen gab es schon in der Vergangenheit und es gibt keinen Grund zu verheimlichen, dass es wieder dazu kommen könnte. Investoren sollten auf jeden Fall prüfen, wie hoch die Temperatur des chinesischen Aktienmarktes zum gewünschten Investitionszeitpunkt gerade ist.

Es gibt keinen sicheren Weg, um zu messen, ob ein Aktienmarkt vernünftige Bewertungen widerspiegelt. Doch die in diesem Kapitel vorgestellten Kriterien bieten einen guten Ausgangspunkt. Kurs-Gewinn-Verhältnisse und voraussichtliche Wachstumsraten eignen sich hervorragend als Richtwerte. Können Sie chinesische Aktien etwa zum 20-fachen Wert ihres Ertrages oder billiger kaufen, dann werden Sie auf lange Sicht wahrscheinlich gut mit diesen Titeln fahren. Wenn Sie schnell wachsende Aktien mit Wachstumsraten im zweistelligen Bereich, also mit PEG-Ratios, die deutlich unter 2 liegen, kaufen, werden Sie unserer Meinung nach üppige Renditen einfahren. Sie sollten – und darum wird es auch in den folgenden Kapiteln gehen – breitflächig diversifizieren, also zu Fonds anstelle von Einzelaktien greifen. Sie können Ihr Risiko weiter reduzieren, indem Sie schrittweise über einen längeren Zeitraum investieren. Des Weiteren werden wir Ihnen vorschlagen, dass Sie Ihr Risiko weiter reduzieren und gleichzeitig vom Wachstum Chinas profitieren können, wenn Sie sowohl mit direkten als auch mit indirekten Strategien arbeiten.

ZUSAMMENFASSUNG

China wird in den nächsten 20 Jahren mit großer Wahrscheinlichkeit die am schnellsten wachsende Wirtschaft der Welt sein.

Im Juli 2007 schienen chinesische Aktien, die an den internationalen Märkten gehandelt werden, im Vergleich zu anderen Wertpapieren überall auf der Welt moderat bewertet zu sein. Private Anleger hatten guten Grund damit zu rechnen, dass ein Kauf dieser Aktien ihnen langfristig zweistellige Erträge einbringen würde. Rententitel und Aktien in der industrialisierten Welt wurden zu relativ niedrigen Renditen gehandelt, es war also anzunehmen, dass diese Titel nur einstellige Erträge generieren würden. Obwohl chinesische Aktien mit hohem Risiko verbunden sind, eignen sie sich doch für gewöhnlich gut zur Diversifizierung und können dazu beitragen, die Ertragsschwankungen in einem globalen Investmentportfolios zu reduzieren. Sind die KGVs und PEG-Ratios der chinesischen Titel im Vergleich zu Aktien aus den Industrienationen angemessen, so sollten unserer Meinung nach chinesische Wertpapiere Teil jedes gut diversifizierten Portfolios sein.

KAPITEL 7

Immobilien, Kunst und Anleihen

Der private Anleger sollte stets als Investor, und nicht als Spekulant handeln.
– BENJAMIN GRAHAM

OBWOHL NUR WENIGE CHINESEN GEMESSEN AM HEUTIGEN WESTLICHEN STAN-
DARD superreich sind, so hat China doch mehr als 300.000 Millionäre – ein deut-
liches Zeichen dafür, dass das gegenwärtige Wirtschaftswachstum unglaublich
schnell zu Wohlstand in China geführt hat. Durch die neuen, wohlhabenden
Chinesen und ausländische Investoren, die von Chinas Boom profitieren wollen,
stieg das Interesse an Immobilien, Kunst und Anleihen. Alle drei Investmentob-
jekte können sinnvoll zur Diversifizierung eines Portfolios beitragen. In diesem
Kapitel wollen wir untersuchen, inwieweit sich diese Vermögenswerte zur Investition eignen und einige interessante Anlagemöglichkeiten vorstellen. Zwar sind
wir uns im Klaren darüber, dass solche Vermögenswerte für die meisten Investoren zu speziell sind, doch kein Buch über Investments in China wäre ohne eine
Behandlung ihrer Vorzüge komplett.

IMMOBILIEN: DIE VERLOCKUNG, MEHR ALS DAS EIGENE HEIM ZU BESITZEN

Im Laufe der Zeit haben sich Immobilien kontinuierlich als gute Anlagen erwiesen – als Investment, das großzügige Renditen generiert und hervorragend vor
Inflation schützt.

In den USA kaufen die meisten Menschen dann zum ersten Mal Immobilien,
wenn sie ihr eigenes Haus kaufen. Dies gilt weniger als ein Investment, sondern
eher als Herzstück der eigenen Vermögensbildung. Immobilien-*Investments* sind
ein Mittel, um das Risiko innerhalb des eigenen Portfolios zu diversifizieren, und
seit einiger Zeit haben sich solche Investitionen fast überall auf der Welt, vor
allem in China, als besonders lukrativ erwiesen. Erst kürzlich hieß es in einer
Überschrift im *Forbes* Magazine: „Haben Sie Immobilien in Florida, New York

und Kalifornien satt, dann kaufen Sie sich doch einen Teil eines Bürogebäudes in Asien."

Der Immobilienmarkt des chinesischen Festlandes wird vom starken fundamentalen Wachstum des Landes angetrieben. Das gilt vor allem in den städtischen Gebieten, wo die Bevölkerung fast exponentiell wächst. Nach einer Studie der Vereinten Nationen wird bis zum Ende des Jahres 2015 allein die Bevölkerung in Shanghai und Peking um 50 Prozent wachsen. Jede der beiden Städte wird dann Heimat von mehr als 20 Millionen Einwohnern sein. Und im Rahmen des neuen, im Frühjahr 2006 angekündigten Konzepts der „harmonischen Gesellschaft" wird man größeres Augenmerk auf die Urbanisierung der westlichen, ländlicheren Gebiete des Landes richten, wodurch auch in diesen Gebieten die Industrialisierung voranschreiten und die Infrastruktur deutlich verbessert werden wird.

Daher überrascht es auch nicht, dass jährlich mehr als 200 Milliarden Dollar in neue Bürogebäude, Wohnungen und Einkaufszentren in China investiert werden und diese Summe wächst stetig. Angespornt durch das Projekt „Olympische Spiele, Peking 2008" und die Weltausstellung im Jahr 2010 hat die Regierung einer ganzen Reihe neuer Immobilienvorhaben zugestimmt, um so China der Weltöffentlichkeit als große Weltmacht präsentieren zu können. Laut des Chinese National Bureau of Statistics, dem chinesischen Amt für Statistik, werden in den fünf Jahren bis 2010 mehr als 140 Millionen Quadratmeter neuer Fläche entstehen, wodurch China mit einigem Abstand die weltweite Nummer Eins der Immobilienentwicklung sein wird.

Da verwundert es auch nicht, dass Besucher aus aller Welt oft scherzen, auf der Flagge Chinas sollte ein Baukran abgebildet werden.

Durch diese umfangreichen Entwicklungen entstand sehr hoher Druck auf die städtischen Grundstückspreise – für alle möglichen Arten von Grundstücken. Der Preis für eine normale Grabstätte inklusive Grabstein auf dem Ba Bao Shan Friedhof außerhalb von Peking ist in den letzten 20 Jahren jährlich um 21 Prozent gestiegen. Dieses Wachstum liegt deutlich über der Inflationsrate und den Aktien- und Anleiherenditen im gleichen Zeitraum. Außerdem sind viele der neu verkauften Grabstätten nach Lage und Feng Shui nicht sehr attraktiv, wie viele Chinesen glauben.

Die Investitionen der Regierung in Infrastruktur und Umweltqualität haben ebenfalls dazu beigetragen, den Wert von Immobilien zu steigern. Mit Blick auf die Weltausstellung Expo im Jahr 2010 hat die Stadtverwaltung Shanghais riesige Summen ausgegeben, um Fabriken in Vororte zu verlagern und große Flächen zu öffentlichen Parks umzugestalten. Die Stadtverwaltung baute drei erhöhte Ringstraßen und mehrere Brücken in der Stadt. Aufgrund des entspannten Geschäftsklimas und des attraktiven Lebensraumes arbeiten heute geschätzte 600.000 Auswanderer in Shanghai. Ihr Bedarf an Wohnraum, der vergleichbar ist mit dem von Einfamilienwohnungen oder -häusern im Westen, hat Shanghai auch zur Stadt mit den höchsten Lebenshaltungskosten Chinas gemacht.

Chinesische Unternehmer haben schnell Profit aus den explodierenden Immobilienpreisen gezogen, mit dem Ergebnis, dass all diejenigen, die in privaten Immobilienunternehmen arbeiten, im Durchschnitt mehr verdienten als ihre Kollegen in anderen Branchen. Nach der Forbes-Liste der reichsten Chinesen hat die Mehrheit unter den wohlhabendsten chinesischen Bürger ihr Vermögen durch Immobiliengeschäfte verdient. In einem Bericht der Credit Suisse aus dem Jahr 2006 hieß es auch, dass Immobilien zu den wichtigsten Vermögenswerten in den Händen der chinesischen Kommunalverwaltungen gehörten: „Private Unternehmen stehen meist in engem Kontakt mit der Kommunalverwaltung, wodurch sie in der besten Position sind, um günstige Grundstücke zu erhalten und sehr hohe Gewinne zu machen."

Während viele ein Vermögen mit Investments in chinesischen Immobilien verdient haben, sind die Möglichkeiten für den Einzelnen recht begrenzt. Die meisten Immobilienfonds – wie etwa der Rockefeller Group Sinolink Greater China Fund im Wert von mehr als 500 Millionen Dollar – werden privat gehalten. Außerdem ist der Preis für den Einstieg in solch exklusive Investmentinstrumente meist sehr hoch. Um zum Beispiel in den im Jahr 2006 aufgelegten Wanyuan-New China Land Fund, einen offenen Investmentfonds mit fünfjähriger Laufzeit auf den Kaimaninseln, einzusteigen, mussten institutionelle Anleger ein Minimum von fünf Millionen Dollar, Einzelanleger mindestens eine Million Dollar investieren. Doch es könnte sein, dass einige Leser ohne es zu wissen und indirekt, Anteil am Immobilienboom Chinas haben: Das New York State Teachers' Retirement System hat zum Beispiel 50 Millionen Dollar in den ING Real Estate China Opportunity Fund investiert. Viele Rentenfonds verfügen über ähnliche Investmentformen. Das Fazit lautet jedoch, dass den meisten Einzelanlegern und vielen Institutionen die Fachkenntnisse fehlen, um Immobilieninvestments in China richtig zu beurteilen und sich im komplexen Rechtssystem Chinas zurechtzufinden. Mangelnde Liquidität und hohe Transaktionskosten tragen darüber hinaus dazu bei, den Verkauf von Immobilen zu erschweren wenn sich anderweitig Finanzierungsbedarf ergibt oder sich die Investmentaussichten ändern.

Real Estate Investment Trusts (REITs) – Immobilienfonds

Immobilienfonds, auch bekannt als REITs – gesprochen „riets" – sind eine ver-
hältnismäßig neue, potenziell sichere Möglichkeit um in Immobilien zu investieren. In den USA gibt es diese Fonds seit den frühen 60er Jahren, doch erst in
den 90ern weckten sie das Interesse der Öffentlichkeit. Seitdem haben sie sich
zu sehr beliebten Investmentinstrumenten entwickelt. Die professionell gemanagten Treuhandfonds bündeln Immobilienbesitz und bringen ihn in Form von
marktfähigen Aktien an die Börse. Bestandteil der Treuhandfonds sind für gewöhnlich Wohn und Bürogebäude sowie Einkaufszentren. Die Mieteinnahmen
aus diesen Immobilien werden in stetig fließende Dividendenzahlungen umgewandelt.

REITs ermöglichen es Einzelpersonen, ihren Portfolios gewerbliche Immobilien hinzuzufügen und eignen sich exzellent zur Diversifizierung von Vermögenswerten. Sie sind jedoch nicht risikolos, vor allem nicht in den volatilen asiatischen Volkswirtschaften.

Viele asiatische Börsen, darunter Korea, Singapur und Japan, führten REITs
zu Beginn des neuen Jahrtausends ein. Diese Wertpapiere unterliegen zum Teil
heftigen Schwankungen, sie fallen, wenn die Zinsen steigen, und steigen, wenn
die Zinsen wieder sinken. Dennoch waren sowohl die Renditen als auch der
langfristige Kursanstieg dieser Finanzinstrumente recht attraktiv, sodass risiko-
tolerante Anleger viel Geld in sie investierten. Mit dem wirtschaftlichen Wachstum in China und dem folgenden Anstieg des Immobilienvermögens, stieg in
China die Nachfrage nach solchen Anlageinstrumenten stark an. Doch zum
Zeitpunkt der Drucklegung dieses Buches gab es auf dem chinesischen Festland
noch kein Gesetz, das eine Börsennotierung von REITs ermöglichte; sie können
daher weder an der Börse Shanghai noch Shenzhen notiert werden. In Hongkong hingegen hat man auf die Nachfrage reagiert, und so wurde im November
2005 der Hongkong Housing Authority LINK REIT vorgestellt. Im Dezember
folgte dann der Prosperity REIT, ein weiterer Fonds der ebenfalls aus Immobilien in Hongkong bestand.

Die Einführung der REITs an der Börse in Hongkong war ein Großereignis –
endlich gab es für Investoren eine relativ sichere Möglichkeit, in den boomenden
Immobilienmarkt Hongkongs zu investieren. Am 21. Dezember 2005 ging die
Guangzhou Investment Company (GZI) noch einen Schritt weiter. An diesem
Tag führte das in Hongkong gelistete Unternehmen ganz frech einen REIT ein,
der aus Immobilien auf dem chinesischen Festland bestand, die im Besitz des

Unternehmens waren. Dadurch hatte GZI das Verbot von Festland-REITs umgangen. Angesichts der Hürden, die GZI vonseiten der Regierung in den Weg gelegt wurden und die das Unternehmen überwinden musste, war die Einführung dieses Immobilienfonds wahrlich ein außergewöhnliches Ereignis. In einer Analyse von CB Richard Ellis aus dem Jahre 2006 heißt es jedoch, dass GZI Verbindungen zur Kommunalverwaltung hatte, in deren Bezirk sich die fraglichen Immobilien befanden.

Solche Verbindungen vereinfachten zweifelsohne die Lösung verschiedener Rechtsprobleme und „haben möglicherweise dazu beigetragen, dass der REIT eine Ausnahmegenehmigung erhielt, Mieteinnahmen ohne Verzögerung nach Offshore zu repatriieren."

Der GZI REIT zog scharenweise Investoren an. Die Platzierung in Hongkong war 496-fach überzeichnet, an internationalen Börsen überstiegen die Zeichnungswünsche das Emissionsvolumen um das 74-fache. Letztendlich erzielte der Fonds 230 Millionen Dollar. In der Frühjahrsausgabe des offiziellen Journals des Hongkong Securities Institute im Jahre 2006 hieß es: „Die Einführung des GZI REIT markiert einen wichtigen Entwicklungsabschnitt der Märkte für REITs in Hongkong." Schon bald darauf kam es zu einer weiteren wichtigen Entwicklung. Die chinesische Regierung sah die Gefahr von potenziellen Überinvestitionen in Immobilienprojekten und führte unter weit verbreitetem Beifall Maßnahmen ein, die Spekulation und exzessives Bauen unterbinden sollten. In der Tat bedeuteten diese Maßnahmen das Ende aller beabsichtigten REITs, die in Hongkong notiert und aus Immobilien auf dem chinesischen Festland bestehen sollten.

Entstünden in Hongkong weitere REITs, die im Rahmen eines doppelten Listings an der Börse Hongkong und New York notiert würden, wären solche Immobilienfonds für internationale Investoren ein ideales Medium. REITs bieten Liquidität, Diversifizierung, verbesserte Übersicht, professionelles Management und Wachstumspotenzial. Zum jetzigen Zeitpunkt ist es für US-Investoren schwierig und teuer Wertpapiere, die ausschließlich an der Börse Hongkong gelistet sind, direkt zu kaufen. Sollte die Regierung Chinas der Notierung von Festland-REITs zustimmen, so wären diese sowohl für chinesische Investoren als auch für Investoren mit QFII-Qualifikation exzellente Instrumente, da sie von Profis zusammengestellt werden, die um die Mängel der verschiedenen Immobilien wissen. Solche REITs könnten damit hohe Erträge und eine relativ stabile Einkommensalternative zu den momentan verfügbaren festverzinslichen Produkten mit niedrigen Renditen bieten. Bis dahin sind internationale Investoren wohl am besten mit indirekten Investments in chinesische Immobilien bedient.

Schnelles Wachstum hat zur Folge, dass die Grundstückspreise nicht nur in China steigen, sondern auch in den angrenzenden Ländern. Und wo Gewinne entstehen, findet sich auch schnell ein Weg sie anzuzapfen. UBS, das Schweizer Finanzkonglomerat, prognostiziert, dass bis zum Jahr 2010 das Gesamtvolumen solcher Immobilienfonds (inklusive Japan) 75 Milliarden Dollar betragen wird. Um der Nachfrage entgegenzukommen, hat das US-Unternehmen Cohen & Steers einen der ersten NASDAQ-gelisteten Immobilienfonds im Raum des Pazifikbeckens gegründet: Asia Pacific Realty Shares. Etwa ein Drittel der Immobilien in diesem Fonds befinden sich in Hongkong. Außerdem befindet sich etwas mehr als ein Drittel des Immobilienbesitzes des EWH Exchange Traded Fund, der an der American Stock Exchange gelistet ist, in Hongkong und China. Der an der Börse gehandelte, diversifizierte Fonds EWH ist für Einzelinvestoren vermutlich der sicherste Weg, um Zugang zum chinesischen Immobilienmarkt zu erhalten.

Bauträger – Unternehmen, die Grundstücke erschließen

Während ein Immobilienfonds verschiedene Gebäude besitzt und die Mieteinkünfte verwendet, um den Teilhabern Dividenden auszuzahlen, kauft ein Grundstückserschließungsunternehmen Baugrund, errichtet darauf Gebäude und verkauft dann die fertigen Immobilien oder verdient an den lukrativen Mieteinnahmen. Angesichts der mangelhaften Unternehmensführung der meisten im Inland gelisteten Bauträger und der Währungsrestriktionen raten wir Investoren, besonders auf der Hut zu sein, wenn sie vorhaben in Grundstückserschließungsunternehmen, die an den Börsen Shanghai und Shenzhen gelistet sind, zu investieren. Die Angebote in Hongkong gelisteter chinesischer Bauträger sind hingegen sehr attraktiv. Obwohl beinahe die gesamten Erträge aus Grundstücksentwicklungen auf dem Festland stammen, sind sie aufgrund der Tatsache, dass die Unternehmen in Hongkong gelistet sind, genauerer Börsenaufsicht und strengeren Offenlegungsstandards unterworfen.

Die wertvollsten Vermögenswerte, die diese Unternehmen halten, sind ihre Landreserven, die sie im Laufe der Zeit als Baugrundreserve für zukünftige Bauprojekte angekauft haben.

Da Baugrund in China schnell an Wert gewinnt, wurden auch die Landreserven immer wertvoller. Und hier kommt der Clou: Diese Grundbesitzreserven werden für gewöhnlich zum Buchwert geführt, der als ursprünglicher Kaufpreis definiert ist. Bezieht man die Baugrundreserven mit ein, wurden Anfang des Jahres 2007 mehrere an der Börse Hongkong gelistete Bauträger unterhalb ihres Nettovermögenswertes gehandelt. Wie das nun folgende Beispiel zeigt, sollten Investoren jedoch vorsichtig sein, wenn sie Anteile solcher Unternehmen kaufen.

Im Juli 2005 wurde Guangzhou R & F Properties zum Börseneinführungskurs von 10 HK-Dollar an der Börse Hongkong gelistet. Sechzehn Monate später hatte sich der Aktienkurs vervierfacht und die Gewinne hatten sich verdoppelt. Die Baugrundreserven von R & F, die sich weit über 13 Millionen Quadratmeter erstrecken, befindet sich hauptsächlich in den schnell wachsenden Städten Peking, Tianjin (Tientsin) und Guangzhou. Im Jahr 2007 lag der Verkaufspreis noch unter dem Buchwert, doch ob er auch im Jahr 2008, 2009 oder später noch darunterliegen wird, kann man nicht mit Sicherheit sagen. In vielerlei Hinsicht kann auch niemand genau sagen, wie man den derzeitigen Wert der Baugrundreserven bestimmt.

Ein spezielles Beispiel für die Schwierigkeiten, denen Einzelinvestoren sich gegenübersehen könnten, wenn sie versuchen in den chinesischen Immobilienmarkt zu investieren, ist das Unternehmen Shimao Property. Oberflächlich betrachtet scheint Shimao Property recht vielversprechend zu sein. Das Unternehmen wird von Xu Rongmao geführt, dessen Name auf Chinesisch so viel bedeutet wie Reichtum und Erfolg. Er gründete das Unternehmen nach der asiatischen Finanzkrise Ende der 90er Jahre, indem er eine Reihe heruntergekommener Immobilien in Shanghai aufkaufte. Dann begann er mit der Erschließung von Baugrund am Flussufer im Stadtteil Pudong, wo nun einige Wohnungen für mehr als 4 Millionen Dollar verkauft werden. Man geht davon aus, dass Shimao Property bis zum Jahr 2010 Immobilien mit einer Fläche von mehr als 13 Millionen Quadratmetern fertigstellen wird. Das ist eine größere Fläche als die mehr als 11 Millionen Quadratmeter, die sich im Besitz von Sam Zell befanden, dem Mann mit dem größten Immobilienbesitz in den Vereinigten Staaten, bis er sein Unternehmen Equity Office Properties im Jahr 2007 an die Blackstone Group verkaufte.

Xu, so die New York Times, „ist nicht vergleichbar mit Donald Trump, Sam Zell oder Mortimer Zuckerman. Er ist größer."

Während Xu an seinen Grundstücksentwicklungen vermutlich ordentlich verdienen wird, kann man dies für Einzelinvestoren nicht mit Sicherheit sagen. Xu leitet drei börsennotierte Unternehmen. Einige Wertpapieranalysten glauben, er habe Gewinne dieser Unternehmen für private Zwecke abgezweigt. Dies könnte einer der Gründe sein, warum Shimao Property in der Vergangenheit stets zu niedrigeren Kurs-Gewinn-Verhältnissen gehandelt wurde und der Kurs größere Abschläge vom Nettoinventarwert aufwies als Guangzhou R & F Properties.

Ein drittes großes Immobilienunternehmen, das sowohl auf dem chinesischen Immobilienmarkt als auch auf dem Markt in Hongkong eine Rolle spielt, ist Cheung Kong Holdings. Als wir im Beijing Grand Hyatt wohnten, waren wir verblüfft, als wir erfuhren, dass nicht nur das Hotel, sondern der gesamte Block glänzender Büro- und Wohngebäude Cheung-Kong-Holdinggesellschaften oder anderen Mitgliedern der Gruppe gehörte und auch von ihnen erschlossen worden war. Dieser Häuserblock stellte fast das Rockefeller Center in Manhattan in den Schatten, es fehlten nur die berühmte Schlittschuhbahn und die Statue des Prometheus. Doch dieses riesige städtische Bauprojekt ist für das Unternehmen, das auch in Shanghai und anderen Großstädte des chinesischen Festlandes sehr aktiv ist, nur ein Tropfen auf dem heißen Stein.

Will man etwas über Cheung Kong Holdings lesen, so betritt man ein Labyrinth chinesischer Geschäftsbeziehungen in dessen Mittelpunkt Li Ka-shing, der reichste Mann Asiens, steht. Cheung Kong Holdings ist, nach Angaben des Unternehmens, das Flaggschiff der Cheung Kong Group. Hutchison Whampoa, das chinesische Äquivalent zu General Electric, ist Teil der Gruppe, die in 54 Ländern operiert und nahezu 250.000 Angestellte beschäftigt. Die Holdings sind der für Grundstückserschließung und strategische Investments zuständige Arm, ihre Aktien werden als separate Einheit gehandelt. Etwa eine von zwölf Wohnungen in Hongkong wurde unter Leitung der Holdings gebaut, die außerdem auch einer der größten gewerblichen und industriellen Bauträger Hongkongs sind.

Ähnlich wie Guangzhou R & F Properties und Shimao Property verfügt die Cheung Kong Holdings über große Baugrundreserven und wurde Anfang des Jahres 2007 deutlich unterhalb ihres Nettoinventarwertes gehandelt. Leider ist es für Investoren nicht leicht, Anteile dieses Unternehmens zu kaufen. Es ist an der Börse Hongkong unter dem Tickersymbol 0001 gelistet und wird zweimal separat auf dem außerbörslichen US-Pink-Sheets-Markt für Over-the-Counter-Wertpapiere geführt, und zwar unter CHEUF.PK und CHEUY.PK. Keine der Notierungen generiert besonders hohe Tradingaktivität und oftmals besteht ein beträchtlicher Spread zwischen den Geldkursen, zu denen man verkaufen kann, und den Briefkursen, zu denen man kaufen kann. Außerdem scheuen manche US-Maklerfirmen vor den Pink Sheets zurück und sind daher oft nicht in der Lage schnell Auskunft darüber zu geben, wie die Aktien zu bekommen sind. Unter den richtigen Umständen kann eine Investition in den chinesischen Immobilienmarkt ausnehmend lukrativ sein, doch ein solches Investment ist nichts für Unerfahrene oder schwache Nerven. Aus diesem Grund sind wir der Meinung, dass für normale Investoren, die sich für chinesische Immobilien interessieren, indirekte Methoden am besten sind, um ihr Investmentportfolio durch chinesische Immobilien zu bereichern.

KUNST: DIE VERSUCHUNG, AN EINEM WERTVOLLEN BESITZ ZU VERDIENEN

Die Reichen und Mächtigen unterscheiden sich seit Langem von der breiten Masse, indem sie Kunst sammeln – teure Kunst. Die Kunstwerke bieten nicht nur (oder sollten zumindest) ästhetischen Genuss, sondern dienen auch als Statussymbole. Da also die Wirtschaft wächst und das Vermögen des Einzelnen steigt, nimmt auch die Nachfrage nach Kunstgegenständen zu. Im Zuge dieser gestiegenen Nachfrage kommt es auch zu einem Preisanstieg individuell gefertigter und einzigartiger Kunstwerke.

Das Unwort: Kunst als Investment

Nach einer Studie der New Yorker Professoren Jianping Mei (Co-Autor dieses Buches) und Michael Moses aus dem Jahr 2005, generierten die schönen Künste in den USA Renditen, die mit den Aktienerträgen der letzten 50 Jahre vergleichbar sind.

Mei und Moses verwendeten Verkaufsdaten öffentlicher Auktionen bei Sotheby's und Christie's und erstellten einen Kunst-Index, der zeigte, dass Kunstgegenstände zwischen 1955 und 2004 eine jährliche Gesamtrendite von 10 Prozent generierten, was in etwa den Erträgen in Höhe von 10,3 Prozent entspricht, die die Aktien des S&P 500 erwirtschafteten. Da die Aktien gelisteter Unternehmen einen wichtigen Teil des Welt-Vermögens ausmachen, vor allem des Vermögens US-amerikanischer Sammler, kamen Mei und Moses zu der Schlussfolgerung, dass die Performance der schönen Künste während der vergangenen 50 Jahre belegt, dass die Preise für Kunstgegenstände mit dem Wohlstand der Sammler gestiegen sind.

Mei und Moses machten auch eine überraschende Entdeckung. Sie fanden heraus, dass die Gemälde von Impressionisten wie etwa Renoir und Monet bei Auktionen zwar oft am meisten kosteten, dass es jedoch die weniger vielversprechenden Gemälde US-amerikanischer Künstler waren, die während der letzten

50 Jahre die höchsten Erträge einbrachten (vgl. Abbildung 7.1). Obwohl dieses Ergebnis unverständlich erscheinen mag, so deckt es doch auf, dass es zu einer wichtigen Verschiebung des Kunstgeschmacks kam, während die US-Wirtschaft zu einer Supermacht wurde.

Vor 50 Jahren – die Nachwirkungen des Zweiten Weltkrieges waren noch zu spüren – befanden sich nur in den wenigsten Sammlungen reicher amerikanischer Familien, die etwas auf sich hielten, gut sichtbar Werke US-amerikanischer Künstler. In den wichtigen Sammlungen fand man nur die alten Meister, wie Rembrandt und Rubens, und die Impressionisten, wie Gauguin und van Gogh. Aus diesem Grund waren die Gemälde von US-Künstlern billig und wurden nicht ausreichend gewürdigt, während die alten Meister und die Impressionisten zu Spitzenpreisen verkauft wurden. Doch da die Vereinigten Staaten an Macht gewannen und in stärkerem Maße weltweit politischen und kulturellen Einfluss nahmen, wuchs die Popularität einheimischer Künstler und ihrer Werke bei wohlhabenden Sammlern. Dadurch stieg der Wert US-amerikanischer Kunst schneller, wodurch US-Werke die Spitzenwerte der Kunstwelt leicht hinter sich lassen konnten.

Trotz dieser Ergebnisse empfiehlt kein Kunstkenner – und wir haben einige Experten befragt – Kunst als Investment zu kaufen.

ABBILDUNG 7.1　*Die schönen Künste: Die Mei-Moses-Indizes für Werke US-amerikanischer Künstler, Impressionisten und alter Meister, 1955–2006 (1955 = 1 $)*

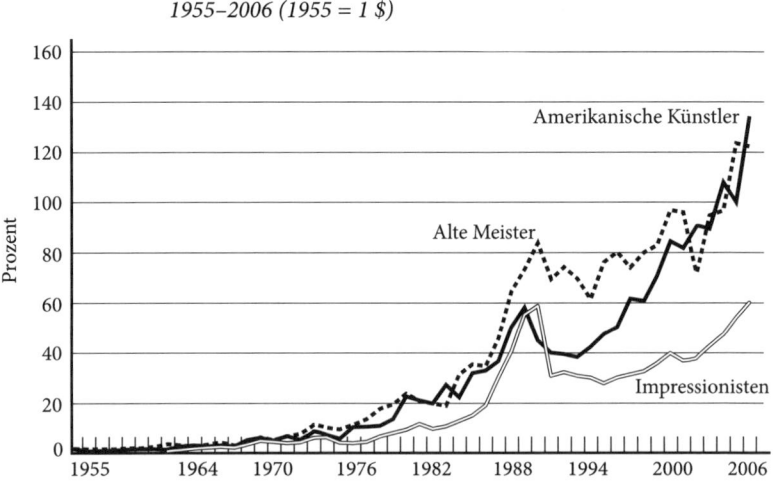

Quelle: Jianping Mei und Michael Moses (2006).

Schönheit liegt letztendlich im Auge des Betrachters und die Konzeption dessen was schön ist und was nicht, ist unbeständig und dem Wandel der Zeit unterworfen. Daher halten wir uns an die Standards großer Kunsthändler, Auktionshäuser und Akademiker und schlagen den Lesern dieses Buches nicht vor, chinesische Kunst als Investition in Betracht zu ziehen – und das obwohl wir glauben, dass der relative Wert chinesischer Kunst momentan dem der US-amerikanischen Kunst zum Ende des Zweiten Weltkrieges entspricht. Außerdem warnt der zertifizierte Finanzberater Oliver B. Taylor: Kunstgegenstände werden anders besteuert als andere Investments. Langfristige Kapitalgewinne aus Aktien werden zum Beispiel derzeit für die meisten Investoren in den USA mit 15 Prozent besteuert; Kapitalgewinne aus Kunstgegenständen und anderen Sammlerstücken werden hingegen mit 28 Prozent besteuert.

Die richtige Bezeichnung: Kunst als Sammlerstück

Nachdem wir geklärt haben, dass man Kunst nicht als Investment sehen sollte, wollen wir nun über Kunst als Sammlerobjekt sprechen, das heißt, man kauft Kunst, weil man an einem Werk Gefallen gefunden hat, und nicht nur unter finanziellen Aspekten.

Chinesische Kunst, moderne ebenso wie traditionelle Werke sind, wie man so schön sagt, heiß, und zwar nicht nur in China, wo sich das ganze Ausmaß des Marktes aufgrund der Unmengen von Geld in den Händen der neuen Millionäre verändert hat, sondern auch in der gesamten asiatischen Peripherie, speziell in Hongkong und Taiwan, wo Sammler chinesische Kunst im großen Stil kaufen. Da Schlagzeilen von rekordverdächtigen Auktionspreisen in Millionenhöhe berichteten und Museen in Europa und Nord Amerika große Ausstellungen zeigten, stürzten sich auch die Sammler in diesen Ländern ins Getümmel. So verkündete etwa das französische Centre Georges Pompidou bei der Eröffnung einer Nebenstelle in Shanghai, dass es „China bestimmt sei, zu einem wichtigen Akteur in der weltweiten Kunstszene zu werden", und dass es „für das Centre Georges Pompidou besonders wichtig sei, den Finger am Puls dieser Entwicklung zu haben."

Als wir Ken Yeh, Vize-Vorsitzenden des Auktionshauses Christie's Asia in Hongkong, interviewten, sagte er uns, dass es derzeit einige ganz deutliche Unterschiede zwischen den Käufern chinesischer Kunst gäbe. Festland-Chinesen kaufen für gewöhnlich Kunstwerke, die ihr kulturelles Erbe widerspiegeln, wie zum Beispiel Werke aus Porzellan und traditionelle klassische Gemälde. Käufer zeitgenössischer chinesischer Kunst kämen, so Yeh, vorrangig von außerhalb des chinesischen Festlandes. Das Fazit lautet, die Aktivität der Christie's Filiale in Hongkong ist in den letzten Jahren dramatisch gestiegen, sodass sie unter den weltweiten Christie's Filialen inzwischen die dritthöchsten Verkaufszahlen verbucht.

Als wir Laura Zhou in der angesagten ShanghART Gallerie besuchten, die sich auf einem ehemaligen Fabrikgelände in Shanghai befindet, das mittlerweile zu einem Kunstzentrum geworden ist, konnte sie dieser Beobachtung nur zustimmen. Während unseres Besuches in der Gallerie sahen wir dort Wang Guangyi und Yu Youhans politische Pop-Art-Werke, die die Rote Garde und Mao zeigen. Wir sahen Zhou Tiehais Acrylgemälde der Werbeikone Joe Camel mit blankem Hintern und ebenso blankem Busen. Und wir sahen Xu Zhens abgesägten, schneebedeckten Gipfel des Mount Everest (der in einer speziell konstruierten, klimatisierten Installation ausgestellt wird). Zhou sagte, dass das Interesse an zeitgenössischer chinesischer Kunst geradezu explodiert sei und dass die Preise in den vergangenen fünf Jahren etwa um das Drei- bis Vierfache gestiegen seien. Beinahe drei Viertel dessen, was die ShanghART Gallerie verkauft, geht an ausländische Käufer, zu denen private Sammler, Museen, wie das Tate in London und das Whitney in New York, und große Unternehmen, wie etwa UBS und JPMorgan Chase, gehören.

Alle Arten chinesischer Kunst – seien es nun Schriftrollen, Bronzen, Möbel, Keramiken oder Gemälde – gewinnen zunehmend die Aufmerksamkeit von Sammlern und Händlern; doch es waren Keramiken und Gemälde, die in jüngster Zeit die meisten Schlagzeilen machten.

Keramiken. Als im Sommer 2005 bei einer Christie's Auktion in London ein chinesisches Porzellangefäß für 27,2 Millionen Dollar verkauft wurde, erregte dies weltweit Aufmerksamkeit. Natürlich handelte es sich nicht um irgendein altes Gefäß; vielmehr handelte es sich um ein exquisites blau-weißes Behältnis der Yuan Dynastie aus der Mitte des vierzehnten Jahrhunderts. Eine Auktion von Sotheby's in Hongkong, die einige Monate später stattfand, ergab nicht ganz so hohe Preise wie sie Christie's in London vorgelegt hatte, doch immerhin wurde auf dieser Auktion zum vierten Mal in vier Jahren ein neuer Weltrekord für den Preis eines Qing-Porzellans gesetzt: Eine Fasanen-Vase wurde für 14,9 Millionen Dollar verkauft. Eine unserer Lieblingsgeschichten ereignete sich etwas später. Ein kleines Auktionshaus in New Hampshire hatte ein Paar chinesischer Famille-Rose-Porzellanvasen auf 400 bis 600 Dollar taxiert; als der Hammer des Auktionators das dramatische Wett-Bieten beendete, wurden die Vasen für 545.000 Dollar verkauft.

Das Tauziehen zwischen der chinesischen Gebotsoffensive, deren Ziel es ist, ihr kulturelles Erbe zurückzukaufen, und den Sammlern aus dem Westen, die ihren Besitz mehren wollen, erfuhr eine interessante Wendung, als es zur Versteigerung einer ausnehmend seltenen Ming-Vase aus dem vierzehnten Jahrhundert kam. Es hieß, das Material, das verwendet worden sei, um die kupferrote Farbe zu erzeugen, sei so schwierig zu verarbeiten gewesen, dass die Töpfer den Königshof baten, die Bestellmenge zu reduzieren.

Dieses wunderschöne birnenförmige Kunstwerk war irgendwie nach Schottland gelangt, wo es von seinen Besitzern als Lampenfuß verwendet wurde. Als es Christie's im Rahmen einer Haushaltsauflösung angeboten wurde, erkannten die dortigen Experten für chinesische Kunst sofort den Wert des Stückes, sodass die Vase bei ihrer Versteigerung im Jahr 1984 für 588.000 Dollar verkauft werden konnte, was zur damaligen Zeit der weltweite Höchstpreis für asiatische Kunst war. Es vergingen nur knapp 20 Jahre bis Steve Wynn bei einer Auktion in Hongkong im Mai 2006 ein Gebot über 10.122.000 Dollar abgab, den Zuschlag erhielt und so den Wert der Vase um das beinah Zwanzigfache erhöhte. Wynn spendete die Vase umgehend einem Museum in Macao, „damit alle Menschen Chinas sie jederzeit ansehen können." Vielleicht handelt es sich um einen Zufall, doch im September des Jahres 2006 eröffnete Wynn Resorts Ltd. ein 1,2 Milliarden Dollar teures Kasino in Macao. Die chinesische Bevölkerung strömte in die Spielbank, und mögen die Menschen auch in Macao gewesen sein, um die Vase zu sehen, so sorgten sie doch während der ersten dreizehn Tage, die das Kasino geöffnet war, auch für Chip-Verkäufe in Höhe von 900 Millionen Dollar.

Gemälde. Innerhalb des chinesischen Festlands werden Gemälde gemäß eines, wie wir glauben, einzigartigen Systems bewertet: Es wird nämlich der Verkaufspreis pro Quadratfuß, beziehungsweise pro 0,09 Quadratmeter angegeben, und nicht der Preis des Stücks als Ganzes. Daher ist es durchaus möglich, dass bei Gemälden mit den Maßen 60 cm x 60 cm (entspricht etwa 0,36 m²) oder 2,40 m x 2,40 m (entspricht etwa 5,7 m²) ein ähnlicher Verkaufspreis gemeldet wird, wenn sie für 100 Dollar pro 0,09 m² verkauft werden; nach westlichen Standards empfindet man das größere Gemälde als deutlich teurer (6.400 $ gegen 400 $). Doch ob man die Preise chinesischer Gemälde nun an der Fläche, oder am Kunstwerk selbst misst, eine Tatsache bleibt bestehen: Die Preise sind in den vergangenen Jahren drastisch gestiegen.

Der Markt für Werke des Künstlers Qi Baishi (1863–1957), einer der promi-
nentesten und meist verehrten traditionellen chinesischen Maler, ist hierfür das
beste Beispiel. Qi, der in seiner Kindheit bitterarm war und ursprünglich als
Zimmermann arbeitete, wurde letztendlich zum Meister eines außerordentlich
schönen und minimalistischen Stils: Es brauchte nur ein paar Striche seines Stifts
oder Pinsels, um Fische, Krabben und andere Tiere zum Leben zu erwecken.

Qis Arbeiten erfuhren erst spät im Leben des Künstlers Beachtung. Obwohl
er seine Gemälde an Straßenecken verkaufte, um für seine Familie sorgen zu
können, änderte sich sein Leben grundlegend als seine Arbeiten in Europa ausgestellt wurden. Nachdem Picasso sie in Paris gesehen hatte, war er recht beeindruckt und scherzte: „Ich fürchte mich ein wenig davor nach China zu reisen,
denn dort gibt es einen großen Meister des Impressionismus – Qi Baishi.“

Trotz der Bestätigung durch Picasso war es in den 90er Jahren immer noch
möglich eine einfache Fischszene Qis für ein paar tausend Dollar zu kaufen.
Doch dann startete die Wirtschaft Chinas durch. Vor Kurzem brachten drei Werke des Künstlers bei einer Auktion 1,8 Millionen Dollar. Wie in Abbildung 7.2 zu
sehen, stiegen zwischen dem Jahr 2000 und dem Jahr 2006 sowohl die Preise als
auch die Verkaufsmengen von Qis Gemälden um mehr als das Doppelte. Diese Abbildung stellt auch grafisch dar, wie schnell sich der Geschmack auf dem
Kunstmarkt ändern kann. Innerhalb des Jahres 2006 sanken sowohl die Preise

ABBILDUNG 7.2   *Jährliches Umsatzvolumen und durchschnittlicher Preis pro 0,09 m² für
Werke des Künstlers Qi Baishi*

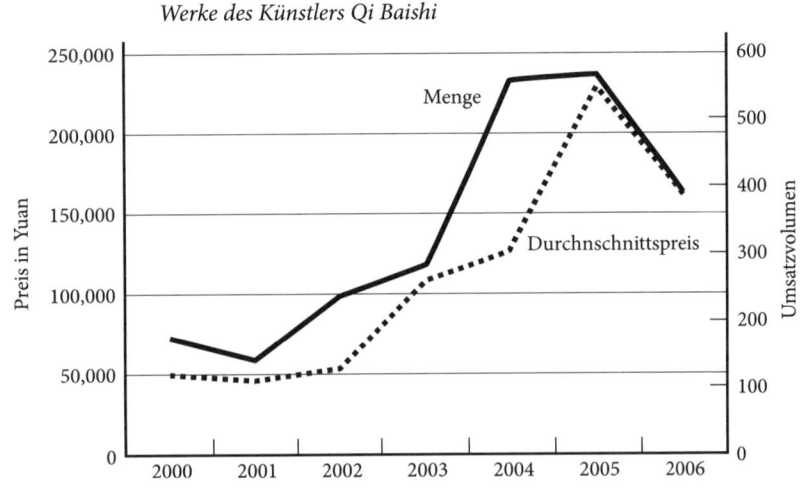

Quelle: Artron.net und Berechnungen der Autoren.

als auch die Verkaufsmengen von Qis Gemälden drastisch – obwohl sie immer noch deutlich höher waren als sechs Jahre zuvor.

Die Werke Wu Guanzhongs, der im Jahr 1919 geboren wurde, schlagen eine Art Brücke zwischen der traditionellen chinesischen Malerei und dem abstrakten Expressionismus des Westens. Als junger Mann studierte er in Paris und kehrte dann, zum denkbar schlechtesten Zeitpunkt, im Jahr 1950, nach China zurück, um seinem Land zu dienen. Nachdem er einige Jahre später im Rahmen einer Kampagne gegen rechtsorientierte Tendenzen angezeigt wurde, verbrachte er die darauffolgenden Jahrzehnte damit, das Zeichnen von Charakterstudien zu unterrichten. Anders als Qi lebt Wu inzwischen lange genug, um mitzuerleben, wie die Popularität seiner Werke wächst. Er ist der erste noch lebende Chinese, dessen Werk in einer Einzelausstellung im Britischen Museum gezeigt wurde, und hält derzeit den Rekord für den höchsten Auktionspreis, der jemals für eine Arbeit eines noch lebenden chinesischen Künstlers gezahlt wurde: Wus impressionistische Zeichnung einiger Vögel wurde im Jahr 2005 für 3,7 Millionen Dollar verkauft. Seine Werke sind besonders bei den neureichen chinesischen Sammlern beliebt.

Qi und Wu sind als moderne Künstler bekannt, da sie ihre Arbeiten im 20. Jahrhundert anfertigten. Zur heutigen Zeit angefertigte Gemälde werden als zeitgenössische Kunst bezeichnet und die Welt blickt recht wohlwollend auf aktuelle chinesische Kreationen. Als die Preise einer Auktion zeitgenössischer chinesischer Kunst im Frühjahr 2006 die höchsten vor der Auktion abgegebenen Schätzungen um 65 Prozent übertrafen, jubelte Henry Howard-Sneyd, geschäftsführender Direktor der Sotheby's Filialen in Asien und Australien: „Dieser Markt wartete nur darauf, erschlossen zu werden."

Das Gemälde, über das am meisten berichtet wurde, war von Zhang Xiaogang, einem jungen chinesischen Künstler, der ein verträumtes Porträt eines verwirrt dreinschauenden Kameraden gemalt hatte. Der anonyme Käufer aus Singapur zahlte für das Werk 979.200 Dollar, also mehr als das Doppelte des höchsten von Sotheby's erstellten Schätzwerts von 350.000 Dollar. Im November des Jahres 2006 zeigte Zhang bei einer Christie's Auktion in New York, dass er es durchaus auch mit bereits etablierten zeitgenössischen Künstlern aus den USA und Europa aufnehmen kann. Auch bei dieser Auktion überstieg der Verkaufspreis von Zhangs Werk A Big Family Series No. 16 mit 1,36 Millionen Dollar den höchsten Schätzwert. Diese Versteigerung verblasste jedoch beim Vergleich mit einer Kunstauktion in Peking im November 2006, bei der Chinas neue Millionäre den Preis eines Gemäldes des als „zynischen Realisten" bekannten Künstlers

Liu Xiao-dong auf 2,7 Millionen Dollar trieben. Ein Rekordpreis für ein Werk eines zeitgenössischen chinesischen Künstlers.

Die Herkunft ist einer der vielen Faktoren, die zur derzeitigen Popularität zeitgenössischer chinesischer Kunst beitragen. Die Authentizität des Werks lässt sich leicht bestätigen, da die Künstler noch leben oder erst vor Kurzem verstorben sind. Bitte beachten Sie jedoch, dass chinesische Künstler heutzutage absichtlich keine Signatur unter ihre Werke setzen; eigentlich sind sie geschickte Fälscher, die Kopien älterer Stile und Traditionen anfertigen. Das bringt uns zum abschließenden Abschnitt unserer Beschäftigung mit dem Thema Kunst.

Der wichtigste Satz: Käufer, sei auf der Hut

Im September des Jahres 2006 gab das Auktionshaus Sotheby's vor einer Versteigerung für eine wunderbar kolorierte Bronzeskulptur eines Tapirs einen Schätzwert zwischen 500.000 Dollar und 700.000 Dollar an. Nachdem er den aufwendig gestalteten Katalog durchgesehen hatte, warnte einer der international führenden Händler zwei wohlhabende Amerikaner, die an dem Stück interessiert waren, dass die Authentizität des Kunstwerks als Antiquität fraglich sei. Als man bei Sotheby's davon erfuhr, zog das Auktionshaus den Tapir zurück und anschließende Laboruntersuchungen bestätigten die Aussage des Antiquitätenhändlers. So schrieb der Kunstexperte Souren Melikian im International Herald Tribune: „Falls die Szene daran erinnert werden musste, ein Objekt niemals nur aufgrund der starken Katalogpräsentation zu kaufen, dann war dieser Fall die beste Gedächtnisstütze."

Was soll man als potenzieller Käufer chinesischer Kunst also tun? Zuallererst sollten Sie ein Stück, wenn Sie nicht viel Geld ausgeben möchten – sagen wir weniger als 1.000 Dollar – und wirklich Gefallen daran gefunden haben, vor allem deswegen kaufen, weil Sie sich daran erfreuen wollen. Immerhin kann es heutzutage schon vorkommen, dass man für einen Abend im Sportstadion ein paar hundert Dollar hinblättern muss – an Ihrem neuen Kunstwerk werden Sie jedoch viele Jahre lang Freude haben. Wenn Sie ein bisschen Spaß haben wollen und tatsächlich sehen möchten, welche chinesischen Kunstwerke zum Verkauf stehen und wie viel sie kosten sollen, dann gehen Sie doch einmal auf iGavel. com. Dieses Online-Auktionshaus, das seinen Schwerpunkt auf asiatische Kunst gesetzt hat, wurde von Lark E. Masin Jr. ins Leben gerufen, einem regelmäßigen Gast der Antiquitäten-Fernsehsendung *Antiques Roadshow* und ehemalige Vize-Präsidenten der China-Abteilung von Sotheby's.

Sie klicken ganz einfach ein Stück an, sehen dann wo der Schätzwert liegt und
können dann die Gebote über einen gewissen Zeitraum mit verfolgen – und
all das bequem von Zuhause aus und ohne konkurrierende Mitbieter. Es macht
Spaß herauszufinden, welche Stücke Käufer anziehen, und es ist lehrreich, die
Vielfalt der angebotenen Werke zu sehen.

Sind Sie jedoch ernsthaft am Sammeln interessiert, dann ist ein seriöser und
angesehener Antiquitätenhändler die beste Anlaufstelle, um Werke, die Sie er-
stehen möchten, zu finden und zu kaufen. Doch wie findet man einen solchen
Händler? Die Superreichen brauchen sich eine solche Frage gar nicht erst zu stellen. Wenn Sie noch nicht zum Kreis der Superreichen gehören, schlägt die unabhängige Gutachterin Judith Applegate vor, alteingeführte Antiquitäten-Messen
zu besuchen; alle Händler auf solchen Messen werden von den Sponsoren auf
Herz und Nieren geprüft.

ANLEIHEN: DIE VERHEISSUNG EINES GEREGELTEN EINKOMMENS

Andrew Mellon soll einmal gesagt haben: „Gentlemen bevorzugen Bonds". Damals, vor etwa einem Jahrhundert, nannte man die Reichen oft „Kupon-Schnei-
der." Die Papierkupons waren buchstäblich Teil der Anleihen und wurden in
regelmäßigen Abständen abgeschnitten, um versprochene Zinszahlungen einzu-
fordern und so einen steten, zuverlässigen Einkommensstrom zu erzielen. Heute ist das Wort „Anleihe" für viele nichts anderes als eine Aneinanderreihung
von Buchstaben und fast so etwas wie ein Unwort, das in gepflegter Gesellschaft
ebenso wenig etwas zu suchen hat wie im Portfolio. Aber warum? In den vergangenen Jahren hat die Inflation ihr hässliches Gesicht gezeigt und wenn die Inflation sich beschleunigt, dann verlieren Besitzer von Rententiteln an zwei Fronten:
Der Verkaufswert der vor der Ausschüttung stehenden Anleihe verringert sich
und mit jedem der aufeinanderfolgenden Inflationsschübe verlieren die festverzinslichen Zahlungen an Kaufkraft.

Auf dem chinesischen Festland haben die Investoren kaum andere Alter-
nativen als Anleihen. Anders als in den meisten westlichen Ländern, wo es
offene Investmentfonds gibt, die ausschließlich aus Aktien bestehen, müssen
die Portfolios solcher Fonds in China sowohl Aktien als auch Anleihen enthalten.

Da die offiziellen Zinsen auf Ersparnisse auf abnorm niedrigem Niveau gehalten werden, kaufen viele Chinesen entweder direkt Anleihen oder halten sie in
Form von Anteilen an einem offenen Investmentfonds. Daher ist in den letzten

Jahren mit dem Anstieg des Wohlstands des Landes auch der chinesische Anleihenmarkt stark gewachsen.

Der Gesamtmarktwert der ausstehenden Anleihen in China stieg von 230 Milliarden Yuan im Jahr 1997 auf 9 Billionen Yuan im Jahr 2007. Zu diesen Finanzinstrumenten gehörten Staatsanleihen, Finanzanleihen (ausgegeben von großen chinesischen Finanzinstituten), Unternehmensanleihen, Wandelanleihen, Pensionsgeschäfte, Geldmarktpapiere und durch bestimmte Vermögenswerte besicherte Anleihen (sogenannte Asset Backed Securities oder ABS-Anleihen). Die Laufzeit dieser Rententitel lag zwischen einem Tag und 30 Jahren.

Die Hauptantriebskraft hinter den Renditen chinesischer Anleihen ist die Reaktion der Regierung auf die drohende Inflation. Während der letzten Jahre hat die chinesische Regierung alles getan, um die Wirtschaft vor der Überhitzung zu bewahren und den Leitzins in regelmäßigen Abständen immer wieder angehoben. Die Regierung Chinas hat bis zum heutigen Tag eine exzellente Performance vorzuweisen. Die Inflation in China konnte in vernünftigen Grenzen gehalten werden und wir gehen davon aus, dass es auch weiterhin so bleibt. Unter den Spitzenbankiers Chinas scheint die einhellige Meinung zu gelten, dass die Inflation Staatsfeind Nummer 1 ist und dass ein Umfeld niedriger und stabiler Inflationsraten größeres Wirtschaftswachstum bedeutet.

Die Renditen chinesischer Anleihen mögen nicht besonders attraktiv sein, doch Dollar-Investoren können aufgrund der voraussichtlichen Währungsaufwertung von zusätzlichen Erträgen in Höhe von etwa 3 Prozent pro Jahr ausgehen. Zwischen Juli 2005 und dem Ende des Jahres 2006 wertete der Yuan von 8,27 Yuan pro Dollar auf 7,82 Yuan pro Dollar auf, das entspricht einer Aufwertung von 5,75 Prozent über einen Zeitraum von 17 Monaten. Angesichts des massiven Anstiegs der chinesischen Währungsreserven auf 1 Billion Dollar und des hohen Haushalts- und Handelsdefizits der Vereinigten Staaten gehen wir davon aus, dass der chinesische Yuan auch langfristig im Vergleich zum Dollar weiter an Wert zulegen wird.

Chinesische Anleihen bieten auch den Vorteil der Diversifizierung. Studien zeigen, dass die Zinsen in China nur geringfügig mit den Zinsen auf den Märkten der USA und Europas korrelieren und dass so gut wie keine Korrelation zwischen dem chinesischen und japanischen Markt besteht. Die Erweiterung eines internationalen Anleihenportfolios um chinesische Rententitel könnte maßgeblich zur Minderung des Risikos beitragen. Doch die Sache hat auch einen Haken: Die Regierungsvorschriften machen es Einzelinvestoren sehr schwer – tatsächlich sogar so gut wie unmöglich – chinesische Anleihen direkt zu kaufen. Ausgewählte institutionelle Anleger können jedoch über QFII-Quoten chinesische Anleihen kaufen. Angesichts der niedrigen Korrelation zu auf andere Währungen lautenden Anleihen und in Anbetracht des positiven Aspekts der Portfolio-Diversifizierung und der voranschreitenden Öffnung der chinesischen Finanz-Grenzen glauben wir, dass Investoren weltweit schon in der nahen Zukunft Zugang zu spezialisierten chinesischen Anleihenfonds erhalten werden. Diese Fonds werden dann – jetzt allerdings mit Sicherheit noch nicht – näher in Betracht zu ziehen sein.

ZUSAMMENFASSUNG

Immobilien. „Grund und Boden sind so ziemlich die einzigen Dinge, die einem nicht einfach aus der Hand fliegen können", so der britische Schriftsteller Anthony Trollope. Das Problem eines Einzelinvestors, der nicht in China lebt ist, dass er fliegen muss, um den eigenen Grund und Boden zu sehen. Es gibt für Ausländer nur wenige Möglichkeiten, in China Baugrund oder Immobilien zu kaufen: Zum einen gibt es die sogenannten REITs, zum anderen an den Börsen der USA oder in Hongkong gelistete Bauträger oder Immobilienentwicklungsgesellschaften.

Kunst. Denken Sie stets an die Worte des großen Verlegers Walter H. Annenberg: „Sammeln heißt allein, von einem Stück bewegt und berührt zu werden." Sehen Sie Kunstwerke nicht als Investition, sondern eher als etwas, das Ihnen Vergnügen bereitet. Andererseits scheint es angesichts der stetig wachsenden Mittel- und Oberschicht in China und deren wachsendem Interesse am Kauf von Kunstobjekten recht wahrscheinlich, dass kein authentisches chinesisches Kunstwerk hoher Qualität, das Sie kaufen, in den nächsten Jahren an Wert verlieren wird. Sollten Sie einige Stücke aus Porzellan, zum Beispiel ein Rosenmedaillon Teeservice oder Schriftrollen, die einer Ihrer Vorfahren vor Jahrzehnten oder gar Jahrhunderten aus China mitbrachte, besitzen, dann wäre es durchaus sinnvoll diese zu Versicherungszwecken schätzen zu lassen.

Anleihen. Da die chinesische Regierung aus vielerlei Gründen dem Kauf von Anleihen durch Ausländer einen Riegel vorschiebt, sollten sich Gentlemen weiterhin an Blondinen halten (es versteht sich, dass brünette, schwarz- oder rothaarige Damen ebenso attraktiv sind) und Investoren sollten sich nach anderen Anlagemöglichkeiten umsehen.

Teil III

Die Strategien

Bewaffnet mit dem Wissen und den Informationen aus den ersten beiden Teilen dieses Buches sind Sie nun bereit, diverse Investmentstrategien kennenzulernen, die Ihnen helfen, vom Wachstum Chinas zu profitieren. Das erste Kapitel dieses Abschnitts heißt treffenderweise „Die Vorbereitung." In diesem Kapitel wollen wir Ihnen erklären, wie Sie Ihre „Risikokapazität" einschätzen können und wie Sie Ihre Vermögenswerte verteilen sollten. Die nächsten drei Kapitel beschreiben ausgesprochen verschiedene Investmentansätze in China: einen diversifizierten Ansatz über Investmentfonds, die in chinesische Unternehmen investieren, einen weniger riskanten Ansatz über Fonds und andere Instrumente, die zwar außerhalb Chinas gemanagt werden, jedoch vom Wachstum des Landes profitieren und einen sehr riskanten, aber potenziell lukrativen Ansatz über den Kauf von chinesischen Einzelwerten. Im letzten Kapitel präsentieren wir unsere Empfehlungen für eine Mischstrategie, die, wie wir glauben, Investoren die beste Mischung aus potenziellen Erträgen und Risiken bietet.

KAPITEL 8

Die Vorbereitung

Wer gut vorbereitet ist, hat schon halb gewonnen.
– MIGUEL DE CERVANTES

BEVOR SIE EINE INVESTITION TÄTIGEN, müssen Anleger verstehen, was sie überhaupt kaufen und wie dieses Investment zu ihrem Risikoniveau und ihrer Vermögensstruktur passt. Plant man in China zu investieren, einem Land das in den vergangenen 30 Jahren bemerkenswerte und doch einzigartige Veränderungen durchlaufen hat, ist ein solches Verständnis und Wissen unbedingt nötig.

CHINA: WAS SIE KAUFEN

Es gibt in der Geschichte nichts Vergleichbares für den enormen wirtschaftlichen Erfolg, den China seit den Wirtschaftsreformen Deng Xiaopings erlebt. Seit gut 30 Jahren wächst Chinas Wirtschaft, und nun, in der dritten Dekade, liegt die reale Wachstumsrate bei stabilen 9 bis 10 Prozent pro Jahr und war drauf und dran diese Werte zu übersteigen als dieses Buch in Druck ging. Zweifelsohne wird sich diese Wachstumsrate auch einmal verlangsamen – doch wir glauben, dass China auch in den kommenden Jahrzehnten ein außergewöhnliches Wirtschaftswachstum verzeichnen wird, wobei die Raten deutlich über denen anderer großer Länder liegen werden.

Wir glauben, dass jedes Investmentportfolio chinesische Anlagebestandteile enthalten sollte, um von diesem Wachstum zu profitieren.

Auch die Entwicklung des Aktienmarktes in China ist historisch ohne Beispiel. Der Markt wird noch immer von staatlichen Unternehmen (SOE, State-Owned Enterprise) dominiert, steht aber auch von privaten Unternehmern gegründeten Firmen offen. In der Investment-Szene wird heiß darüber diskutiert, in welche Art von Unternehmen man investieren sollte: in die staatlichen oder privaten. Diejenigen, die staatliche Unternehmen bevorzugen, weisen darauf hin, dass diese Unternehmen aufgrund der Steuerung durch die Regierung niemals scheitern können.

SOE-Skeptiker verweisen auf die China Petroleum Chemical Corporation. Dieses staatliche Unternehmen, das petrochemische Produkte raffiniert und herstellt, gehört zu den profitabelsten Unternehmen Chinas und hat ein niedriges Kurs-Gewinn-Verhältnis, ebenso wie eine niedrige PEG-Ratio. Wo also liegt der Haken? Nun ja, schon der Versuch dieses Unternehmen zu beschreiben, gestaltet sich schwierig. Es wurde im Jahr 2000 nach dem Gesellschaftsrecht der Volkrepublik China als Aktiengesellschaft mit beschränkter Haftung und mit der Sinopec Group Company als einzigem Aktionär gegründet. Daher nennen viele das Unternehmen Sinopec – an der New Yorker Börse läuft es unter dem Tickersymbol SNP. Das Unternehmen ist ein SOE, weil die Regierung 70 Prozent der Anteile hält. Mehr als 80 Tochtergesellschaften sind mit dem Unternehmen verbunden, von denen einige, wie etwa auch die Shanghai Petrochemical Co. Ltd. (SHI), an der New Yorker Börse gehandelt werden.

Die chinesische Regierung ist nicht nur Eigentümer des Unternehmens, sie hat auch erhebliches Mitspracherecht bei den Unternehmungen Sinopecs. Während die Regierung zulässt, dass sich die Rohölpreise im Einklang mit den internationalen Märkten entwickeln, kontrolliert sie die Preise raffinierter Ölprodukte, wie etwa Benzin. In Zeiten hoher und steigender Rohölpreise hält die Regierung die Preise raffinierten Öls künstlich niedrig, um ihrem Ziel, eine harmonische Gesellschaft zu formen und zivile Unruhen zu vemeiden, treu zu bleiben. In der Phase zwischen Ende 2004 und Ende 2006 verlor Sinopec zum Beispiel mit jedem Fass Öl, das die Tochtergesellschaften des Unternehmens raffinierten, Geld.

Während große internationale Ölunternehmen zu dieser Zeit jede Menge Geld scheffelten, verkaufte Sinopec seine Erzeugnisse unter Produktionskosten. Obwohl die Regierung die Verluste des Unternehmens teilweise durch Subventionen ausglich, spiegelten Sinopecs Ergebnisse die steigende Nachfrage nach den Produkten des Unternehmens nicht wider. Des Weiteren kann die Muttergesellschaft – und hat dies auch getan – finanzielle Mittel von einer Tochtergesellschaft zur anderen schieben, um die Bilanzen besser aussehen zu lassen. Kauft man also Anteile der China Petroleum and Chemical Corporation oder irgend eines anderen staatlichen Unternehmens, hat man letztes Endes nie ein genaues Bild des Unternehmens, in das man investiert – selbst wenn die Finanzpresse die Profitabilität und die attraktiven Dividenden des fraglichen Unternehmens bewirbt.

Wie steht es mit privaten Unternehmen? Ganz sicher betreiben die Besitzer diese Unternehmen nicht zum Nutzen des Staates oder um das harmonische Miteinander der Gesellschaft zu gewährleisten. Andererseits werden viele Unternehmen auch nicht zum Nutzen der Aktionäre betrieben. Viele Privatunternehmen werden vielmehr von Großfamilien geführt – und die haben oft ihre eigenen Interessen im Auge und weniger die der Aktionäre. Dann gibt es da auch noch die neu gegründeten Unternehmen der jüngeren Geschichte wie Baidu.com, das chinesische Äquivalent zu Google und Yahoo. Erdacht von Robin Li, einem Chinesen der als Informatikstudent in die USA auswanderte und dort dann als Programmierer arbeitete, bevor er nach China zurückkehrte. Baidu.com wurde am 5. August 2005 erstmalig mit 27 Dollar pro Aktie an der NASDAQ notiert und schloss die erste Börsensitzung bei 122 Dollar. Sowohl der Aktienkurs als auch das Kurs-Gewinn-Verhältnis stiegen in den dreistelligen Bereich – und das ist das Problem so vieler chinesischer Privatunternehmen, die an US-Börsen gelistet sind. Obwohl die Bewertungen mancher Aktien gemäßigt sein mögen, so ist dies nicht bei allen chinesischen Wertpapieren der Fall.

Sollten Sie vorhaben, einzelne chinesische Titel zu erwerben, so werden Sie entweder Anteile eines staatlichen oder eines privaten Unternehmens kaufen. Setzen Sie sich mit den Risiken, die mit jeder der beiden Unternehmensstrukturen verbunden sind, auseinander, bevor Sie kaufen. Wie wir weiter unten im Text aufzeigen werden, bedeutet das, dass Investoren breitflächig diversifizieren müssen und dass die meisten nur diversifizierte Portfolios chinesischer Aktien anstelle von Einzelunternehmen in Betracht ziehen sollten.

EINE KURZE EINFÜHRUNG IN OFFENE INVESTMENTFONDS

Wir glauben, dass die meisten Investoren besser damit fahren werden, durch offene Investmentfonds in China anzulegen. Diese Instrumente sind in den USA sehr beliebt – geschätzte 70 Prozent aller Aktien an den US-Börsen werden von Pensionsfonds und institutionellen Anlegern gehalten. Obwohl die meisten US-Investoren an nahezu jedem Unternehmen beteiligt sind, das durch offene Investmentfonds zu haben ist, ist es an diesem Punkt dennoch angebracht, die verschiedenen Arten von Fonds und deren Kosten zu beleuchten. Wenn Sie die grundlegenden Aspekte offener Investmentfonds kennen, werden Sie die Gründe unserer Empfehlungen in den folgenden Kapiteln besser verstehen.

Alle offenen Investmentfonds stellen Portfolios aus verschiedenen Aktien zusammen und verkaufen dann Anteile, die einen Anspruch an diese Portfolios repräsentieren. Nach dem Investment Company Institute umfasst das Angebot in den USA nahezu 8000 verschiedene offene Investmentfonds, deren Gesamtwert sich auf beinahe 10 Billionen Dollar beläuft. Diese Fonds sind wunderbare In-

vestmentinstrumente und bieten sogar Kleinanlegern die Möglichkeit vollständig diversifizierte Portfolios zu erwerben, die leicht zu kaufen und zu verkaufen
sind. Hat man jedoch einmal versucht diese Angebotsfülle zu durchkämmen,
erscheint einem die Wahl aus der begrenzten Anzahl chinesischer Fonds wie
ein Kinderspiel! Glücklicherweise kann man die Zahl der offenen Investmentfonds – inklusive der etwa 200 Fonds mit einer China-Komponente – weiter
eingrenzen, indem man ihre Struktur, ihre Kosten und ihren Fokus analysiert.

Struktur

Ein wichtiges Unterscheidungsmerkmal von Investmentfonds besteht darin, ob
es sich um offene oder geschlossene Fonds handelt. Offene Investmentfonds geben Anteile am Fonds aus und nehmen sie auch wieder zurück. Der Preis eines
Anteils entspricht seinem Nettovermögenswert bei Börsenschluss am Tag der
Transaktion. Diese Fonds sind offen, weil die Anzahl der im Fonds enthaltenen
Aktien unbegrenzt steigen kann. Fließt den Fonds mehr Geld zu, so können die
Manager der Fonds diese Mittel verwenden, um weitere Aktien zu kaufen und
mehr Fondsanteile auszugeben. Offene Fonds werden nicht an Börsen gehandelt; die Ausgabe und Rücknahme der Fondsanteile erfolgt direkt bei der verant-
wortlichen Fondsgesellschaft.

Geschlossene Fonds werden an Börsen gelistet und werden wie andere Wertpapiere während der Börsenstunden gekauft und verkauft. Der Fondsmanager
kann innerhalb des Fonds mit Aktien handeln, doch für gewöhnlich gibt er
nach der Börseneinführung keine neuen Anteile mehr aus. Daher bezieht sich
der Terminus „geschlossen" auf die Tatsache, dass die Anzahl der Fondsanteile konstant bleibt, nachdem der Fonds gegründet und an einer Börse gelistet
ist, während die Anteilsmenge offener Investmentfonds ja fluktuiert. Außerdem
werden die Anteile offener Fonds nach dem Nettovermögenswert bemessen, wohingegen die Anteilspreise in geschlossenen Fonds davon abhängig sind, was
andere Investoren für diese Anteile bereit sind zu zahlen, so können die Preise
auch über (bekannt als Prämie) oder unter (bekannt als Diskont) dem Nettovermögenswert liegen. Die Website *www.etfconnect.com* bietet täglich aktualisierte
Daten der Prämien und Diskonte geschlossener Fonds. (Wie der Name der Website schon ahnen lässt, bietet diese Seite auch Informationen über sogenannte
Exchange-Traded Funds, an der Börse gehandelter Fonds, die später beschrieben
werden.)

Fokus

Investmentfonds, offene wie auch geschlossene, gibt es in vielen verschiedenen Formen und Variationen. Es gibt Fonds, die sich auf große „Wachstums"-aktien konzentrieren, Fonds, die sich auf kleine „Wert"-Aktien spezialisieren, Fonds, die in Rohstoffen anlegen und Fonds, die ihren Fokus auf bestimmte Branchen oder Regionen richten. Egal in welchen Bereich Sie investieren wollen – es gibt mit großer Wahrscheinlichkeit einen Investmentfonds dafür. Für unsere Zwecke gibt es geographische Fonds, die alle aufstrebenden Märkte abdecken; es gibt Fonds, die auf Asien spezialisiert sind, solche, die sich jedem an die chinesische Peripherie angrenzenden Land widmen und solche, die sich ausschließlich auf China konzentrieren. Des Weiteren gibt es Investmentfonds, die sich mit Energie, Gold und Rohmaterialien befassen.

Kosten

Es ist wichtig zu erkennen, dass die meisten Investmentfonds zum Nutzen der sie auflegenden Unternehmen und nicht zu dem der Käufer gegründet werden. Die betreuenden Unternehmen verdienen mit diesen Fonds sehr viel Geld – sie verdienen tatsächlich so viel an ihnen, dass sie an die Börse gehen und Aktien an ihrem Unternehmen verkaufen können. Die Manager offener Investmentfonds verdienen ihr Geld für gewöhnlich, indem sie den Kunden zweierlei berechnen: eine Gebühr, die man „Ausgabeaufschlag" nennt und eine jährliche Gebühr für Fondsbetreuung, Transaktionen und Marketing, in den USA auch bekannt als „12-b1" Gebühr. Die Managementkosten bestimmen die Kostenquote des Fonds, die Auskunft über den Prozentanteil des Anteilspreises gibt, der zur Deckung der Ausgaben des betreuenden Unternehmens verwendet wird.

Nach der Veröffentlichung einiger Bücher und Artikel, darunter *A Random Walk Down Wall Street* aus dem Jahr 1973, wurde die breite Öffentlichkeit im letzten Viertel des 20. Jahrhunderts auf den recht lästigen Ausgabeaufschlag aufmerksam und begann in sogenannte No-Load-Fonds umzusteigen, die kein Aufgeld verlangen. Beide Fondsarten stellen jedoch jährliche Managementgebühren in Rechnung. Höhe und Umfang dieser Gebühr variiert von Fonds zu Fonds dramatisch.

Es kann durchaus sein, dass der Kostenanteil eines Fonds zehnmal so hoch ist wie der eines anderen. Während geschlossene Investmentfonds, da sie an der Börse gehandelt werden, keinen Ausgabeaufschlag verlangen (um sie zu kaufen zahlt man Maklerprovision), entstehen in den Fonds jedoch Managementkosten, die die Rendite der börsengehandelten Anteile beeinflussen.

Als diejenigen Investmentfonds, die durch den Ausgabeaufschlag große Summen verdienten, erkannten, dass ihre Gewinne schwanden, weil viele Kunden auf No-Load-Fonds umstiegen, entwickelten sie einen cleveren Plan, um die Gebühren teilweise zu verschleiern. Sie schufen verschiedene Anteilsklassen, genannt A, B und C: Abhängig davon welche Klasse man kauft, kann entweder im Voraus eine Verkaufsgebühr, zum Zeitpunkt des Verkaufs eine Rücknahmegebühr oder beides erhoben werden. Der Gesamteffekt all dieser Gebühren bedeutet, dass Investmentfonds – im Verlauf der Zeit – nur selten in der Lage sind, bessere Ergebnisse als der Gesamtmarkt zu erzielen. Tatsächlich raten wir Ihnen jedwede Fonds zu meiden, die eine Verkaufsgebühr erheben. Außerdem ziehen wir Fonds vor, deren jährliche Verwaltungsgebühren relativ niedrig sind.

Managementgebühren, ebenso wie die Transaktionskosten für den Kauf und Verkauf von Wertpapieren, sind bei internationalen Fonds (besonders bei Emerging-Market-Fonds, die in Schwellenländern investieren) tendenziell höher als bei Fonds, die auf US-Wertpapiere spezialisiert sind. Es ist deutlich weniger kostenintensiv die großen US-Unternehmen zu analysieren, als ähnliche Untersuchungen auf den ausländischen Märkten durchzuführen. Recherchearbeiten auf dem chinesischen Markt stellen eine besondere Herausforderung dar und Transaktionen mit kleinen chinesischen Unternehmen sind wesentlich komplizierter als der Handel mit Aktien von General Electric oder ExxonMobil. Aus diesem Grund fällt die Kostenquote bei Emerging-Market-Fonds oft höher aus als bei US-Fonds. Dies gilt sogar für die kostengünstigen Index-Investmentfonds und ETFs, die im Folgenden beschrieben werden.

INDEXFONDS UND EXCHANGE-TRADED FONDS

Indexfonds ähneln offenen Investmentfonds. Auch sie werden nicht an den Börsen gehandelt, vielmehr werden Anteile von betreuenden Unternehmen ausgegeben und zurückgenommen.

Der Unterschied zu offenen Investmentfonds liegt darin, dass die Managementkosten von Indexfonds für gewöhnlich (wenn auch nicht immer) extrem niedrig sind, wodurch auch die Kostenquoten relativ niedrig ausfallen. Tatsächlich werden Indexfonds auch oft als sogenannte Passiv-Fonds bezeichnet, da die Fondsbetreuer ab dem Zeitpunkt, da eine Bezugsgröße (eine Benchmark) – wie etwa der S&P 500 – gewählt und ein Portfolio aus den Aktien dieses Indexes zusammengestellt wurde, nicht weiter in die Aktienauswahl involviert sind.

Der erste Indexfonds wurde im Jahr 1976 von Vanguard gegründet und bildete die Performance des S&P 500 ab. Seitdem erfreuen sich Investmentfonds großer Beliebtheit und Investoren haben im Laufe der Jahre hunderte Milliarden Dollar in diese Instrumente investiert. Doch kurz nachdem sich das Index-Konzept durchgesetzt hatte, begannen einige Investoren zu murren und wiesen darauf hin, dass der S&P 500 nur etwa zwei Drittel aller auf dem Markt gehandelten Aktien abdeckte. Sie fragten, was mit den übrigen 25 Prozent sei, den zukünftigen Microsofts und Googles, die vielleicht gerade durchstarteten, jedoch noch zu klein waren, um es unter die ersten 500 zu schaffen. Also wurden zusätzliche Indizes gebildet, um die Lücke zu füllen. Heute gibt es Indexfonds, die den gesamten Markt (Dow Wilshire 5000), einen Großteil des Marktes (Russell 3000), Marktsektoren (Technologie, Energie), Rohstoffe (Gold, Energie), breitflächige Unternehmenskategorien (Wert, Wachstum, Höhe der Dividendenauszahlungen), Unternehmensgröße (Unternehmenskolosse, sogenannte Large Caps, und kleinere Unternehmen, sogenannte Small Caps) und andere Faktoren abdecken. Keiner davon wird an Börsen gehandelt und alle Indexfondsanteile können nur zum Nettovermögenswert am Ende einer Börsensitzung zurückgegeben werden.

Dieser letzte Punkt sorgte für Unmut. Als es auf den Aktienmärkten zur Talfahrt kam, konnten diejenigen Investoren, die Index-Investmentfonds hielten, ihr Geld erst am Ende der Börsensitzung, als die Verluste sich bereits türmten, aus dem Markt abziehen und nicht schon zu Beginn des Abwärtstrends. Hier kommen die ETFs, die an der Börse gehandelten Fonds, ins Spiel. Diese Fonds sind den Indexfonds insofern sehr ähnlich, als dass es sich dabei um einen Aktienverbund handelt, der kostengünstig und passiv betreut wird und der ausgewählt wird, um spezifische Kriterien zu erfüllen.

Wie der Name schon sagt, besteht der Hauptunterschied darin, dass diese Fonds an Börsen gehandelt werden, was bedeutet, dass man sie jederzeit während einer Börsensitzung kaufen und verkaufen kann. Der erste ETF wurde im Jahr 1990 in Toronto eingeführt. Drei Jahre später tauchte an der American Stock Exchange der erste in den USA gehandelte ETF auf, der, wie der erste Indexfonds, auf dem S&P 500 basierte. Seitdem wurden fast 500 ETFs an US-Börsen notiert.

ETFs sind geschlossenen Fonds recht ähnlich, weil auch sie entweder über oder unter ihrem Nettovermögenswert gehandelt werden können. Es gibt jedoch einen Mechanismus der dafür sorgt, dass die Prämien und Diskonte nicht zu hoch ausfallen. Anders als bei regulären geschlossenen Fonds kann die Anzahl der Anteile eines ETF gesenkt oder erhöht werden, indem man die Portfolio-Aktien zurückgibt oder im Austausch gegen ETF-Anteile einen Korb aus Aktien liefert, aus dem der Fonds besteht. Ob wir das wiederholen können? Natürlich, aber das änderte nichts daran, dass der Vorgang sehr kompliziert ist. All diejenigen, die es nicht so gern kompliziert mögen, sollten den nächsten Abschnitt am besten überspringen; Detailverliebte unter Ihnen sollten weiterlesen.

ETFs werden von institutionellen Anlegern gegründet, die einen spezifizierten Wertpapierverbund in einem Fonds hinterlegen. Im Gegenzug für diese Einlage erhält der Investor Fondsanteile, die dann an Börsen gehandelt werden können. Der institutionelle Anleger kann die Fondsanteile gegen die ursprünglichen Wertpapiere austauschen oder jederzeit neue Fondsanteile schaffen (sogenannte Creation Units). Dieses Privileg ist jedoch nicht billig. Eine einzige Creation Unit der in diesem Buch besprochenen chinesischen ETFs umfasst zwischen 50.000 und 100.000 – dazu kommen noch Gebühren für Generierung oder Tilgung der neuen Anteile. Privatanleger, die ETF-Anteile an der Börse kaufen, genießen nicht das Privileg ETF-Anteile gegen einen entsprechenden Korb der Einzelaktien austauschen zu können. Diese Generierung und Tilgung von ETF-Anteilen sorgt dafür, dass die Fonds weiter zum Nettovermögenswert verkauft werden.

Nehmen wir zum Beispiel einmal an, der ETF würde über dem Wert der im Fonds enthaltenen Aktien verkauft. Ein Investor könnte die ETF-Anteile dann leerverkaufen und die konstituierenden Aktien (die zu niedrigeren Preisen eingekauft wurden) dazu verwenden, neue ETF-Anteile zu erhalten, um den (Leer-)Verkauf glattzustellen. Eine solche Arbitrage würde zu einem sicheren Gewinn führen. Eine ähnliche Arbitrage wäre möglich, würde der ETF unter dem Nettovermögenswert verkauft. Dieser Mechanismus sorgt für gewöhnlich dafür, dass ETFs in der Nähe ihres Nettovermögenswertes gehandelt werden.

Abgesehen davon, dass ETFs jederzeit während der Börsenzeiten gehandelt werden können, haben sie noch einen weiteren Vorteil gegenüber Investmentfonds: Sie sind in der Regel steuerbegünstigt. Wenn der ETF Aktien mit Gewinn verkauft, entstehen denjenigen, die Anteile am ETF halten, daraus keine steuerpflichtigen Kapitalgewinne. Aktienverkäufe durch den ETF gelten nicht als steuerpflichtiger Umstand. Wie bei den Indexfonds gibt es auch bei den ETFs alle möglichen Fondsarten, die die verschiedensten Bereiche abdecken, breite Märkte, einzelne Länder, Marktsektoren und Rohstoffe. Wir sind der Meinung, dass ETFs, deren Fokus auf China liegt, als Investments sehr attraktiv sind.

FREMDVERWALTUNG GEGEN EIGENVERANTWORTUNG

Falls Sie das Buch bis hierher gelesen haben und sich bereits Kopfschmerzen ankündigen, dann fragen Sie sich vielleicht: „Habe ich die Zeit für all das?" Oder vielleicht fragen Sie sich auch: „Will ich meine Zeit dafür opfern?" Dass Sie dieses Buch überhaupt lesen, lässt schon darauf schließen, dass Sie daran interessiert sind, in China zu investieren. Wie weit Sie dabei gehen, liegt an Ihnen und Ihren Prioritäten.

Wenn Sie glauben, weder die Zeit, noch den Wunsch zu haben unseren Empfehlungen der nächsten Kapitel Folge zu leisten, dann werden Sie wohl einen Finanzberater engagieren müssen, der für Sie arbeitet. Und selbst dann kommen Sie, was Zeit und vor allem Geld angeht, nicht ungeschoren davon. Berater erwarten, dass Sie für ihre Dienste bezahlt werden. Jeder gute Berater sollte zuerst herausfinden, zu welchem Risikotyp Sie gehören und wie viel Risiko Sie bereit sind einzugehen, bevor er Ihnen empfiehlt, wie Sie Ihr Vermögen strukturieren sollten.

Tut er das nicht, dann feuern Sie ihn und suchen Sie sich einen Berater, der Ihnen bei diesen wichtigen Vorüberlegungen hilft, bevor Sie tatsächlich beginnen, Ihr Geld zu investieren. Der Rest dieses Kapitels soll Ihnen bei diesen wichtigen ersten Investitionsschritten helfen.

Der entscheidende Punkt: Sie müssen Ihr eigenes Risikoniveau kennen

Es heißt so schön, dass Risiko seinen Preis hat, und wenn es um Investments geht, ist dies ganz sicher wahr. Je höher das Risiko, das man eingeht, desto mehr kann man gewinnen – oder verlieren. Viele hundert Jahre Investmenterfahrung sind Beweis dieser grundlegenden Wahrheit. Aktien generieren deutlich höhere Renditen als traditionell seriöse Anleihen. Die riskantesten Aktien – wie etwa die kleinerer und junger Unternehmen – generieren höhere Renditen als die Titel größerer, etablierterer Unternehmen. Doch diese höheren Renditen bringen auch ein deutlich höheres Risiko mit sich. In einem schlechten Jahr könnte es zum Beispiel passieren, dass ein Portfolio aus großen US-Unternehmen (etwa aus dem S&P 500) einen Wertverlust von 25 Prozent oder mehr verzeichnet. Portfolios aus kleinen Unternehmen könnten während einer Baisse 50 Prozent oder mehr verlieren. Sollten Sie unser Argument akzeptiert haben, dass ein Portfolio zumindest einige China-Investments beinhalten sollte, dann sollten Sie herausfinden, wie viel Risiko Sie einzugehen bereit sind oder, um es etwas nüchterner zu formulieren, bis zu welchem Grad Sie es sich leisten können Geld zu verlieren, ohne den finanziellen und mentalen Ruin zu riskieren.

RISIKOFÄHIGKEIT

Die Risikofähigkeit hat damit zu tun, wie viel Risiko Sie eingehen können, ohne entweder Ihre finanzielle Stabilität oder die Aufrechterhaltung Ihres gewohnten Lebensstils zu gefährden.

Die Risikofähigkeit des Einzelnen hängt stark vom Alter ab. Eine 30-Jährige mit gutem Einkommen kann sich Investment-Rückschläge aus zwei Gründen leisten. Zum ersten wird der Lebensstandard durch Investmentverluste nicht beeinträchtigt, da ihr Lohneinkommen weiterhin die Lebenshaltungskosten abdeckt. Zweitens bleiben einer 30-Jährigen, die durch ihre Investitionen für die Rente vorsorgt, noch viele Jahre, um die Hochs und Tiefs der Aktienkurse auszugleichen. Sie ist nicht gezwungen, ihr Portfolio während einer Baisse aufzulösen, um die Lebenshaltungskosten abzudecken.

Ganz anders sieht da die Situation eines 70-jährigen Anlegers mit schlechter Gesundheit aus, der darauf zählt, dass seine Investitionen reichen werden, um anfallende Kosten zu begleichen. Der Lebensstandard der Menschen, auf die diese Beschreibung zutrifft, wird durch Investment-Rückschläge zweifelsohne beeinträchtigt. Sie verfügen weder über Lohneinkommen, noch bleibt ihnen viel Zeit, um Marktschwankungen auszugleichen. Ihre Risikofähigkeit ist sehr begrenzt.

Die Einstellung zum Risiko

Viele Menschen werden durch ihre Risikofreudigkeit vom rechten Weg abgebracht, denn sie denken nur an die Gewinne und nicht an die Kehrseite der Medaille. Machen Sie sich keine falschen Vorstellungen über die Erträge aus Wertpapieren, sie werden mit dem Preis erheblicher Volatilität bezahlt. Im Oktober des Jahres 1987 verlor der US-Aktienmarkt innerhalb eines einzigen Tages 23 Prozent an Wert; in den ersten 9 Tagen des Monats gingen beinah 1 Billion Dollar verloren. Relativ kurze Zeit später, zwischen März 2000 und Oktober 2002, fiel der US-Markt um 40 Prozent. Sie glauben, das sei schlimm? Den kleinen Unternehmen, den Hightech-Firmen und den Aktien aus den aufstrebenden Märkten erging es noch schlechter. Emerging Market sind für gewöhnlich doppelt so volatil wie der US-Markt.

Es gibt Investoren, die im wahrsten Sinne des Wortes durch diese Volatilität und die Verluste (seien sie auch nur vorübergehend) spürbarer Anteile ihres Investmentportfolios krank werden. Wie heißt es so schön: Wer Hitze nicht ertragen kann, hat in der Küche nichts verloren. Wenn Sie es unerträglich finden, dabei zuzusehen, wie Ihr Portfolio manchmal 30 bis 40 Prozent oder mehr an Wert verliert, dann reduzieren Sie Ihre Aktieninvestments.

Ein Freund von J. P. Morgan fragte ihn einmal um Rat, weil die Schwankungen seines Aktienportfolios ihn nachts nicht mehr ruhig schlafen ließen. Morgans Antwort war kurz und knapp: „Verkauf bis Du wieder schlafen kannst."

Ein Beispiel aus der Realität

Ein aktuelles Beispiel dafür, wie sich ein Investment in einen erfolgreichen chinesischen Investmentfonds über eine Dauer von zehn Jahren entwickeln kann, soll das Gefahrenpotenzial chinesischer Aktien vor Augen führen. Der Fonds nennt sich Templeton China World Fund und wird von Mark Mobius verwaltet, einem Fachmann für Emerging-Markets-Investments im Allgemeinen und für chinesische Investitionen im Besonderen. Der Fonds investiert bis zu 80 Prozent seines Vermögens in „China-Unternehmen", die als Unternehmen definiert werden, die mindestens 50 Prozent ihrer Einnahmen aus Gütern, die in China produziert oder verkauft werden, generieren, oder deren Vermögenswerte sich zu 50 Prozent in China befinden. Die Niederlassungen der Unternehmen können sich in der Volksrepublik China, in Hongkong oder Taiwan befinden. Im Vergleich zu anderen China-Fonds wird dieser konservativ geführt.

Nehmen wir einmal an, Sie hätten am 1. Januar 1997 100 Dollar in den Templeton China World Fund investiert. Dann wäre Ihr Investment bis zum 1. Januar 2007 auf einen Wert von über 250 Dollar angestiegen, vorausgesetzt alle Dividenden und Ausschüttungen wurden wieder in den Fonds investiert. Ihre durchschnittliche jährliche Rendite läge bei beinahe 10 Prozent pro Jahr – ein sicherlich attraktiver Ertrag. Aber die Entwicklung Ihrer Investition hätte einer Achterbahnfahrt geglichen. Zwei Jahre nach der Anlage in den Fonds hätten Sie beinah die Hälfte Ihres Geldes verloren. Bis zum Ausgleich dauerte es sechseinhalb Jahre. Sie hätten nur dann die Vorteile des Investments genießen können, wenn Sie finanziell und physisch in der Lage gewesen wären, die Unruhen durchzustehen und die monatelangen Verlustphasen auszuhalten.

Leider verdienten wohl nur wenige Investoren die großzügigen 10 Prozent pro Jahr, die der Fonds im Verlauf der zehn Jahre generierte, denn die meisten Aktienkäufer investierten nach einem massiven Kursanstieg und verkauften nach einem deutlichen Einbruch schnell wieder. Abbildung 8.1 führt die Ergebnisse eines am 1. Januar 1997 gemachten Investments in Höhe von 100 Dollar auf. Investieren Sie nur dann in China, wenn Sie bereit sind in Zukunft ähnlicher Volatilität ausgesetzt zu sein.

ABBILDUNG 8.1   *Ergebnisse eines Investments im Wert von 100 Dollar in den Templeton China World Fund (bei Reinvestition der Dividenden und Ausschüttungen)*

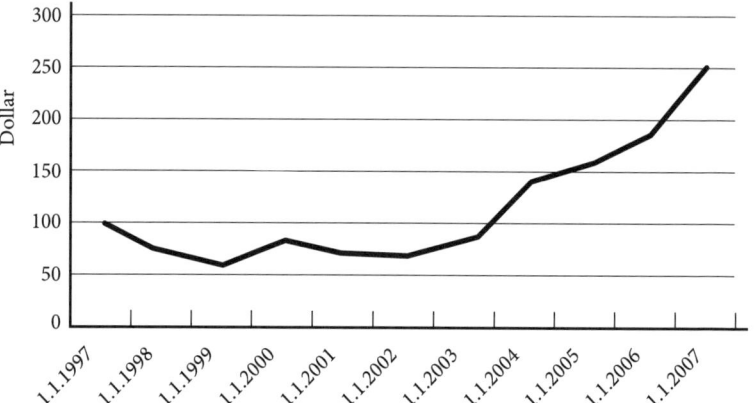

Quelle: Jahresberichte des Templeton China World Fund.

DIE BEDEUTUNG DER VERMÖGENSSTRUKTURIERUNG

Sobald Sie Ihre Einstellung zum Risiko und Ihre Risikofähigkeit aufeinander abgestimmt haben, ist es Zeit, sich mit der Aufteilung Ihrer Vermögenswerte zu befassen. Dabei betrachten Sie das gesamte Spektrum Ihrer Investitionen – Aktien, Anleihen, Immobilien, Bargeld – und entscheiden dann, wie viel Ihres Nettovermögens Sie in das jeweilige Investment-Instrument investieren möchten.

Vermögensstrukturierung nach Investmentkategorien

Für gewöhnlich orientieren sich die Richtwerte der Vermögensstruktur an vier oder fünf Altersgruppen, wobei jüngere Menschen ein höheres Risiko eingehen können als ältere Anleger.

    In Abbildung 8.2 präsentieren wir Ihnen ein noch einfacheres Schema, in dem wir zwei Gruppen von Anlegern unterscheiden: die Akkumulatoren, die für ge-

ABBILDUNG 8.2 *Breite, altersbezogene Vermögensallokation*

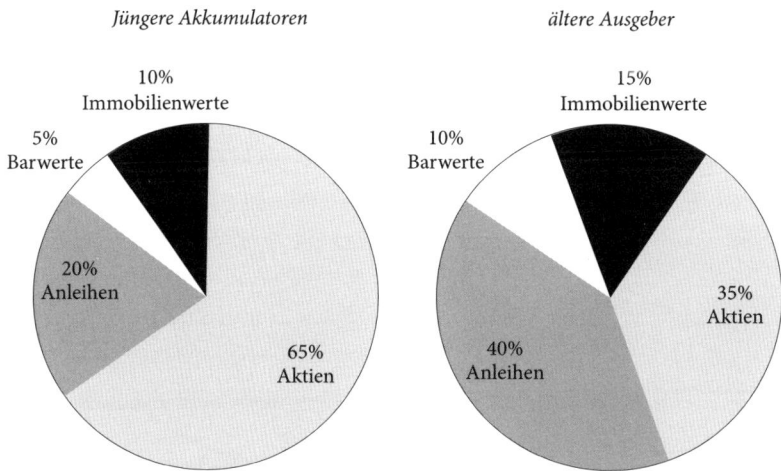

Anleihen umfassen ein diversifiziertes Portfolio aus Unternehmensanleihen und Staatspapieren zum Schutz vor Inflation

Quelle: Empfehlungen der Autoren.

wöhnlich festangestellte junge Erwachsene sind, und die Ausgeber, die normalerweise ältere Menschen sind, die auf ihr finanzielles Rentenpolster zurückgreifen. Viele Mitglieder der zweiten Gruppe sind in den USA tatsächlich gesetzlich dazu verpflichtet, aus ihren steueraufschiebenden Rentenplänen Geld zu entnehmen. Die Grundidee hinter diesen Allokationen ist, dass die Risikofähigkeit der Akkumulatoren deutlich größer ist als die der Ausgeber. Akkumulatoren können zum Beispiel Wachstumsaktien besitzen, die keine Dividenden ausschütten. Die Ausgeber, die von ihren Rücklagen leben, brauchen ein geregeltes Einkommen. Sie sollten eher in Aktien investieren, die Dividenden auszahlen.

Natürlich müssen diese Richtlinien an die jeweiligen Umstände des Einzelnen angepasst werden. Ein 75-jähriger Mann, der viele Vermögenswerte besitzt, möchte diese vielleicht an seine Kinder und Enkelkinder weitergeben. Seine Investmentphase wird eher lang als kurz sein, wodurch es zu einer höheren Aktienkonzentration kommt. Ein Paar in den Dreißigern spart womöglich, um in etwa einem Jahr eine Anzahlung für ein Haus leisten zu können, weswegen eine hohe Aktienkonzentration unangebracht wäre. Gelder, die für große Anschaffungen wie ein Haus oder Studiengebühren beiseitegelegt werden, sollten in sichere Anleihen investiert werden, deren Laufzeit dann endet wenn die Gelder benötigt werden. Kurzum, Sie sollten die Allokationen in Abbildung 8.2 als ungefähre Richtwerte sehen, die entsprechend Ihrer Bedürfnisse und Lebensumstände angepasst werden müssen.

Wie China ins Bild der Vermögensallokationen passt

Für all diejenigen, die vom Wirtschaftsboom in China profitieren wollen, sind Aktien das einzig wirklich verfügbare und vernünftige Investitionsinstrument. Anleihen sind derzeit den Festland-Bewohnern vorbehalten und die Möglichkeiten in Immobilien zu investieren sind nicht nur begrenzt (wie wir bereits in Kapitel 7 erfahren haben), sondern für gewöhnlich auch spekulativ. Die entscheidende Frage mit der wir uns nun auseinandersetzen müssen, lautet: Wie viel Prozent der Aktien eines Portfolios sollten in China-Investments sein? Auch hier gilt, dass das grundlegende Bewertungsprinzip, Risiko hat seinen Preis, in die Antwort einfließen muss. Wir glauben, dass chinesische Aktien höhere Erträge generieren können als die Wertpapiere, die an den Börsen der großen Industrienationen angeboten werden. Doch chinesische Aktien sind außergewöhnlich volatil – sie steigen explosionsartig und fallen ins Bodenlose und das mit der doppelten Geschwindigkeit US-amerikanischer Aktien. Im Vergleich mit den heftigen Schwankungen des chinesischen Marktes sehen die Fluktuationen auf den Märkten Nordamerikas und Westeuropas harmlos aus. Wie würden Sie sich fühlen, wenn der Teil Ihres Portfolios, der China gewidmet ist, 50 Prozent an Wert verlöre? Ein 30-jähriger, risikofreudiger Investor denkt sich vielleicht: „Ich kann das durchstehen und ausgleichen, denn die langfristigen Aussichten sind rosig." Ein 70-jähriger Anleger hingegen, der von den Erträgen seines Portfolios seinen Lebensunterhalt bestreitet, wird ein solches Risiko wohl nicht eingehen wollen.

Es folgen nun einige weitreichende Richtlinien, die wir für geeignet halten, um zu entscheiden, welcher Anteil eines Aktienportfolios in China bzw. in chinesischen Titeln angelegt werden sollte. Bitte bedenken Sie, dass es sich dabei um den Anteil am Aktienkontingent des Portfolios, und nicht um den Anteil chinesischer Wertpapiere am Gesamtportfolio handelt. Besteht ein Portfolio also zu 50 Prozent aus Aktien und zu 50 Prozent aus Anleihen und raten wir dazu, 10 Prozent der Aktien dem chinesischen Markt zu widmen, dann werden nur 5 Prozent des Gesamtportfolios in den chinesischen Markt investiert. Wir definieren den „chinesischen" Markt recht breit, sodass der Terminus sowohl die in China sitzenden Unternehmen und Fonds als auch die Unternehmen und

Fonds, die außerhalb Chinas operieren und vom Wachstum der Nation profitieren, einschließt.

Eine Mischstrategie bestehend aus direkten und indirekten Investitionen kann das Gesamtrisiko bis zu einem gewissen Grad reduzieren, das durch die Erweiterung des Portfolios um chinesische Titel entsteht (vgl. Kapitel 12). So könnten auch besonders risikoscheue Anleger mit geringer Risikofähigkeit bis zu 5 Prozent der Aktien in ihrem Portfolio einem China-Investment widmen. Wir sind China gegenüber sogar so optimistisch, dass wir der Meinung sind, dass es das größte Risiko eines jeden Investors wäre, keine China-Titel ins Portfolio aufzunehmen.

ABBILDUNG 8.3   *Prozentsatz der Aktien, die im Rahmen einer China-Strategie angelegt werden sollten*

Einstellung zum Risiko		Risikofähigkeit	
		Niedrige Risikofähigkeit	Hohe Risikofähigkeit
	Risikofreudig	5–10	15–20
	Risikoscheu	0–5	5–10

ZUSAMMENFASSUNG

In China spielt die Musik und wir glauben, dass diejenigen, die jetzt in China investieren, in den kommenden Jahren reich belohnt werden.

Doch bevor Sie Ihr Geld in chinesische Unternehmen investieren, müssen Sie einige grundlegende Dinge über deren Strukturen lernen. Wir haben versucht Ihnen dieses Wissen in diesem Kapitel zu vermitteln. Sie dürfen nicht vergessen, dass in chinesischen Unternehmen ein anderer Wind weht als in US-Unternehmen. Viele Unternehmen befinden sich in staatlichem Besitz, andere werden von einem geschlossenen Familienverbund geleitet. Doch man kann und konnte an diesen Unternehmen viel Geld verdienen. Am wichtigsten ist es, sich seiner Risikotoleranzgrenze und der Allokation seiner Vermögenswerte bewusst zu werden. Vielleicht sollte man auch das Wall Street Sprichwort im Hinterkopf behalten: „Es gibt Bullen und es gibt Bären, aber die Schweine werden geschlachtet." Wenn Sie glauben mit China-Investments schnelles Geld verdienen zu können, nur zu gewinnen und nie zu verlieren, dann kann es sein, dass Ihnen eine herbe Enttäuschung bevorsteht.

Jetzt, da Sie die nötigen Vorbereitungen für eine Investition in China abgeschlossen haben, ist es Zeit, dass wir Ihnen einige spezifische Investmentstrategien vorstellen, die Ihren persönlichen Zielen und Lebensumständen entsprechen.

Kapitel 9

Die hausgemachte Strategie

„Es ist nirgendwo schöner als zu Haus."
– Letzter Satz im Film „Der Zauberer von Oz"

Hunderte Millionen Dollar – soviel investieren große Unternehmen in China, um von der immer weiter wachsenden Wirtschaft des Landes zu profitieren. Im selben Rahmen bewegen sich auch die gigantischen Gewinne, die viele institutionelle Anleger machten, indem sie in Börseneinführungen investierten und vor vier oder fünf Jahren Aktien chinesischer Unternehmen kauften. Der Rekord, den Goldman Sachs hier aufstellte, ist kaum zu schlagen; für die Rolle, die das Unternehmen beim Börsengang der Industrial & Commercial Bank of China im Jahr 2006 spielte, erhielt Goldman Sachs Milliarden. Ganz ohne Frage ist der gewinnbringendste Weg Chinas Reichtum anzuzapfen, direkt in das Land und seine Unternehmen zu investieren – und genau das ist es, was die sogenannten „Big Guys", die großen Jungs, tun.

Doch wie wir immer wieder wiederholen: Risiko hat seinen Preis. Während große Unternehmen regelmäßig falsche Entscheidung hinsichtlich ihrer Investitionen machen, können sie es sich jedoch auch leisten ganze Scharen von PR-Spezialisten zu beschäftigen, die Investmentverluste in besserem Licht erscheinen lassen oder schlechte Nachrichten in einem Wust aus Statistiken im Anhang zu den Jahresberichten verschwinden lassen.

Privatinvestoren, die sogenannten Little Guys, die kleinen Jungs wie wir, haben diese Option nicht. Für den Privatinvestor ist direktes Investieren in China gespickt mit Gefahren – vor allem der Gefahr viel Geld zu verlieren.

Wir haben zwei Vorgehensweisen gewählt, um direkt in China zu investieren. In diesem Kapitel, mit dem Titel „Die hausgemachte Strategie", decken wir einige Fonds ab, die Anteile an chinesischen Unternehmen halten. Aufgrund der Diversifizierung, die diese Fonds bieten glauben wir, dass diese Art der Investition für Privatanleger der vernünftigste Weg ist, um direkt in chinesische Wertpapiere zu investieren. In Kapitel 11, das den Titel trägt „Die Strategie, alles auf eine Karte zu setzen", beschreiben wir, wie risikofreudige Investoren mit Nerven aus Stahl zum Beispiel Aktien einzelner chinesischer Unternehmen kaufen könnten.

Angesichts der Einzigartigkeit des chinesischen Aktienmarktes haben wir dieses Kapitel in zwei große Bereiche unterteilt. Im ersten Abschnitt geht es um unsere Investment-Empfehlungen für diejenigen, die Zugang zu den Märkten Shanghai und Shenzhen haben. Der zweite Abschnitt erklärt, wie man vom Wirtschaftsboom in China profitieren kann, indem man chinesische Aktien kauft, die außerhalb des chinesischen Festlandes gelistet sind.

AN DEN MÄRKTEN SHANGHAI UND SHENZHEN GEHANDELTE WERTPAPIERE

Auf dem chinesischen Festland sind sowohl offene als auch geschlossene Investmentfonds verfügbar. Offene Investmentfonds werden nicht an der Börse gehandelt, sondern vielmehr von einem betreuenden Unternehmen zu einem Kurs verkauft, der dem Inventarwert der Aktien nach Börsenschluss entspricht. Diese Fonds können die verschiedensten Gebühren erheben, die sich alle negativ auf Ihre Gewinne auswirken. Und dennoch haben an den Börsen des chinesischen Festlands offene Investmentfonds, die in A-Aktien investieren – Aktien, die an den Börsen Shanghai und Shenzhen gelistet werden – die breiten Marktindizes überflügelt.

Wir schreiben dies dem ortskundigen Wissen der chinesischen Fondsmanager zu, das es ihnen erlaubt auszumachen, welche Unternehmen korrupt und besonders riskant sind und welche nicht. Da die Märkte vor Ort von Effizienz weit entfernt sind, ziehen wir, um Zugang zu A-Aktienportfolios zu erhalten, eine aktive Betreuung vor. Ein Blick auf die Statistiken gibt uns Recht. Zwischen 1998 und 2006 generierten aktiv gemanagte Fonds eine durchschnittliche jährliche Rendite in Höhe von 20,75 Prozent; die Börsen in Shanghai und Shenzhen erreichten 16,20 Prozent.

Es ist schade, dass viele Privatinvestoren in China der Meinung sind – nicht ohne Grund –, dass es sich bei den heimischen Börsen um nichts anderes als Spielbanken handelt, in denen Spekulation das wichtigste Performance-Merkmal ist. Der Makel der Korruption haftet auch an einigen Fondsmanagern. Die wachsende Überwachung durch die Börsen selbst und das stärkere Durchgreifen der Behörden sorgt hier inzwischen für Verbesserungen. Dennoch kann sich die Auswahl guter Festland-basierter Investmentfonds als schwierig erweisen. In Abbildung 9.1 präsentieren wir eine Auswahl aktiv betreuter, offener Investmentfonds, deren Performance ausgezeichnet und deren Management skandalfrei war. Eine Reihe von ihnen werden gemeinschaftlich von Unternehmen vor Ort und bekannten internationalen Finanzinstitutionen, wie etwa JP Morgan Chase, Invesco und ABN Amro, betreut. Wir sind der Meinung, dass Privatinvestoren, die in China anlegen, mit einem betreuten Fonds besser gedient ist, als mit dem Versuch im Alleingang an der Börse erfolgreiche Unternehmen auszuwählen.

Für Investoren mit Zugang zum A-Aktienmarkt gibt es jedoch eine noch bessere Strategie. Aktiv verwaltete geschlossene Fondsgesellschaften, deren Anteile deutlich unter ihrem Nennwert gehandelt werden, eignen sich ausgezeichnet dazu, am A-Aktienmarkt Gewinn zu machen.

Geschlossene Fonds werden an der Börse gekauft und verkauft und können entweder über oder unter ihrem Nettovermögenswert verkauft werden. Wir empfehlen wärmstens geschlossene Fonds unter ihrem Nettoinventarwert zu kaufen, denn jedes Mal wenn ein Investor die Möglichkeit hat, ein Aktienportfolio unter Buchwert zu kaufen, so besteht für diesen Investor auch die Möglichkeit eine Rendite zu erhalten, die über die Rendite hinausgeht, die das Portfolio erwirtschaftet.

ABBILDUNG 9.1 *Eine Auswahl chinesischer offener Wertpapierfonds, die A-Aktien halten*

NAME DES FONDS	NETTOVERMÖGENSWERT (YUAN), WACHSTUM 2005–06	MORNINGSTAR RATING (JANUAR 2007)
Fuguo Tianyi Value (Code 100020)	167,43	★★★★★
E Fund Strategy Growth (Code 110002)	151,28	★★★★
Shanghai Trust – JP Morgan China Adva (Code 375010)	169,99	★★★★★
Invesco – Great Wall Domestic Growth (Code 260104)	182,20	★★★★★
Harvest Growth (Code 070001)	125,78	★★★
Guangfa Jufu (Code 27001)	129,74	★★★
Fortis – Haitong (Code 519011)	118,13	★★★
ABN Amro – Teda (Code 162202)	137,82	★★★★

Quelle: Bosera Asset Management Co.

Zwar gilt dies nicht mehr wenn der Abstand zwischen Kaufpreis und Buchwert sich vergrößert, behält jedoch seine Gültigkeit wenn der Diskont gleichbleibt bzw. sich nicht verringert. Nehmen wir einmal an ein Investor kauft ein Aktienportfolio im Wert von 100 Dollar, das Dividenden in Höhe von 3 Dollar auszahlt, könnte das Portfolio jedoch auch für nur 60 Dollar kaufen – also mit einem Nachlass von 40 Prozent. Selbst wenn der Nachlass gleichbleibend 40 Prozent betrüge bis der Investor die Aktien verkauft, würde ein solches Investment höhere Renditen generieren. Kaufte ein Investor den Fonds zum Nettovermögenswert von 100 Dollar, so erhielte er aus der Dividende in Höhe von 3 Dollar eine Rendite von 3 Prozent. (Jeglicher Wertanstieg der Aktien wird hier vernachlässigt.) Derjenige Investor, der den Fonds zu 60 Dollar – also unter Nennwert – kaufte, erhält einen höheren Dividendenertrag von 5 Prozent: 3 $/ 60 $ = 5%.

Der Kauf geschlossener chinesischer Festland-Fonds unter deren Buchwert bringt noch mehr Vorteile mit sich. Bei den von uns empfohlenen Fonds wurden Vereinbarungen getroffen, den Fonds zu einem bestimmten Zeitpunkt in der Zukunft aufzulösen. Wird der Fonds liquidiert, so wird der Gesamtbestand verkauft (oder der Fonds zum offenen Fonds) und die ausstehenden Anteile werden zum Nettovermögenswert getilgt. Viele der unten aufgeführten Fonds werden bereits im Jahr 2014 getilgt. Somit kommen Investoren, die diese Fonds unter Buchwert kaufen, nicht nur in den Genuss einer höheren Dividendenrendite, sondern erhalten auch eine zusätzliche Rendite, wenn der Fonds zum vollen Buchwert getilgt wird. In Abbildung 9.2 zeigen wir eine Reihe großer geschlossener Fonds, die von angesehenen Fondsverwaltungsgesellschaften betreut werden und die deutlich unter ihrem Nettovermögenswert geführt werden. Für Investoren auf

ABBILDUNG 9.2   *Chinesische geschlossene Fonds, die deutlich unter Nennwert verkauft werden (1. Januar 2007)*

Name des Fonds, Kurs (Yuan)	Geplanter Tilgungstermin	Diskont (%)	Marktkapitalisierung (100 Mio Yuan)	Investmentziel
Hongyang	12.9.2016	−29,15	25,00	G&V*
Tongqian	28.8.2016	−28,04	25,00	Wachstum
Jinghong	5.5.2014	−27,09	29,68	Wachstum
Hanxing	20.12.2014	−26,47	33,48	G&V*
Tongsheng	5.11.2014	−26,45	40,14	Wert
Jingfu	30.12.2014	−25,60	43,35	G&V*

*G+V = Growth & Value (Wachstum und Wert)
Quelle: Bosera Asset Management Co.; Lipper.

dem chinesischen Festland und diejenigen internationalen Investoren mit QFII-Quoten stellen diese Fonds außerordentlich gute Kaufgelegenheiten dar.

Es ist jedoch auch ein Wort der Warnung angebracht. Investoren sollten sich darüber bewusst sein, dass die Diskonts dieser geschlossenen Fonds extrem variabel sind. Als Malkiel, Mei und Yang Ende 2005 zum ersten Mal zur Strategie rieten geschlossene Fonds unter Buchwert zu kaufen, lagen die Abzüge zwischen 40 und 50 Prozent.

Zum Zeitpunkt der Drucklegung dieses Buches, liegen die Diskonts zwischen 25 Prozent und 30 Prozent. Es ist ein Paradox der Investmentratschläge, dass Menschen, die sie befolgen, auch dazu beitragen, ihren Wert zu schmälern. Man sollte nur dann geschlossene Fonds kaufen, wenn die Preisabzüge beträchtlich bleiben. Investoren, die geschlossene Fonds mit geringem oder ganz ohne Diskont kaufen, laufen Gefahr Geld zu verlieren, wenn die Abschläge in der Zukunft zunehmen.

Dies gilt für Investoren auf dem chinesischen Festland genauso wie für internationale Investoren. Morgan Stanley nutzte zum Beispiel im September 2005 sein QFII-Kontingent, um an der New Yorker Börse einen geschlossenen Fonds einzuführen, der vorrangig aus Aktien bestand, die an den Börsen Shanghai und Shenzhen verkauft wurden. Dadurch erhielten Investoren aus dem Ausland zum ersten Mal auf einfache Weise durch eine US-Börse Zugang zu chinesischen Festland-Aktien. Als der Fonds eröffnet wurde, begannen sich die Neuigkeiten vom rasanten Wachstum der Festland-Märkte gerade zu verbreiten. Zwei Monate nach seiner Einführung hob der Morgan Stanley China A Share Fund (Tickersymbol CAF) richtiggehend ab und stieg innerhalb von drei Monaten um 50 Prozent. Anfang des Jahres 2007 wurden die Investoren jedoch angesichts des steilen Anstiegs auf den Märkten des chinesischen Festlands nervös und so begannen viele Anleger ihre Anteile zu verkaufen. Innerhalb etwa einer Woche verlor der China A Share Fund 10 Prozent an Wert. In den ersten neun Monaten schwankte der Fonds zwischen einer Prämie von 16 Prozent des Nettovermögenswerts und einem Diskont von 16 Prozent. Diesen Fonds sollten US-Investoren nur dann kaufen, wenn er unter seinem Buchwert verkauft wird.

Das führt uns zu unserer zweiten Warnung. Der chinesische Aktienmarkt ist ausgesprochen volatil. Im Jahr 2006 und 2007 gehörte die Performance des chinesischen Marktes zu den besten weltweit. Allerdings gab es auch einige deutliche Korrekturphasen. Die Märkte haben die erbarmungslose Tendenz zum Durchschnitt zurückzukehren, was soviel heißt wie: Letztendlich pendelt sich der Markt bei seinem wahren Wert ein. Überbewertete Märkte verlieren also letzten Endes an Wert, während unterbewertete Märkte steigen.

Verfolgt man also die Strategie über längere Zeit nach und nach in chinesische Aktien zu investieren (und nicht sein gesamtes Investment auf einmal zu tätigen), so verringert dies die Wahrscheinlichkeit, dass man auf dem Höhepunkt einer Euphorie einsteigt.

AKTIEN, DIE AUF DEN INTERNATIONALEN MÄRKTEN GEHANDELT WERDEN

Manche der auf dem A-Aktienmarkt gelisteten Unternehmen werden auch international geführt. Im Jahr 2006 wurden die Aktien von 24 Unternehmen mit einer gesamten Börsenkapitalisierung von über 600 Milliarden Yuan sowohl auf dem Festland als auch auf den Aktienmärkten in Hongkong gehandelt. Die Anzahl der Unternehmen und Aktienwerte nahm 2007 noch weiter zu. Andere chinesische Top-Unternehmen werden auf den Festland-Börsen gar nicht geführt und nur an internationalen Märkten wie Hongkong, New York und London gehandelt.

Es gibt überzeugende Anhaltspunkte dafür, dass die großen chinesischen Unternehmen, die in Hongkong und New York notiert sind, tendenziell stärkere und bessere Unternehmen sind als diejenigen, die nur in Shanghai und Shenzhen geführt werden. Abbildung 9.3 stützt diesen Befund. Der obere Teil der

ABBILDUNG 9.3 *Die besseren Unternehmen werden in Hongkong und New York notiert*

Ertragswachstum von A-Aktien bleibt zurück

Zeitraum	Jährliche Gewinnwachstums-rate A-Aktien (%)	Jährliche Gewinn-wachstumsrate FTSE 25 H-Aktien (%)	Jährliche Gewinnwachstums-rate ADRs (%)
2000–2006	13,38	30,73	29,14

Eigenkapitalrendite ist bei A-Aktien niedriger

Zeitraum	Eigenkapital rendite für Shang-hai A-Aktien (%)	Eigenkapital-rendite für Aktien des FTSE 25 (%)	Eigenkapital-rendite für ADR Aktien (%)
2000–2006	10,29	14,80	16,00

Quelle: Bosera Asset Management Co.

Abbildung 9.3 zeigt, dass die durchschnittliche jährliche Gewinnwachstumsrate eines A-Aktienindexes in Höhe von 13,38 Prozent zwar recht ansehnlich scheint, jedoch hinter den Gewinnwachstumsraten sowohl der in Hongkong gehandelten Aktien (in der Abbildung vertreten durch den 25 H-Aktien umfassenden FTSE/Xinhua Index) als auch der an US-Börsen geführten chinesischen Unternehmen hinterherhinkt. Sowohl die Gewine der in Hongkong als auch der an den US-Börsen geführten Aktien wuchsen dreimal so schnell wie die der im Inland gelisteten Wertpapiere.

Eine andere Möglichkeit die Attraktivität verschiedener Unternehmen zu vergleichen besteht darin, einen Blick auf die Eigenkapitalrendite zu werfen, die Auskunft über das Verhältnis der Unternehmenserträge zum eingesetzten Eigenkapital des Unternehmens gibt. Die untere Hälfte der Abbildung zeigt, dass die Eigenkapitalrendite der außerhalb des chinesischen Festlands gelisteten Aktien über der Eigenkapitalrendite der Aktien lag, die auf dem chinesischen Festland geführt werden.

Ganz ohne Frage sind die profitabelsten und am schnellsten wachsenden chinesischen Unternehmen in Hongkong und New York gelistet, wodurch es internationalen Investoren erleichtert wird, diese Unternehmen in ihre Investmentportfolios aufzunehmen.

Das Fazit lautet also, dass auf Dollar lautende Investmentfonds, deren Fokus auf China liegt, zwei Vorteile bieten: Zum einen sind sie leicht zu kaufen, zum anderen bestehen sie aus soliden profitablen chinesischen Unternehmen, deren Aktien an den Börsen in Hongkong und New York gehandelt werden. Wie alle Investmentfonds bieten sie Investoren ein diversifiziertes Portfolio, das dazu beiträgt, das Investment-Risiko zu reduzieren. Wir haben auf der Grundlage einer relativ geringen Kostenquote und einer überzeugenden Performance in der Vergangenheit sieben gebührenfreie, offene US-Investmentfonds für Privatinvestoren ausgewählt; diese finden Sie in Abbildung 9.4. Die Kostenquoten sind aufgrund der aufwendigeren Auslandsanalysen und der höheren Handelskosten an Märkten wie z.B. Hongkong höher als bei typischen Investmentfonds, die in US-Wertpapiere anlegen.

Obwohl geschlossene Fonds, deren Fokus auf China liegt und die an US-Börsen gehandelt werden, weder über die festen Tilgungsfristen, noch über die extrem hohen Diskonts der geschlossenen Fonds auf dem chinesischen Festland verfügen, so stellen sie doch ein einträgliches Investment dar, wenn sie deutlich unter Buchwert gehandelt werden. Diese Fonds halten oft Wertpapiere, die an der Börse in Hongkong gehandelt werden, Wertpapiere die für Privatinvestoren extrem schwer zugänglich sind und teuer, wenn sie über US-Broker gekauft werden. Wie alle anderen Fonds bieten geschlossene Fonds auch den Vorteil der Diversifizierung. Im Fall des Templeton Dragon Fund zum Beispiel kauft man nicht nur ein Aktienportfolio chinesischer Unternehmen. Erwirbt man Anteile am Fonds, so erhält man auch eine Beteiligung an chinesischen Bauträgern. Die Website *www.etfconnect.com* liefert Daten dreizehn geschlossener Fonds mit Fokus auf China und aktualisiert täglich die Prämien oder Diskonts zu denen sie gehandelt werden.

Abbildung 9.4   *Offene, gebührenfreie US-Fonds, die in chinesische Wertpapiere anlegen, Mai 2007*

Name des Fonds	Morningstar Rating	Kostenquote	Vermögenswerte ($ MM)	Jährliche Rendite (gleitende 5-Jahresdurchschnitte %)
AllianceBernstein Greater China	★★★	2,02	112	23,21
Columbia Greater China Z	★★★★	1,47	246	22,84
Dreyfus Premier Greater China	★★★★	1,88	818	26,78
Fidelity China Region	★★	1,08	948	15,23
Templeton China World	★★★	2,06	906	27,83
Guinness Atkinson China	★★★	1,59	154	20,04
Matthews China	★★★★	1,26	1.109	23,18

Quelle: *http://quicktake.morningstar.com/fund; http://finance.yahoo.com.*

Vor Kurzem bewegten sich die Bewertungen zwischen einem Verkaufswert von 9% unter, und 29% über Buchwert. Auf ihrer Website *www.cefa.com* liefert die Closed-End Fund Association auch Informationen über verschiedene andere Fonds, die verstärkt in China investieren.

In Abbildung 9.5 führen wir vier geschlossene Fonds auf, die auf der Grundlage ihrer Performance in der Vergangenheit, der attraktiven Diskonts und der relativ niedrigen Kostenquote ausgewählt wurden. Kaufen Sie keinen geschlossenen Fonds über Buchwert. Kaufen Sie Fonds nur unter deren Nettovermögenswert. Die Beträge solcher Prämien und Diskonts variieren von Tag zu Tag massiv.

Werden diese geschlossenen Fonds nur geringfügig, also weniger als 5 Prozent unter ihrem Buchwert oder sogar über Buchwert verkauft, so sollten Sie stattdessen offene Investmentfonds kaufen. Sollte es in der Zukunft zu einem höheren Diskont kommen, würde sich dies negativ auf Ihre Renditen auswirken.

ABBILDUNG 9.5   *Geschlossene US-Fonds, März 2007*

NAME DES FONDS	KURS ($)	MORNING-STAR RATING	PRÄMIE/ DISKONT	KOSTEN-QUOTE	JÄHRLICHE RENDITE (GLEITENDE 5-JAHRESDURCH-SCHNITTE %)
Jardine Fleming China Region (JFC)	18,95	★★★	−13,5	2,08	23,12
Greater China (GCH)	24,63	★★★★	−9,9	2,09	23,09
China Fund (CHN)	30,55	★★★★	−12,7	1,38	26,91
Templeton Dragon Fund (TDF)	23,16	★★★★	−10,7	1,52	31,73

Quelle: *http://quicktake.morningstar.com/fund; http://finance.yahoo.com.*

Index-Investments: Drei beliebte Indizes

Index-Investments sind eine passive, kostengünstige Methode, um von effizienten Aktienmärkten zu profitieren. Das Schlüsselwort ist hierbei „effizient" und die Aktienmärkte auf dem chinesischen Festland lassen in Sachen Effizienz bisher noch zu wünschen übrig. Index-Investments auf dem chinesischen A-Aktienmarkt empfehlen wir daher nicht. Die chinesischen Aktienmärkte in Hongkong und den Vereinigten Staaten sind hingegen einigermaßen effizient. Aus diesem Grund ist ein Index-Investment eine vernünftige Strategie für Investoren, die kostengünstig in international gehandelte Unternehmen aus China investieren und ihr Portfolio diversifizieren wollen. Als Möglichkeiten bieten sich dabei sowohl Investmentfonds als auch an der Börse gehandelte Fonds (ETFs) an. Bei Drucklegung dieses Buches existieren drei weithin anerkannte Indizes für in Hongkong gelistete Aktien. Sie bilden die Grundlage für Fonds, deren Anteile man kaufen kann, um vom Reichtum Chinas zu profitieren. Vor Kurzem wurden einige weitere Indizes kreiert, die jeweils chinesische Festland-Unternehmen enthalten, die an den US-Börsen gehandelt werden.

Der Hang Seng Index. Der Hang Seng Index, der Leitindex des Hong Kong Stock Market, ist einer der bekanntesten Indizes Asiens und wird weithin von Fonds-managern als Performance-Richtwert (Benchmark) verwendet (ähnlich wie US-Manager den S&P 500 als Benchmark nutzen). Derzeit besteht der Hang Seng Index aus 40 Unternehmen, die etwa zwei Drittel der gesamten Börsenkapitali-sierung aller an der Börse in Hongkong gelisteten Aktien ausmachen. Sucht man auf Finanz-Websites wie etwa Yahoo Finance nach HSI, kann man sich über die Tagesperformance des Index informieren. Man kann sagen, dass sich die Presse für gewöhnlich auf den Hang Seng Index bezieht, wenn sie vom Markt in Hong-kong berichtet.

Manche der im Index enthaltenen Unternehmen sind nicht an den Börsen des chinesischen Festlandes gelistet. Unternehmen, die sowohl auf dem Festland als auch in Hongkong geführt werden, müssen, um in den Index aufgenommen zu werden, eine Aktienreform durchgeführt haben. Sinopec schloss zum Beispiel seine Aktienreform im Sommer 2006 ab und wurde erst im Herbst desselben Jahres in den Index aufgenommen.

Auch die finanzielle Performance der Unternehmen wird vor der Aufnah-me in den Index strengstens untersucht und geprüft. HSI Ltd., die Gesellschaft, die den Hang Seng Index ermittelt, bietet auch zahlreiche andere Indizes, die von der Börse in Hongkong abgeleitet sind. Darunter befindet sich der Hang Seng Composite Index, der 200 Unternehmen umfasst, die etwa 90 Prozent der Marktkapitalisierung der Börse ausmachen.

Mehrere Hang Seng ETFs werden an der Börse in Hongkong gehandelt, sind jedoch für US-Investoren nicht ohne Weiteres zugänglich. Das US-Unterneh-men State Street Global Advisors bietet seinen Großkunden eine Hang-Seng-Index-Strategie an, bei der das Unternehmen jedes Wertpapier zum selben Ka-pitalisierungsanteil kauft, zu dem es im Index notiert ist. Wirklich raffinierte Investoren – manche würden sie vielleicht gern als „abgehobene Spieler" be-zeichnen – können über *www.xpresstrade.com* Hang Seng Futures auch online kaufen und verkaufen. In den meisten Fällen gilt jedoch: Wer ein indexiertes Portfolio chinesischer Aktien kaufen möchte, wird dies mithilfe eines der unten aufgeführten ETFs tun müssen.

Der MSCI Hong Kong Index. Es gibt einen Hongkong-Aktienindex, der für inter-nationale Investoren leicht zugänglich ist. Morgan Stanley Capital International, Inc. (MSCI) ist international führend, wenn es um das Kreieren neuer Marktindizes geht. Die globalen Benchmarks für Aktien des Unternehmens bilden die Grundlage für jährliche Umsätze in Höhe von 3 Billionen Dollar und MSCI hat mehrere Indizes für China, Hongkong und die chinesische Peripherie erstellt. Der passendste Index für dieses Buch ist der MSCI Hong Kong Index, der die meisten der an der Hong Kong Stock Exchange gehandelten Aktien abdeckt. Er ist die Basis des Fidelity China Fund und des unten beschriebenen iShares MSCI-Hong Kong Index ETF (Tickersymbol EWH).

Der FTSE/ Xinhua China 25 Index. Auch FTSE/Xinhua Ltd. hat einige China-bezogene Indizes erstellt. Dieses Unternehmen ist ein Joint Venture von FTSE, einem unabhängigen Unternehmen im Besitz der Financial Times und der London Stock Exchange, und Xinhua Finance Ltd., einem Medienunternehmen und Finanzdienstleister mit Sitz in Hongkong. Einer der Indizes, der FTSE/Xinhua Hong Kong Index, ist die Benchmark für Chinas Social Security Fund.

Der bekannteste Index dieses Gemeinschaftsprojekts ist der FTSE/Xinhua China 25, der die Grundlage für einen unter dem Tickersymbol FXI gehandelten ETF bildet. Dieser Index besteht aus den 25 größten und zahlungsfähigsten – ungeachtet der Aktienreform – China-Aktien, die an der Hong Kong Stock Exchange gehandelt werden. Es gibt einen weiteren Unterschied zwischen diesem Index und dem Hang Seng Index, der ein Börsenkapitalisierungsindex ist (je größer das Unternehmen, desto höher dessen Gewichtung): Der FTSE/Xinhua China 25 Index deckelt einzelne Bestandteile des Index bei 10 Prozent, um eine Überkonzentration hinsichtlich einzelner Aktien zu vermeiden. Der Bestand wird vierteljährlich geprüft und im Hinblick auf die Konzentration entsprechend angepasst. Doch selbst trotz dieses regelmäßigen Ausgleichs ist der FXI ein relativ konzentrierter Index, bei dem die besten zehn Werte etwa 60 Prozent der Gesamtkapitalisierung des Index ausmachen.

Weitere China-Indizes. Da der chinesische Markt buchstäblich abhebt, haben auch andere Unternehmen versucht, durch die Erstellung von China-Indizes von dieser Entwicklung zu profitieren. Aufgrund der ungewöhnlichen Natur der Unternehmens-Listings – die Unternehmen auf dem Festland sind für Investoren von außerhalb nicht zugänglich, die an den internationalen Börsen gelisteten Unternehmen bleiben den Bewohnern des Festlands verschlossen – herrscht bei diesen Indizes eine große Vielfalt.

Der Halter USX China besteht aus allen chinesischen Unternehmen – auch einigen sehr kleinen und dubiosen Firmen –, die in den USA gehandelt werden. Der Index, der im Jahr 1994 gegründet wurde, bildet die Grundlage des an der Börse gehandelten PGJ-Fonds, der unten beschrieben wird. Ein Jahr später taten sich Standard & Poor's und Citigroup Global Markets zusammen und entwickelten den BMI China Index.

Dieser besteht aus mehr als 100 Unternehmen, die entweder an den US-Börsen, der Hong Kong Stock Exchange oder den Börsen beider Länder gehandelt werden, und ist die Grundlage des an der Börse gehandelten GXC-Fonds, der weiter unten beschrieben wird.

Am 7. Mai 2007 schaltete sich auch die NASDAQ Stock Market Institution ein und stellte den NASDAQ China Index vor. Gewissermaßen ist dieser Index das US-amerikanische ADR-Äquivalent des FTSE/Xinhua China 25 Index, da er nur aus 30 auf dem Festland und an der Börse Hongkong gelisteten Aktien besteht, die an den großen Börsen in den Vereinigten Staaten notiert werden. Alle werden stark gehandelt und verfügen über eine Marktkapitalisierung in Höhe von 600 Milliarden Dollar. Bei Drucklegung dieses Buches gab es keinen ETF, der auf dem Index basierte, doch man ging davon aus, dass es in naher Zukunft einen solchen Fonds geben würde.

Vier ETFs – an der Börse gehandelte Fonds

An der Börse gehandelte Fonds, die in Kapitel 8 beschrieben wurden, haben sich als kostengünstige, extrem beliebte Instrumente erwiesen, wenn es um Investments in vielen verschiedenen Bereichen geht. Der nun folgende Abschnitt beschreibt vier China-zentrierte Fonds, die derzeit an den US-Börsen gehandelt werden. Angesichts der Attraktivität und Popularität von China-Investments sind wir der Meinung, dass die Zahl der ETFs, deren Fokus auf China liegt, in Zukunft steigen wird.

Der EWH ETF. Dieser ETF, der am 12. März 1996 eingeführt wurde, ist der älteste der an der Börse gehandelten China-Fonds. Der Fonds ist weithin unter seinem Tickersymbol EWH bekannt und nicht unter seinem langen offiziellen Titel: iShares MSCI-Hongkong Index Fund. Diese offizielle Bezeichnung verrät jedoch den Namen des Index, auf dem der Fonds basiert. So beinhaltet der Fonds in China tätige Unternehmen, die jedoch in Hongkong als Aktiengesellschaft eingetragen sind, und nicht Unternehmen, die in China selbst als Akti-

ABBILDUNG 9.6 *Die zehn größten Unternehmen im EWH, April 2007*

NAME DES FONDS	NETTOVERMÖGENSWERTE (%)
Hutchison Whampoa Ltd.	8,74
Cheung Kong Holdings Ltd.	8,35
Sun Hung Kai Properties Ltd.	6,82
CLP Holdings Ltd.	5,62
Esprit Holdings Ltd.	5,39
Hang Seng Bank Ltd.	4,56
Swire Pacific Ltd. – Class A	4,55
Hong Kong Exchanges and Clearing Ltd.	4,32
BOC Hong Kong Holdings Ltd.	3,90
Bank of East Asia Ltd.	3,80
Prozent des Fondvermögens in Top-10-Unternehmen	56,05

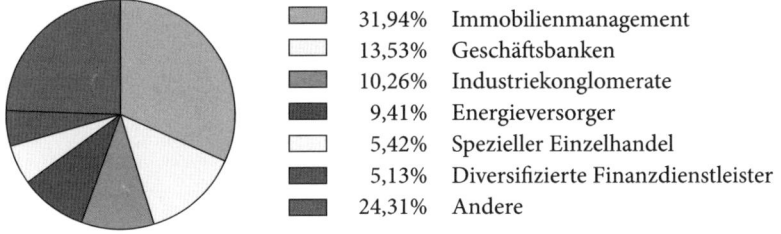

31,94%	Immobilienmanagement
13,53%	Geschäftsbanken
10,26%	Industriekonglomerate
9,41%	Energieversorger
5,42%	Spezieller Einzelhandel
5,13%	Diversifizierte Finanzdienstleister
24,31%	Andere

Quelle: MarketWatch von Dow Jones.

engesellschaft geführt werden. Viele der im Index enthaltenen Unternehmen, wie etwa Hutchison Whampoa, tätigen den Großteil ihrer Geschäfte in China. Und ja: Esprit, Hersteller von Kleidung und Haushaltswaren, gehört zu den zehn Spitzenwerten.

Esprit ist wahrlich das Paradebeispiel der globalen Wirtschaft: Das Unternehmen wurde in San Francisco gegründet, hat seinen Hauptsitz in Ratingen, im Westen Deutschlands, und ist an der Börse in Hongkong gelistet (mit einem Sekundär-Listing an der London Stock Exchange), wo sich auch die Finanz- und Investor-Relations-Abteilungen befinden.

Von den vier hier besprochenen Fonds hat der EWH mit deutlich mehr als einer Million Aktien pro Tag das höchste Trading-Volumen, zahlt die höchsten Dividenden und die geringste Kostenquote (0,54%).

ABBILDUNG 9.7 *Die zehn größten Unternehmen im FXI, März 2007*

NAME	NETTOVERMÖGENSWERTE (%)
China Mobile Ltd.	10,13
PetroChina Co. Ltd.	8,75
Industrial & Commercial Bank of China Asia	7,65
China Life Insurance Co. Ltd.	6,24
Bank of China Ltd.	5,82
China Construction Bank	4,48
China Petroleum & Chemical Corp.	4,16
Ping An Insurance Group Co. of China	4,14
CNOOC Ltd.	4,13
China Telecom Corp. Ltd.	3,96
Prozent des Fondvermögens in Top-10-Unternehmen	59,46

38,86%	Finanzwerte
19,53%	Telekommunikation
17,30%	Öl & Gas
11,53%	Industrie
9,21%	Rohmaterialien
3,41%	Versorger

Quelle: MarketWatch von Dow Jones.

Im Gegensatz zu den anderen ETFs finden sich im EWH sehr viele Bauträger aus Hongkong, Unternehmen die aufgrund ihrer Geschäfte auf dem chinesischen Festland sehr hohe Gewinne generieren. Für diejenigen, die sich gern auf konservative Art am chinesischen Immobilienmarkt beteiligen möchten, bietet dieser Fonds eine angemessene Investment-Möglichkeit. Tatsächlich stellt ein Investment in den EWH eine der wenigen Möglichkeiten für internationale Anleger dar, in chinesische Bauträger zu investieren.

Der FXI ETF. Am 4. Oktober 2004 führte Barclays Global Investors den iShares FTSE/Xinhua China 25 Index Exchange Traded Fund ein. Zum Glück für alle Beteiligten wurde dieser Fonds bald unter einem einfacheren Namen bekannt, FXI ETF. Er wird an der New Yorker Börse auch tatsächlich unter dem Tickersymbol FXI gehandelt. Wie der Name schon vermuten lässt, ist dieser an der Börse gehandelte Fonds eng mit dem FTSE/Xinhua China 25 Index verbunden.

Der an der Börse gehandelte FXI-Fonds ist eine ausgezeichnete Möglichkeit in chinesische Aktien zu investieren, die internationalen Anlegern zugänglich sind. Dieser Fonds gibt internationalen Anlegern auch die Gelegenheit, sich an Unternehmen zu beteiligen, die nur an der Börse in Hongkong geführt werden. Für internationale Anleger ist es zum Beispiel äußerst schwierig, Anteile an COSCO Pacific Ltd., einem riesigen Container-Transportkonglomerat, zu kaufen, da das Unternehmen ausschließlich an der Börse in Hongkong gelistet wird. Kauft man jedoch FXI-Anteile, so erhält man auch automatisch Anteile an COSCO Pacific Ltd. sowie an 24 anderen großen chinesischen Unternehmen.

Bitte beachten Sie, dass sich mehr als 70 Prozent des FXI ETF auf die Bereiche Finanzen, Telekommunikation und Energie konzentrieren. Dadurch ergibt sich eine ganz andere Zusammenstellung als beim EWH ETF.

Der PGJ ETF. Am 9. Dezember 2004, nur zwei Monate nach der Einführung des FXI ETF, kam ein Fonds mit dem Namen PowerShares Golden Dragon Halter USX China auf den Markt. Glücklicherweise ist auch dieser Zungenbrecher landläufig unter seinem Tickersymbol PGJ bekannt.

Der PGJ unterscheidet sich deutlich vom EWH und dem FXI. Er enthält nur an US-Börsen gelistete Unternehmen, die den Großteil ihrer Umsätze auf dem chinesischen Festland generieren. Kauft man also PGJ-Anteile, so erhält man keine Titel von Unternehmen wie zum Beispiel von COSCO Pacific Ltd., die nur in Hongkong gelistet werden. Ein weiterer Unterschied zum FXI besteht auch darin, dass sich der PGJ aus mehr als 60 Unternehmen zusammensetzt.

Doch der PGJ unterscheidet sich noch auf andere, leider nachteilige Weise von den beiden oben genannten Fonds. PowerShares, der Sponsor des PGJ-Fonds, behauptet, dass eine Investition in den Fonds für US-Investoren eine sichere Möglichkeit sei, in China anzulegen, da der PGJ-Fonds ausschließlich Aktien beinhalte, die an US-Börsen gelistet seien.

Doch es gibt auch kritische Stimmen zum PGJ. Nicht alle der PGJ-Werte werden an der New Yorker Börse oder am NASDAQ-Markt gehandelt; einige Werte werden bei geringen Umsätzen im weiter oben beschriebenen Freihandel (Over-the-Counter) oder sogenannten „Pink Sheet"-Markt gehandelt. Einige der Aktien im Index – die Werte mit der wirklich schlechtesten Performance – kamen durch Fusionen zustande, die Tim Halter, der Schöpfer des Index, auf dem der PGJ basiert, arrangiert hatte.

Abbildung 9.8 *Die zehn größten Unternehmen im PGJ, Mai 2007*

Fondsname	Nettovermögenswerte (%)
PetroChina Co. Ltd.	6,17
China Mobile Ltd.	5,70
Aluminum Corp. of China Ltd.	5,04
Huaneng Power International Inc.	4,79
China Life Insurance Co. Ltd.	4,70
China Unicom Ltd.	4,67
China Petroleum & Chemical Corp.	4,60
Suntech Power Holdings Co. Ltd.	4,50
CNOOC Ltd.	4,42
China Netcom Group Corp. (Hongkong) Ltd.	4,33
Prozent des Fondvermögens in Top-10-Unternehmen	48,92

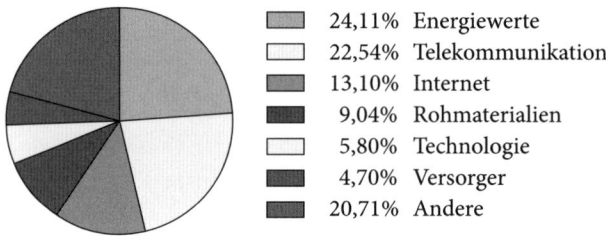

24,11%	Energiewerte
22,54%	Telekommunikation
13,10%	Internet
9,04%	Rohmaterialien
5,80%	Technologie
4,70%	Versorger
20,71%	Andere

Quelle: MarketWatch von Dow Jones.

Zu allem Überfluss deuteten einige Journalisten von Barron's und The Wall Street Journal an, Halters Unternehmen habe einige Aktien verkauft, kurz nachdem ihre Aufnahme in den Index die Kurse nach oben getrieben hatte. Auch wenn die Andeutungen des Interessenkonflikts ärgerlich sind, so machen doch die Aktien, die mit Halter in Zusammenhang stehen, nur einen geringen Anteil des gesamten Index aus. Außerdem behauptet Halter nun, dass mittlerweile Regeln eingeführt wurden, die in Zukunft die Entstehung von Konflikten verhindern werden.

Der GXC ETF. Am 9. März 2007 stellte State Street Global Advisors einen eigenen börsengehandelten China-Fonds mit dem Tickersymbol GXC vor. Der Fonds, der offiziell SDPR S&P China ETF heißt, besteht sowohl aus N- als auch aus H-Aktien; der marktgewichtete Index des Fonds umfasst beinahe 200 Un-

ABBILDUNG 9.9 *Die zehn größten Unternehmen im GXC, März 2007*

FONDSNAME	NETTOVERMÖGENSWERTE (%)
China Mobile Ltd.	12,33
PetroChina Co. Ltd.	6,83
China Life Insurance	5,85
China Construction Bank	5,14
Industrial & Commercial Bank of China Asia	4,59
CNOOC Ltd.	4,07
China Petroleum& Chemical Corp.	4,00
Bank of China Ltd.	3,03
China Shenhua Energy	2,34
China Telecom Corp. Ltd.	1,93
Prozent des Fondvermögens in Top-10-Unternehmen	50,11

28,535% Finanzwerte
18,64% Energiewerte
16,47% Telekommunikation
11,32% Industrie
7,01% Rohstoffe
6,18% Konsumwerte, Verbrauchsgüter
4,59% Informationstechologie
3,52% Konsumwerte, Gebrauchsgüter
2,72% Versorger
0,87% nicht zugeorndet
0,15% Gesundheit

Quelle: MarketWatch von Dow Jones.

ternehmen. Marktgewichtet bedeutet, dass die Anteilsgröße eines Unternehmens am Index von der Unternehmensgröße im Vergleich zu anderen Firmen abhängt. Zum Zeitpunkt der Einführung machten China-Mobile-Aktien mehr als 12 Prozent des Gesamtbestands aus. Der GXC-Fonds unterscheidet sich vom FXI, der nur die 25 größten Unternehmen führt, die als H-Aktien gehandelt werden, und der den Anteil eines Unternehmens auf maximal 10 Prozent des gesamten Portfolios beschränkt. Er unterscheidet sich auch vom PGJ, da er keine N-Aktien mit geringem Handelsvolumen enthält, die auf dem Pink-Sheet-Markt gehandelt werden.

Die Zusammensetzung des GXC wird vierteljährlich geprüft und angepasst, falls sich die Marktgewichtung eines beliebigen Unternehmens deutlich verändert haben sollte. Dieser börsengehandelte Fonds verfügt über eine der niedrigsten Kostenquoten: Zum Zeitpunkt der Einführung lag sie bei 0,6 Prozent. Aufgrund der geringen Kostenquote und der breitgefächerten Zusammensetzung des Fonds sind wir der Meinung, dass es sich um den besten börsengehandelten China-Fonds handelt, der derzeit erhältlich ist.

ZUSAMMENFASSUNG

In diesem Kapitel stellten wir einige praktische Strategien vor, die es Investoren ermöglichen, Portfolios chinesischer Unternehmen zusammenzustellen. Für diejenigen, die Zugang zum chinesischen Festland haben, sind aktiv verwaltete geschlossene Fonds die beste Strategie. Die Fonds sind außerdem zu deutlichen Diskonts zu haben. Des Weiteren handelt es sich bei den von uns empfohlenen Anlagen um geschlossene Fonds mit fest vereinbarter Endfälligkeit. Spätestens zum Zeitpunkt der Liquidation werden die Diskonts damit ausgeglichen sein.

Da viele der stärksten und profitabelsten chinesischen Unternehmen an den internationalen Börsen gehandelt werden, bieten sich Investoren im Ausland mannigfaltige Möglichkeiten attraktive Portfolios chinesischer Unternehmen zu erwerben.

Tatsächlich scheint es so, als seien chinesische Unternehmen, die auf den internationalen Märkten gehandelt werden, effizienter bewertet als diejenigen Unternehmen, die an den heimischen chinesischen Börsen gelistet werden. Zumindest die größeren Unternehmen scheinen zu den stärksten chinesischen Unternehmen zu gehören, in die ausländische Anleger investieren können.

Viele Investoren werden merken, dass Investmentfonds und geschlossene Fonds interessante Instrumente sind, um in chinesische Unternehmen zu investieren. Die Fonds bieten breitflächige Diversifizierung und Anlagechancen aus einer Hand. Außerdem können sie Privatinvestoren den Zugang zur Börse Hongkong ermöglichen. Für Anleger, die das hohe Risiko, das mit dem Kauf einzelner Unternehmensaktien verbunden ist, reduzieren wollen, sind diversifizierte Fonds von essenzieller Bedeutung.

Zum Zeitpunkt der Drucklegung dieses Buches werden die Aktien der vier börsengehandelten China-Fonds zu Kurs-Gewinn-Vielfachen gehandelt, die den KGVs auf den internationalen Aktienmärkten entsprechen, sie verfügen jedoch über deutlich bessere langfristige Wachstumsaussichten. Der EWH repräsentiert den Markt in Hongkong, der viele Unternehmen umfasst, die von ihren Geschäften auf dem chinesischen Festland profitieren. Er hält auch einige große Positionen im Immobilienbereich. Der FXI repräsentiert die 25 größten

Unternehmen an der Börse in Hongkong; der PGJ umfasst ein breites Spektrum an Unternehmen, die ihren Sitz in China haben und an den US-Börsen notiert werden. Zwar gibt es einige Probleme mit den kleineren Portfoliounternehmen des PGJ, doch die Performance des Fonds übertraf in den vergangenen Jahren die durchschnittliche Marktentwicklung der US-amerikanischen Börsen. Die Performance des FXI war besonders herausragend. Der GXC, der neueste börsengehandelte China-Fonds, deckt sowohl in den USA als auch in Hongkong gelistete chinesische Unternehmen ab und verfügt über eine sehr geringe Kostenquote. Alle vier ETFs bieten Investoren eine gute Möglichkeit ein Engagement in chinesischen Aktien aufzubauen.

KAPITEL 10

Die Offshore-Strategie

Wenn GE mit der Strategie in China zu investieren richtig liegt, ist sie die Zukunft des Unternehmens im nächsten Jahrhundert.
— JACK WELSH

CHINESISCHE STAMMAKTIEN DIREKT ZU BESITZEN kann aus verschiedenen Gründen eine komplizierte und komplexe Angelegenheit sein. Eine der Strategien, die wir wärmstens empfehlen, und die den Kauf geschlossener Fonds unter dem Inventarwert und nahe dem Tilgungsdatum vorsieht, ist nur für chinesische Investoren oder internationale Anleger mit QFII-Quoten praktikabel. Auch mögen einige Investoren in den USA und in Europa zögern, so fernab der Heimat zu investieren. Vielleicht glauben sie – zu Recht –, dass die Bilanzen in China noch immer recht undurchsichtig sind und die Unternehmensführung noch nicht dem internationalen Standard entspricht. Dennoch kann es sein, dass selbst vorsichtige und skeptische Anleger angesichts des beeindruckenden Wirtschaftswachstums Chinas in irgendeiner Form an diesem Boom teilhaben wollen. Für diese Investoren stellen indirekte Methoden, um vom chinesischen Wirtschaftswachstum zu profitieren, nützliche Ergänzungen ihrer allgemeinen Portfolio-Strategie dar.

In diesem Kapitel beschreiben wir einige praktikable indirekte Investment-Strategien, deren Ergebnisse maßgeblich von den wirtschaftlichen Bedingungen in China beeinflusst werden.

Ein Plan nutzt Chinas beispiellose Nachfrage nach Rohmaterialien, indem Aktien von Unternehmen gekauft werden, die Rohstoffe besitzen oder erzeugen. Andere indirekte Investment-Strategien richten ihre Aufmerksamkeit auf Unternehmen, deren Sitz in Ländern wie Taiwan oder Japan liegt und deren Schicksal und Erfolg an China gebunden sind. Tatsächlich haben viele Länder in ganz Asien massiv von Chinas Erfolg profitiert. Schließlich wollen wir noch einige ausgewählte Unternehmen mit Sitz in den Vereinigten Staaten und Europa analysieren, die momentan im großen Stil vom chinesischen Wirtschaftswachstum profitieren, und dies auch in Zukunft tun werden.

CHINA ABSORBIERT NATÜRLICHE RESSOURCEN

Wir schreiben das Jahr 2007 und China ist quasi zur Produktionsfabrik der Welt avanciert. Im 20. Jahrhundert waren es die USA, die größte Volkswirtschaft der Welt, die die meisten Güter exportierten.

Doch Ende der 80er Jahre kam auch in China das Exportgeschäft in Bewegung und in den letzten Monaten des Jahres 2006 überstieg der Dollarwert chinesischer Exporte schließlich den der Exporte aus den USA. Abbildung 10.1 zeigt die Entwicklung der chinesischen Exporte zwischen 1994 und Ende 2006 als Prozentsatz der US-Exporte.

Chinas Einfluss auf die Industriegüterpreise ist wohlverstanden. Man geht davon aus, dass Hersteller weltweit aufgrund der Konkurrenz aus China „begrenzten Einfluss auf die Preisbildung" haben. Es ist keine Übertreibung, wenn man sagt: „Wenn China ein Produkt herstellen kann, dann wird sein Preis mit großer Wahrscheinlichkeit nicht steigen." Doch die logische Folge dieser Aussage ist für uns sogar noch relevanter. China importiert viele der Rohmaterialien, die für das Produktionsverfahren benötigt werden, sodass man ebenso gut sagen könnte: „Wenn China ein Produkt einkaufen muss, kann man davon ausgehen, dass sein Preis steigen wird." Wir glauben, dass ein entscheidender Faktor, der zu den Preisanstiegen bei Rohmaterialien seit den späten 90er Jahren beigetragen hat, Chinas Nachfrage nach solchen Gütern war.

ABBILDUNG 10.1 *Chinas Export als Prozentsatz der US-Exporte, 1994–2006*

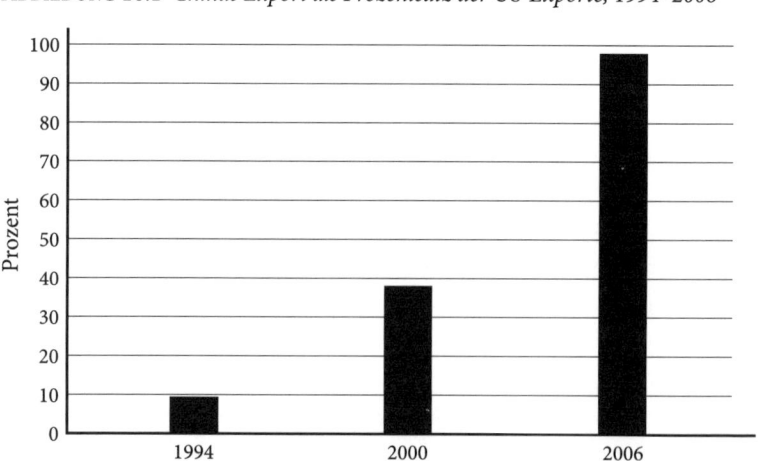

Quelle: Bosera Asset Management Co.

Sowohl die Bedürfnisse der chinesischen Exportbranche als auch der zunehmende Konsum der riesigen Bevölkerung Chinas haben zur wachsenden Nachfrage bei Öl, Bauholz und anderen Rohmaterialien beigetragen. China verbraucht bereits die weltweit größte Menge an Kupfer, nämlich etwa 20 Prozent des weltweiten Angebots – das ist in etwa eineinhalb Mal soviel wie die Vereinigten Staaten verbrauchen. China verbraucht auch einen ebenso großen Teil des weltweit produzierten Weizens, Mais, Aluminiums und der weltweit produzierten Baumwolle. Chinas steigende Nachfrage (ebenso wie die wachsende Nachfrage aus anderen Schwellenländern wie etwa Indien) hat dazu geführt, dass die Preise verschiedener Rohstoffe während der letzten 25 Jahre rekordverdächtig anstiegen. Besonders hoch war Chinas Bedarf an Bauholz. Im Jahr 1998 erließ das Land ein Abholzungsverbot auf dem Festland, nachdem es im Anschluss an frühere Abholzungen zu Problemen durch Bodenerosion gekommen war. Trotz des begrenzten Holzangebots aus den heimischen Wäldern wurden allein für die Olympischen Spiele in Peking im Jahr 2008 mehr als 9,2 Millionen Quadratmeter neu bebaut.

Die Abbildungen 10.2 bis einschließlich 10.4 zeigen das Wachstum des physischen Volumens der China-Importe von Öl, Bauholz und Kohle.

Abbildung 10.5 verwendet den Goldman Sachs Commodity Price Index, um den Anstieg der Nachfrage nach Rohmaterialien und somit auch der Preise von Rohmaterialien, seit Ende der 90er Jahre zu illustrieren. Der Besitz von

ABBILDUNG 10.2 *Chinas Rohölimporte, 1995–2006*

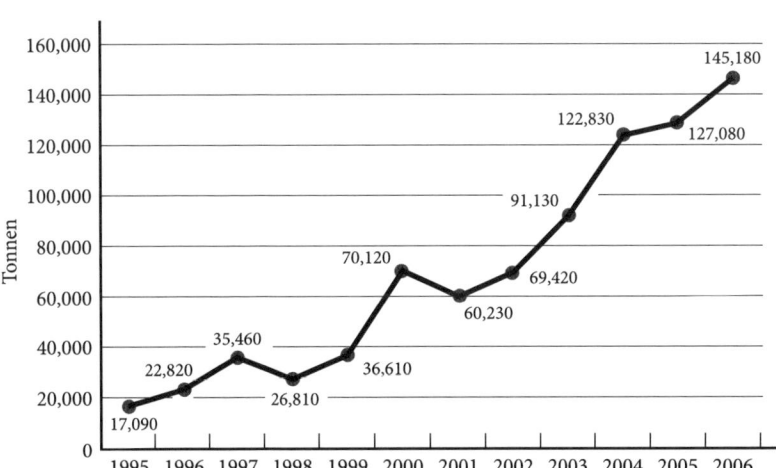

Quelle: Bosera Asset Management Co.

Abbildung 10.3 *Chinas Bauholzimporte, 1995–2006*

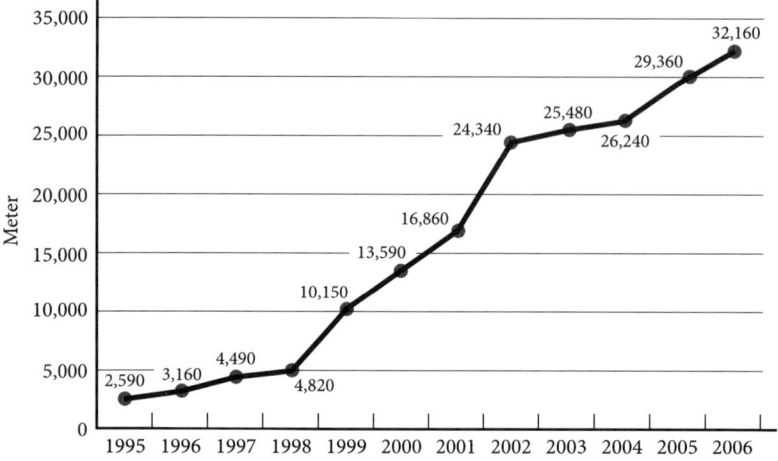

Quelle: Bosera Asset Management Co.

Abbildung 10.4 *Chinas Kohleimporte 1995–2006*

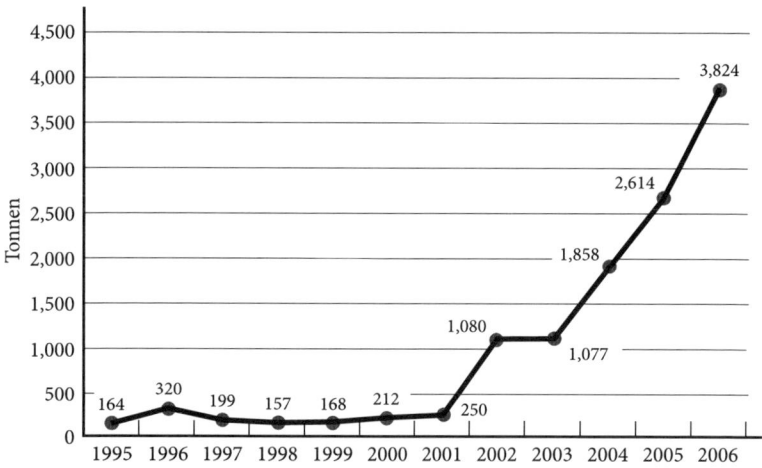

Quelle: Bosera Asset Management Co.

Investment-Instrumenten, deren Wert mit dem Preisanstieg bei Rohmaterialien wächst, ist eine indirekte Möglichkeit, um vom Wirtschaftswachstum Chinas zu profitieren. Während Rohstoffpreise extrem volatil sind, wird das anhaltende Wirtschaftswachstum in China voraussichtlich steten Aufwärtsdruck auf diese Preise ausüben.

ABBILDUNG 10.5 *Goldman Sachs Commodity Price Index, 1998–2007*

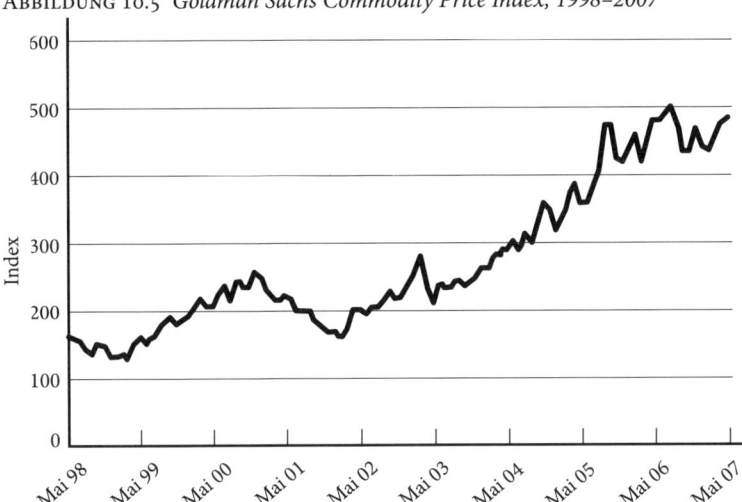

Quelle: Global Financial Data.

Ein Engagement in Rohmaterialien bietet auch wichtige Diversifizierungsvorteile. Erinnern Sie sich bitte: Je niedriger die Korrelation zwischen zwei beliebigen Vermögenswertklassen in einem Portfolio ist, desto größer ist das Potenzial der Risikoreduktion. Am meisten lässt sich das Risiko mindern, indem man dem Portfolio eine Vermögenswertklasse beigibt, die in negativer Korrelation zu einem existierenden Portfolio steht. Für einen US-Investor, der hauptsächlich in US-Aktien anlegt, sind Rohstoffe exzellente „Diversifikatoren". In den ersten Jahren des 21. Jahrhunderts bestand zwischen Rohstoffen und US-Aktien eine negative Korrelation.

Es gibt einen Rohstoff-basierten ETF (der unter dem Tickersymbol GSC gehandelt wird), der dem Rohstoffindex von Goldman Sachs, dessen Fokus auf Öl liegt, folgt. Ein etwas breiter angelegter Rohstoff-ETF (der unter dem Tickersymbol DBC gehandelt wird), folgt dem Index der Rohstoffpreise des Commodity Research Board (CRB). Ein weiterer ETF (der unter dem Symbol GLD gehandelt wird) folgt dem Goldpreis. Wir ziehen es jedoch vor, in börsengehandelte Fonds zu investieren, die Anteile an den Unternehmen halten, die die Rohmaterialien produzieren. Der Erfolg der Produzenten ist maßgeblich vom Preis der Rohstoffe abhängig und die Rohstofferzeuger sind darüber hinaus profitable Unternehmen, die Dividenden an ihre Aktionäre auszahlen. Abbildung 10.6 führt die börsengehandelten Fonds einiger Rohstofferzeuger auf.

Abbildung 10.6 *Eine Auswahl von Rohstoffproduzenten-ETFs*

Name des Fonds	Ticker-symbol	Kosten-quote	Gesamter-vermögen (MM)	Dividen-denrendite	Jährliche Rendite (gleitende 5-Jahresdurch-schnitte %)
Vanguard Energy	VDE	0,25	601	1,00	n.a.
Energy SPDR	XLE	0,24	4.333	1,17	20,58
Vanguard Materials	VAW	0,25	263	1,42	n.a.
Materials SPDR	XLB	0,24	990	2,12	13,68
iShares Materials	IYM	0,60	637	1,76	12,72
SPDR.Metal & Mining	XME	0,36	190	n.a.	n.a.
Gold Miners Market Vectors	GDX	0,55	612	n.a.	n.a.

Quelle: *http://quicktake.morningstar.com/fund; http://finance.yahoo.com* (Mai 2007)

Ein Engagement in Rohstoffproduzenten-Titeln bietet eine effektive, indirekte Möglichkeit sowohl von der Expansion Chinas als auch vom Wachstum jeder anderen sich schnell entwickelnden Nation zu profitieren.

Während Rohstoffe und deren Erzeuger außergewöhnlich volatile Renditen generieren und daher als riskante Investments gelten, so ist es doch paradoxerweise zutreffend, dass solche Titel dazu beitragen können durch ihren Diversifikationsnutzen das Gesamtrisiko des Portfolios zu reduzieren.

TAIWANS RITT AUF DEM CHINESISCHEN DRACHEN

Trotz der scharfen Worte, die die beiden Länder auf der politischen Bühne austauschen, wachsen die Wirtschaft des chinesischen Festlands und die Wirtschaft Taiwans immer mehr zusammen. Taiwanesische Unternehmen haben beträchtliche Besitztümer auf dem „Kontinent", wie man in Taiwan das Festland nennt. Im Jahr 2006 betrug der Anteil taiwanesischer Unternehmen an den gesamten chinesischen Exporten etwa 15 Prozent, wobei der Prozentanteil am Hardware-Sektor für Informationstechnologie ganze 60 Prozent betrug. Taiwans Investitionen in China belaufen sich mittlerweile auf mehr als 50 Milliarden Dollar und machen beinahe 70 Prozent der gesamten Auslandsinvestitionen des Landes aus.

Im Jahr 2003 begann die Regierung Taiwans Maßnahmen zu ergreifen, um den Kapitalfluss ins Ausland zu mindern. Allerdings zeigten diese nur wenig

Wirkung, denn Geld und Arbeitskräfte strömten weiterhin außer Landes. Derzeit leben und arbeiten etwa eine Million Taiwanesen auf dem chinesischen Festland und Statistiken der chinesischen Regierung zeigen, dass mehr als 70.000 taiwanesische Unternehmen dort auch investieren. Tausende andere Unternehmen halten indirekte finanzielle Beteiligungen in China, indem sie in Unternehmen investieren, die ihren Sitz in Hongkong und Singapur haben.

Obwohl Taiwan der weltweit zweitgrößte Hightech-Chiphersteller ist, so spielt das Land doch in zunehmendem Maße eine wichtige Rolle in den Bereichen Design, Management und Finanzen – wobei die Herstellung auf dem Festland stattfindet. Sehr zum Leidwesen der taiwanesischen Regierung findet nun auch ein stetig wachsender Teil des Designprozesses dort statt. Durch die Expansion nach China bietet sich vielen taiwanesischen Chipherstellern eine kraftvolle Mischung aus technischem Know-how, Zugang zu den internationalen Märkten und billigen Arbeitskräften. Außerdem sind sie dort hervorragend positioniert, um sowohl die Bedürfnisse des stetig wachsenden chinesischen Marktes zu erfüllen, als auch die Nachfrage aus dem Rest der Welt zu decken.

Wir glauben, dass nicht der Kauf einzelner taiwanesischer Aktien, sondern vielmehr ein diversifiziertes Investment-Instrument der beste Weg ist, um in den Markt Taiwans einzusteigen. Zwei solche Instrumente, die es Wert sind, genauer unter die Lupe genommen zu werden, sind der Taiwan Greater China Fund und der MSCI Taiwan Index. Bei ersterem handelt es sich um einen diversifizierten geschlossenen Fonds, der in Taiwan gelisteten Unternehmen anlegt, die entweder durch Exporte auf das chinesische Festland oder Unternehmungen dort beträchtliche Gewinne erwirtschaften. Das Tickersymbol des Fonds lautet TFC und der Fonds ist an der New Yorker Börse gelistet. Wie bei allen geschlossenen Fonds gilt auch hier: Die Fondsanteile sind attraktiver, wenn sie unter ihrem Nettovermögenswert gehandelt werden. Zum zweiten Investment-Instrument: Durch den börsengehandelten Fonds mit dem Tickersymbol EWJ, der dem MSCI Taiwan Index folgt und an der New Yorker Börse gehandelt wird, erhält man Zugang zum gesamten taiwanesischen Markt.

JAPAN STÜRZT SICH IN DEN CHINA-BOOM

Jeder Geschichtsstudent weiß um die bittere Feindschaft zwischen China und Japan. Bis zum heutigen Tag sind japanfeindliche Proteste in China keine Seltenheit und es herrscht noch immer ein gewisses Maß an Groll. Es lässt sich jedoch nicht verleugnen, dass die japanische und chinesische Volkswirtschaft sich gut ergänzen und dass China zum drittwichtigsten Handelspartner Japans, hinter den USA und der EU, geworden ist. China ist mittlerweile zum wichtigen Outsourcing-Standort für japanische Unternehmen geworden und ist überdies ein zunehmend wichtiger Markt für japanische Produkte. Entgegen der landläufigen Meinung war es die Inlandsnachfrage und nicht der Nettoexport, die mehr als 80 Prozent zu Chinas Wirtschaftswachstum in Höhe von 10,5 Prozent im Jahr 2006 beitrug, wobei sich diese Nachfrage größtenteils auf Güter bezieht, deren Ursprung in japanischen Unternehmen liegt.

Nach Schätzungen der Investmentanalyse-Abteilung von AllianceBernstein wird das chinesische Pro-Kopf-Einkommen weiter steigen, und zwar in einem Maße, das seit der Industrialisierung der Vereinigten Staaten, Japans und Westeuropas seinesgleichen sucht. Trotz der ungleichmäßigen Einkommensverteilung und der ungleichen Vermögenskonzentration glauben wir, dass derzeit 100 Millionen Chinesen mindestens 50.000 Yuan verdienen. Dieser Wert steht für Kaufkraft in Höhe von 20.000 Dollar pro Jahr. Außerdem entspricht derzeit der Umfang der chinesischen Mittelschicht zahlenmäßig der Gesamtbevölkerung Japans; das stete Wachstum dieser Mittelschicht hat wiederum einen Anstieg der Nachfrage nach japanischen Produkten zur Folge. Des Weiteren besteht aufgrund der niedrigen Penetrationsrate bei Produkten wie Mobiltelefonen, Fernsehgeräten und Kühlschränken weiterhin Raum für enormes Wachstum in der Zukunft. Letztendlich profitiert Japan von den Vorteilen, die China als wichtiger Outsourcing-Standort und als wichtiger Markt für japanische Industrie- und Konsumgüter bietet.

Goldman Sachs hat einen „China-Related Japan Stock Basket", also einen Korb mit chinabezogenen Japan-Titeln, zusammengestellt, der diejenigen Aktien japanischer Unternehmen enthält, die beträchtlich von Verkäufen nach China profitieren oder die in China produzieren.

Wir glauben, dass das Wachstum Chinas maßgeblich zur Erholung Japans beigetragen hat, das nach den Blasen auf den Immobilien- und Aktienmärkten Ende der 80er Jahren, unter einer über zehnjährigen Rezession zu leiden hatte. Mehr als die Hälfte der japanischen Exporte nach China bestehen aus kapitalintensiven Produkten mit hoher Wertschöpfung. Goldman Sachs' China-Related Japan Stocks Basket konnte dementsprechend den allgemeinen japanischen Aktienindex TOPIX weit hinter sich lassen. Abbildung 10.7 führt die Unternehmen auf, die im Goldman Sachs-Korb enthalten sind.

ABBILDUNG 10.7 *Performance des „China-Related Japan Stocks Basket"*
(indexiert, 7. Januar 2000 = 100)

(indexiert, 7. Jan 2000 = 100)

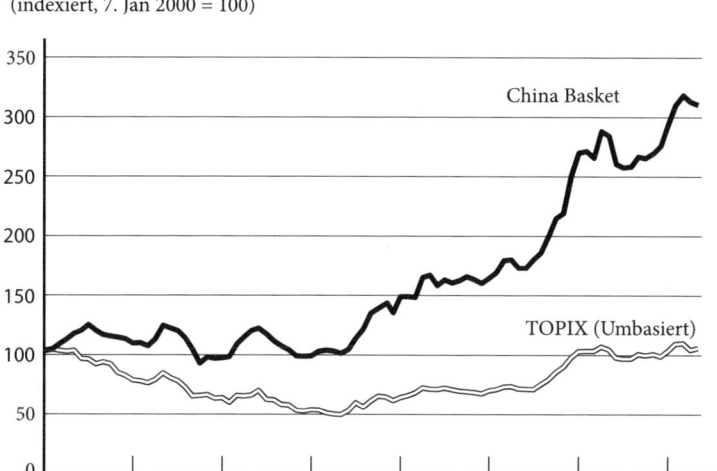

Anmerkung: Kurse ab 9. April 2007. Teijin, Mitsubishi Rayon, Oji Paper, Tosoh, Dainippon Ink & Chemicals, Shiseido, Asahi Glass, Nippon Electric Glass, Taiheiyo Cement, Toto, Nippon Steel, JFE Holdings, Mitsubishi Materials, Komatsu, Hitachi Const. Machinery, Daikin Industries, NSK, Sanken Electric, Funai Electric, Fanuc, Honda Motor, Koito Mfg., Ricoh, Yamaha, Itochu, Mitsui, Sumitomo, Mitsubishi, Unicharm, Nippon Express, Nippon Yusen, Mitsui O.S.K. Lines. Gleich gewichtet. Quelle: Berechnungen von Goldman Sachs Research.

GANZ ASIEN ZAPFT CHINAS REICHTUM AN

Neben Taiwan und Japan haben auch andere Länder in ganz Asien massiv vom Wachstum Chinas profitiert. So entwickelte sich zum Beispiel der australische Markt in den Jahren 2005 und 2006 aufgrund Chinas Nachfrage nach australischen Rohmaterialien und Produkten sehr stark.

Ähnlich positive Auswirkungen hatte das chinesische Wirtschaftswachstum auf Südkorea, Malaysia und Singapur. Der Aktienmarkt in Singapur enthält auch einige Immobilienfonds, die beträchtlich und gewinnbringend in Immobilienprojekte auf dem chinesischen Festland investieren. Abbildung 10.8 zeigt eine Reihe von Fonds (offene, geschlossene und börsengehandelte Fonds), die Anlegern Zugang zum asiatischen Markt ermöglichen und deren Kostenquote niedrig ist. Die breiter angelegten Asien-Fonds investieren auch in Indien, einem anderen aufstrebenden Markt mit vielversprechenden Wachstumsaussichten.

ABBILDUNG 10.8 *Offene und geschlossene Fonds sowie ETFs mit breitgefächertem Engagement in Asien, Mai 2007*

Offene Fonds

Name des Fonds	Morning-star Rating	Kosten-quote (%)	Jährliche Rendite (gleitende 5-Jahres-durchschnitte %)
American Century Emerging Markets	★★★	2,05	24,15
Fidelity Emerging Markets	★★	1,01	26,82
Vanguard Emerg. Market Index Fond	★★★	0,42	25,79
Vanguard Pacific Aktien Index Fond	★★★★	0,27	15,43

Geschlossene Fonds

Name des Fonds	Ticker-symbol	Mor-ningstar Rating	Kosten-quote (%)	Prämie (+) – Diskont (–)	Jährliche Rendite (gleitende 5-Jahresdurch-schnitte %)
Asia Pacific Fond	AGB	★★★	1,78	–12,15	21,32
Asia Tigers	GRR	★★★	2,20	–10,77	n.a.
Greater China	GCH	★★★	1,86	–10,55	25,17
Morgan Stanley Asia Pacific	APF	Nicht bewertet	1,16	–12,98	18,73
Taiwan Greater China	TFC	★★	2,55	–9,52	6,59
Singapur	SGF	★★★	1,86	–10,84	25,17
Malaysia	MF	★★	1,49	–10,23	16,54
Korea	KF	★★★	0,89	–5,75	23,62

ETFs

Name des Fonds	Ticker-symbol	Kosten-quote (%)	Jährliche Rendite (gleitende 5-Jahres-durchschnitte %)
MSCI Hong Kong	EWH	0,54	19,42
MSCI Taiwan	EWT	0,85	–0,33
MSCI Südkorea	EWY	0,70	9,45
MSCI Singapur	EWS	0,54	42,99
MSCI Malaysia	EWM	0,54	52,77
MSCI Australien	EWA	0,54	29,76
MSCI Japan	EWJ	0,54	–5,12
iShares MSCI Pacific Ex Japan	EPP	0,50	34,22
Vangard Pacific Index ETF	VPL	0,18	3,32

Quelle: *http://quicktake.morningstar.com/fund*; *http://finance.yahoo.com* .

VIELE US-UNTERNEHMEN VERLASSEN SICH –
WAS DAS WACHSTUM ANGEHT – AUF CHINA

Im Jahr 2006 überschritten die Gewinne aus US-Unternehmungen in China die 4-Milliarden-Dollar-Marke. Nach Angaben des U.S. Bureau of Economic Analysis, dem Amt für Wirtschaftsanalyse, stiegen sie damit gegenüber 2005 um mehr als 50 Prozent.

Joseph Quinlan, Chef-Marktstratege bei der Bank of America, lieferte noch eine weitere Sichtweise dieses Wachstums: Im Jahr 2006 verdienten US-Unternehmen mehr in China als während der gesamten 90er Jahre.

Wäre Wal-Mart ein Land, so wäre es Chinas sechstgrößter Exportmarkt. Im Jahr 2006 kaufte das Unternehmen in China Waren im Wert von 25 Milliarden Dollar und hat so mehr als jedes andere Unternehmen weltweit dazu beigetragen, den Stempel „Made in China" zu einem Teil der US-Einzelhandelslandschaft zu machen. Wal-Mart besitzt auch ein schnell expandierendes Einzelhandelsunternehmen in China; glaubt man Bill Dreher, einem Analysten der Deutschen Bank, so wird „China ein ebenso großer und erfolgreicher Markt für Wal-Mart sein, wie es die USA bereits sind."

Im Jahr 2006 kündigte Wal-Mart an, Trust-Mart, eine taiwanesische Kette aus mehr als hundert Großmärkten in China, für eine Milliarde Dollar zu übernehmen. Dieser Schachzug war Teil der von Wal-Mart verfolgten Strategie, zusammen mit der chinesischen Mittelschicht zu wachsen, die sich bis zum Jahr 2015 verfünffachen und dann 200 Millionen Menschen umfassen soll. Das Unternehmen hat die Vorgehensweise der chinesischen Lieferanten verändert und eine Kultur, die auf persönlichen Kontakten beruhte, durch ein Leistungsnetz ersetzt, das auf Preisbildung, Lieferung und Produktqualität basiert und durch Informationstechnologie erst möglich gemacht wurde. Chinesische Lieferanten, die es gewohnt waren Kunden bei Geschäftsessen zu akquirieren, zeigten sich angesichts des nüchternen Wal-Mart-Protokolls schockiert.

Obwohl China massiv in die Transport-Infrastruktur investiert, ist das Vertriebssystem des Landes doch veraltet und ineffizient. Dadurch sind US-Unternehmen wie UPS und Federal Express chinesischen Unternehmen gegenüber deutlich im Vorteil. UPS und FedEx investieren beträchtliche Summen in ihre China-Netzwerke und obwohl das Liefergeschäft in China noch nicht profitabel ist, glauben wir, dass Investoren sich über einen deutlichen Anstieg der Erträge freuen können, wenn die Netzwerke erst einmal voll funktionsfähig sind.

In den Vereinigten Staaten scheint man derweil immer mehr den Geschmack an den Hähnchen verloren zu haben, die in den Kentucky Fried Chicken Restaurants nach dem Geheimrezept von Colonel Sanders zubereitet werden. Das Wachstum der sogenannten Same-Store Sales, des bevorzugten Maßstabs der Einzelhandels-Wertpapieranalysten für den Vergleich der Umsätze verschiedener Filialen, die seit einem Jahr oder länger bestehen, fiel für die mehr als 5.000 KFC-Restaurants in den Vereinigten Staaten recht flach aus. Dasselbe gilt für die beiden Ketten Pizza Hut und Taco Bell. Doch das Mutterunternehmen dieser Fast Food-Restaurants, das den passenden Namen Yum! Brands trägt, erzielte aufgrund seines Engagements in China, wo im Schnitt alle 22 Stunden ein neues Restaurant eröffnet wird, hohes Gewinnwachstum im zweistelligen Bereich. Das Geschäft mit den KFC-Hähnchenteilen mag in den USA eher schleppend gehen, doch angesichts des Erfolgs in China läuft den Managern das Wasser im Mund zusammen. Das Maskottchen der KFC-Kette, Chicky, hat in China einen deutlich höheren Wiedererkennungswert als Ronald McDonald, das Maskottchen der Konkurrenz. Überdies hat Yum! Brands in China eine neue Restaurant-Kette mit Namen East Dawning eingeführt. Diese Restaurants servieren im Ambiente eines gemütlichen chinesischen Wohnzimmers Hühnchen, das mit traditionellen Elementen der chinesischen Küche zubereitet wird. Die Einkünfte aus China sind so hoch, dass Yum! Brands sie im Jahresbericht gesondert aufführt. Im Jahr 2007 stiegen die Gewinne aus China mit einer Jahresrate von mehr als 30 Prozent.

Die chinesische Mittelschicht wächst zwar schnell, altert jedoch auch schnell, was vermutlich schon bald zu zusätzlichem Bedarf an den Produkten und Leistungen vieler US-Unternehmen für Arzneimittel und medizinisches Zubehör, wie etwa Pfizer und Johnson & Johnson, führen wird. Der Hang der Chinesen zur Sparsamkeit sollte auch für Vermögensverwalter von Vorteil sein. Zwar steckt das Geschäft in China noch in den Kinderschuhen, doch AIG, Merril Lynch und Morgan Stanley haben durch Joint-Venture-Projekte bereits in China Fuß gefasst.

Macao, das etwa 60 Kilometer südwestlich von Hongkong liegt, hat Las Vegas als Glücksspiel- und Unterhaltungsmetropole der Welt überholt. Hunderte Millionen Chinesen leben in Gebieten, die mit dem Auto oder dem Flugzeug nur zwei Stunden von Macao entfernt sind. Macao ist nicht nur beliebter Urlaubsort vieler Festland-Chinesen, die einfach nur die Grenze überqueren müssen, sondern auch zu einem der populärsten Reiseziele für Urlauber aus aller Welt geworden.

Im Jahr 2004 beendete Macao das Glücksspielmonopol auf Spielkasinos, das Stanley Ho, der chinesische „König des Glücksspiels", seit 42 Jahren innehatte. Nun ist der Markt auch für internationale Unternehmen offen und Las Vegas Sands und Wynn Resorts aus den USA sind zu führenden Figuren in diesem Spiel geworden.

Las Vegas Sands stieg als erster in den Markt ein. Das Sands Macao öffnete im Jahr 2005 seine Pforten und im Jahr 2007 folgte das (Sands) Venetian Macao Resort, das sich auf einem Las Vegas nicht unähnlichen Streifen neu gewonnenen Landes mit Namen Cotai befindet. Dank der schier unstillbaren Spiellust der Chinesen übersteigen die Einkünfte aus Macao bereits die aus Las Vegas. Weit mehr als die Hälfte der Resort-Einkünfte des Unternehmens Las Vegas Sands stammen aus Macao.

Auch Steve Wynn, Besitzer von Wynn Resorts, fand Gefallen an den Gewinnchancen Macaos – er fand sogar soviel Gefallen daran, dass er zwei Stunden pro Tag mit Chinesisch-Stunden verbrachte, bevor das Wynn Macao im September 2006 seine Pforten öffnete. Der Bau, der 600 Hotelzimmer, fast 9.300 m² für Glücksspiele verschiedener Art, 2.400 m² Ladenfläche und sieben Restaurants umfasst, hat dem Unternehmen Millionen eingebracht. Wynn Resorts aktuelle Expansionspläne sehen unter anderem einen Ausbau des sehr erfolgreichen Mega-Kasinos sowie ein zweites Kasino-Resort auf dem Cotai-Streifen vor. Für den extravaganten Steve war das Kasinoprojekt in Macao definitiv ein großer Gewinn. Wynn meint auch, dass die Zukunft sogar noch rosiger aussieht: „Macao wird eine Lawine riesiger Gewinne ins Rollen bringen."

Viele andere US-Unternehmen, deren Namen in den Vereinigten Staaten landläufig bekannt sind, spielen ebenfalls wichtige Rollen auf dem chinesischen Markt und sie setzen ihr Marketing Know-how ein, um sicherzustellen, dass sie das auch bleiben. Als man bei Procter & Gamble herausfand, dass Chinesinnen mit niedrigem Einkommen ihr Haar nur einmal pro Woche waschen, veränderte das Unternehmen die Formel des in China verkauften Shampoos so, dass das Haar länger sauber blieb. Goldman Sachs ist einer der führenden Investment-Banker Asiens. Starbucks geht davon aus, dass China (obgleich es sich um eine Nation von Teetrinkern handelt) zum größten Absatzmarkt des Unternehmens außerhalb der USA werden wird.

Coca Cola berichtet, dass China mittlerweile zum viertgrößten Absatzmarkt der Marke geworden ist. Industrielieferant Honeywell verzeichnet Einkünfte aus China, die beinahe 10 Prozent des Gesamtunternehmens ausmachen, und die Einkünfte steigen mit einer Jahresrate von 20 Prozent. Motorola erfreut sich in

China schnell steigender Verkaufszahlen bei Mobiltelefonen. Eine kürzlich vom U.S.-China Business Council durchgeführte Umfrage ergab, dass die Gewinnspannen seiner Mitgliedsunternehmen in China ebenso hoch oder sogar höher waren als in anderen Teilen der Welt.

Eine relativ risikoarme Möglichkeit, um vom Wachstum Chinas zu profitieren, ist Aktien US-amerikanischer Unternehmen zu kaufen, deren Gewinne voraussichtlich durch ihr Engagement in China wachsen werden. Abbildung 10.9 zeigt eine umfangreiche Liste US-amerikanischer Unternehmen mit erheblichen Geschäftsaktivitäten in China. Abbildung 10.10 ist eine grafische Darstellung der Erträge dieser US-Unternehmen im Vergleich mit dem Standard & Poor's 500 Aktienindex.

Abbildung 10.9   *US-Unternehmen mit beträchtlichem Engagement in China*

Informations-technologie	Motorola; Honeywell; Microsoft; IBM; Cisco Systems; Oracle; Hewlett Packard; eBay
Finanzen	Citigroup; Bank of America; Goldman Sachs; Merrill Lynch; Morgan Stanley
Konsum	P&G; American Express
Pharmazie	Johnson & Johnson, Pfizer
Einzelhandel	Wal-Mart
Industrie	Du Pont; GE
Automobil	General Motors; Ford
Nahrungsmittel	Coca-Cola; Pepsi; Yum! Brands; Starbucks; McDonald's; Anheuser Busch
Unterhaltung	Wynn Resorts; Disney; Las Vegas Sands
Immobilien	ProLogis
Transport	UPS; FedEx
Versicherung	AIG
Baustoffe	Phelps Dodge; Alcoa

Es gibt jedoch zwei wichtige Einschränkungen bei der Offshore-Methode, in einen Korb aus US-amerikanischen Unternehmen zu investieren, die von ihren Geschäften in China profitieren. Zum einen wäre es für viele Privatinvestoren unerschwinglich, die Aktien so vieler Unternehmen zu kaufen und zu halten. Zum anderen sind die Möglichkeiten extrem begrenzt, Fonds mit einer solchen Strategie zu kaufen. Wir kennen nur einen solchen Fonds, den Alger China U.S. Growth Fund (Tickersymbol CHUSX), und selbst dieser Fond investiert nur teilweise entsprechend unserer Strategie. Der CHUSX setzt zu etwa gleichen

ABBILDUNG 10.10 *Performance der US-Unternehmen* mit beträchtlichem China-Engagement, verglichen mit dem S&P 500, 2001–2007*

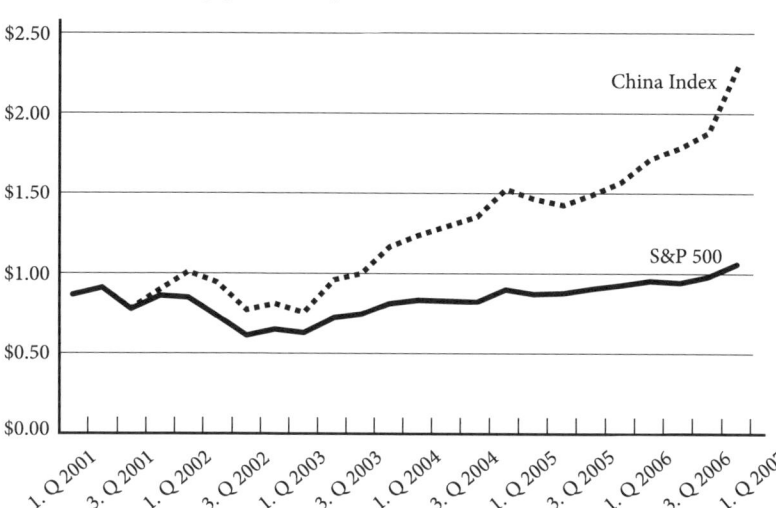

*Der US-China Index ist ein gleichgewichteter Index, der eine Investition in alle in Abb. 10.9 aufgeführten Unternehmen unterstellt.
Quelle: Berechnungen der Autoren

Teilen auf Unternehmen mit Hauptsitz in den USA, die deutlich von Geschäften in China profitieren, und auf große chinesische Unternehmen, die an den internationalen Börsen gehandelt werden.

Zudem bringt dieser Fonds erhebliche Gebühren mit sich. Wir glauben, dass es für US-Investoren besser wäre, in einen Indexfonds oder einen ETF zu investieren, der aus großen US-Unternehmen besteht, die vom chinesischen Wirtschaftsboom profitieren und die mit ihren geschäftlichen Aktivitäten in China einen hohen Gewinnbeitrag erwirtschaften. Wir hoffen, einen solchen Fonds wird es bald geben.

AUCH EUROPÄISCHE MULTINATIONALE KONZERNE WOLLEN MIT CHINA WACHSEN

Europäische multinationale Konzerne, von denen viele als ADRs an US-Börsen gelistet sind, stellen ebenfalls eine attraktive Option für Investoren dar, um indirekt vom chinesischen Wirtschaftswachstum zu profitieren. Ein ausgezeichnetes Beispiel hierfür ist der französische Luxusgüterkonzern LVMH (Louis Vuitton,

Moët, Hennessy). Die Umsätze mehrerer Produktkategorien des Unternehmens wachsen in China rapide. Louis Vuitton, die Designaccessoire-Marke des Konzerns, verzeichnet dabei das schnellste Wachstum. Im Jahr 2004 öffnete der erste Louis Vuitton Shop auf dem Festland in Shanghai seine Pforten und schon zwei Jahre später gab es bereits über ein Dutzend Filialen in China. Yves Carcelle, Chef des Designerhauses, sieht China „als das Zentrum auf das sich die Aufmerksamkeit des Unternehmens richtet" und als das Gebiet, von dem man „exponentielles Wachstum" erwartet.

Bis zum Jahr 2006 machten die Umsätze in China bereits mehr als 50 Prozent der Umsätze der Marke Louis Vuitton aus. Das Unternehmen mit Sitz in Paris verkaufte in China (inklusive Hongkong) mehr Handtaschen, Schuhe und Handschuhe als in Europa, wo nur etwa ein Viertel des Gesamtumsatzes generiert wurde. *The Economist* berichtet, dass die chinesischen Käufer von Luxusgütern „die am schnellsten wachsende Bevölkerungsgruppe der chinesischen Wirtschaft" sind. Die neureichen Chinesen werden beschrieben als „riesige Gruppe statusbewusster, immer reicher werdender Menschen, die gierig nach Marken und einkaufsversessen sind". Ein Schild am Eingang des Lemon Lake Wohnhauses sagt viel darüber aus, wie reiche Chinesen ihr Geld ausgeben wollen: „US-amerikanisches Verhalten: Reich und Stark."

Auch andere europäische Marken sind in China außergewöhnlich erfolgreich. Armani, Gucci, Hermes, Prada und Versace expandieren sehr schnell. Nokia, das Unternehmen, das weltweit die meisten Mobiltelefone verkauft, hat den größten Anteil am chinesischen Telefon-Markt. Während sich der westliche Teil Chinas weiterentwickelt, bleibt noch beträchtlicher Raum für Wachstum in diesem Bereich. Während der ersten neun Monate des Jahres 2006 gab es in China rund 50 Millionen neuer Mobilfunkkunden, das sind mehr Menschen als die gesamte Bevölkerung Südkoreas. Zudem verkauft Nokia weiterhin neue und bereits gewohnte Mobiltelefone an Kunden, die schon Mobilfunkverträge haben. Bei Nokia schätzt man, dass das Ersatzgeschäft bis zum Jahr 2012 sogar 80 Prozent des Gesamtumsatzes ausmachen wird.

Unternehmensriesen aus den Bereichen Konsumgüter und Nahrungsmittel, wie Unilever und Nestlé, erwirtschaften in China beträchtliche Gewinne. Gleiches gilt für das Elektronikunternehmen Philips. Auch L'Oréal hat mit seiner Linie Maybelline Erfolg. Volkswagen stieg früh in den chinesischen Automobilmarkt ein und BMW folgte auf dem Fuß und stockte schnell auf. Das Schweizer Unternehmen für Energietechnik und -infrastruktur ABB zieht im Rennen um die Verbesserung des Energieversorgungsnetzes in China einen Neukunden nach dem anderen an Land. So unterschiedliche Unternehmen wie Siemens, Novartis und Heineken sind in China bekannte Markennamen. Ähnliches gilt für viele Finanzkonzerne mit Sitz in Europa, die in großem Maß in China engagiert sind. Die größte Bank Europas, die UBS mit Sitz in Zürich, hat klargestellt, dass China eine zentrale Rolle für das zukünftige Wachstum und den Gewinn der Bank spielt. Im Jahr 2006 machte die Bank durch ihr Engagement in China einen Buchgewinn von mehr als 1 Milliarde Dollar. Die Barclays Bank of Britain generiert einen beträchtlichen Teil ihrer Profite in China. HSBC, das riesige internationale Finanzkonglomerat mit Hauptsitz in London, hieß 1865, zu Beginn der Unternehmensgeschichte, noch Hongkong and Shanghai Banking Corporation. Es überrascht daher nicht, dass das Unternehmen tief in China verwurzelt und eines der führenden ausländischen Institute ist, die in China einen Verbraucher-Finanzmarkt aufbauen. HSBC war 2005 die erste ausländische Bank, die auf dem chinesischen Festland Landeswährungs-Dienstleistungen anbot.

Ganz offensichtlich können auch europäische Investoren indirekt am chinesischen Wirtschaftswachstum teilhaben. Doch auch hierbei gilt: Die Möglichkeiten, dies ohne großen finanziellen Aufwand zu tun, sind spärlich. Wir sind der Meinung, dass Indexfonds und ETFs europäischer Unternehmen, die von ihrem Engagement in China profitieren, nicht nur für Europäer, sondern auch für US-Anleger ein äußerst nützliches Instrument wären, da viele europäische Unternehmen als ADRs an US-Börsen gehandelt werden. Vielleicht wird ein Fonds-Unternehmen eines Tages den Index „die Besten der Besten" einführen – einen Index, der sowohl US-Unternehmen als auch Unternehmen aus dem Ausland enthält, für die Geschäfte in und mit China ein sehr wichtiger Bestandteil ihrer Unternehmungen sind.

ZUSAMMENFASSUNG

Natürlich haben indirekte Investitionen in europäische, asiatische oder US-Unternehmen, die versuchen von Chinas Wachstum zu profitieren, nicht nur Vorteile. Obwohl diese Unternehmen von den rapide zunehmenden Wachstumschancen in China profitieren und zu den weniger riskanten Investments gehören, macht ihr Engagement in China nur einen kleinen Prozentsatz ihrer Umsätze aus. Außerdem sind Unternehmen aus den USA, Europa und Japan im eigenen Land den allgemeinen Marktbewegungen unterworfen, wodurch sie weniger Diversifizierungsvorteile bieten als ein direktes Investment in Unternehmen, die hauptsächlich in China operieren. Doch den etwas Nervenschwächeren, die das Wachstumspotenzial Chinas zwar sehen, aber ihre heimischen Investitionen nicht aufgeben wollen, mit denen sie sich sicher fühlen, sei gesagt, dass einiges für die indirekte Offshore-Methode spricht.

KAPITEL 11

Die Strategie,
alles auf eine Karte zu setzen

Es sind nicht die Erträge meines Kapitals, über die ich mir Gedanken mache,
sondern die Rückkehr meines Kapitals.

– WILL ROGERS

DIES IST DAS KAPITEL FÜR DIE SPIELERNATUREN UNTER IHNEN – für diejenigen, die selbst dann gerne spielen, wenn die Chancen schlecht stehen. Gewinnen Sie jedoch, kann es allerdings sein, dass der Jackpot ziemlich groß ist. In diesem Kapitel begleiten wir Sie durch das Investmentlabyrinth und erklären Ihnen, wie man einzelne chinesische Aktien kauft. Außerdem wollen wir versuchen, Ihnen einen Eindruck davon zu vermitteln, wo und wie die Finanzgurus der Welt gerade investieren. Um Ihnen Ärger und Komplikationen zu ersparen, stellen wir Ihnen zuerst einmal einige grundlegende Regeln für die Aktienauswahl vor.

DREI REGELN FÜR DIE AKTIENAUSWAHL

Lassen Sie uns gleich zu Beginn eines klarstellen: Zwar gelten diese Regeln, wenn Sie selbst auf großen, effizient funktionierenden Märkten einzelne Aktien kaufen, doch wenn es um Unternehmen auf dem chinesischen Festland geht, nehmen diese Regeln spezielle chinesische Charakteristika an. Diese Charakteristika werden im Rahmen jeder Regel erklärt.

#1. Kaufen Sie Aktien, bei denen man mindestens für die nächsten 5 Jahre
von überdurchschnittlichem Ertragswachstum ausgehen kann

Zukünftiges Ertragswachstum ist das grundlegende Kriterium bei jeder Aktienauswahl. Immer wieder waren in der Vergangenheit ausnehmend erfolgreiche Unternehmens-Investments durch außerordentliches Wachstum der Gewinne pro Aktie gekennzeichnet. Sagen wir einmal, eine Aktie wird für 15 Dollar verkauft, der Ertrag pro Titel beträgt einen Dollar, wodurch die Aktie über ein Kurs-Gewinn-Verhältnis von 15 verfügt (was etwa dem langfristigen Marktdurchschnitt in den USA entspricht). Im darauffolgenden Jahr steigen die Gewinne des Unternehmens um 15 Prozent, wodurch der Ertrag pro Titel auf 1,15 Dollar steigt. Bleibt das bereits niedrige KGV konstant, so wird die Aktie nun für 17,25 Dollar verkauft werden. Es kann natürlich passieren, dass der Markt aufgrund des Ertragswachstums des Unternehmens aufgeregt reagiert und der Meinung ist, dass das Kurs-Gewinn-Verhältnis des Unternehmens höher sein sollte. Sagen wir einmal der Markt ist der Meinung, dass das exzeptionelle Ertragswachstum des Unternehmens vorsichtig belohnt werden sollte, indem dem Kurs der Unternehmensaktie ein KGV von 18 zugewiesen wird. Bingo! Multipliziert man 1,15 Dollar, den Ertrag pro Titel, mit 18, so erhält man einen Aktienkurs in Höhe von 20,70 Dollar – das entspricht einem Anstieg von 38 Prozent innerhalb eines Jahres. Nicht schlecht, oder?

Die Wachstumsrate der Gewinne pro Aktie von Unternehmen, die außerhalb des chinesischen Festlands gelistet sind, lag in den vergangenen Jahren bei jährlich weit über 15 Prozent. Das Problem dabei liegt natürlich darin, wodurch die Gewinne der chinesische Unternehmen begründet sind. Wie wir bereits in Kapitel 8 sehen konnten, sind die Erträge staatlicher Unternehmen oftmals den Launen und der Politik der Regierung unterworfen. Außerdem können die Bücher privater Unternehmen, gelinde gesagt, undurchsichtig sein.

#2. Kaufen Sie Aktien, deren KGV im Vergleich zu den
Wachstumsaussichten niedrig ist

Wenn Sie eine Aktie kaufen, deren Erträge schnell steigen und deren KGV unter dem gängigen Markt-KGV liegt oder diesem Wert entspricht, dann kann es sein, dass Sie ein gutes Geschäft gemacht haben.

Die Finanzwelt verwendet den Terminus „PEG-Ratio", um das Verhältnis zwischen Kurs und Gewinnwachstum zu beschreiben; diese Kennzahl gilt weithin als nützliches Instrument bei der Aktienauswahl – je niedriger das Verhältnis, desto besser. Leider sucht jeder Anleger nach solchen Aktien und es kommt nur selten vor, dass ein Einzelner eine dieser Aktien entdeckt, bevor es die vielen hundert anderen Investoren tun. Im Fall der China-Aktien kann es passieren, dass die Kurs-Gewinn-Daten recht suspekt sind; des Weiteren können weithin akzeptierte Wachstumsaussichten durch das Eingreifen der Regierung drastisch verändert werden. Zudem gibt es noch ein anderes Problem: Oftmals ist es unmöglich, die Kurs-Gewinn-Daten einzelner China-Aktien zu erhalten, und auch die sogenannten Consensus Schätzungen, die übereinstimmenden Erwartungen der Analysten über das Ertragswachstum, sind in vielen Fällen für Privatinvestoren nicht zugänglich. Wir mussten uns zum Beispiel auf die Bosera Asset Management Company verlassen, um an die Wachstumsschätzungen für unsere Kalkulationen zu kommen.

#3. Kaufen Sie Glamour-Aktien

Hierbei können China-Aktien richtig glänzen. Der Glamour ist allgegenwärtig – oder zumindest scheint dies so. Die Volkswirtschaft Chinas wächst schneller als die jedes anderen Landes und es gibt zahllose Geschichten über die wachsende Konsumentenschicht und den Eifer großer Unternehmen, überall auf der Welt an den chinesischen Verbrauchern zu verdienen. Was man hierbei jedoch nicht vergessen darf ist, dass nicht alles was glänzt auch zwingend Gold sein muss. Wie bereits mehrmals in diesem Buch erwähnt, stellen sich die Chinesen ebenso geschickt an wie die Amerikaner während der Blütezeit des Dot.com-Booms, wenn es darum geht, kreative Unternehmensnamen zu finden, um Käufer anzulocken. Die Tien Biotech Group (an der American Stock Exchange unter TMV gehandelt) hat zum Beispiel nicht das Geringste mit Biotechnik zu tun, sondern ist vielmehr ein Gesundheitsdienstleister, der Nahrungsergänzungsmittel und Produkte für die persönliche Pflege verkauft.

Das Fazit lautet: Selbst dann, wenn man diesen an sich sinnvollen und praktischen Regeln folgt, muss man erkennen, dass Auswahl und Kauf einzelner Emerging-Market-Aktien wie zum Beispiel in China, mit Gefahren für das finanzielle Wohl geradezu gespickt sind. Will Frankenhoff, Mitarbeiter bei *Motley Fool*, sprach einmal davon, dass der Kauf chinesischer Aktien als manisch-depressives Verhalten klassifiziert werden könne.

DAS SCHWER ZU ERREICHENDE IDEAL: DIE „TEN BAGGERS"

Glamour, Wachstum – wer kann da schon widerstehen? Peter Lynch, berühmter Investor und Co-Autor des Buches *One Up on Wall Street*, schuf den Terminus „Ten Bagger", um das Gewinn-Potenzial solcher Aktien zu beschreiben. Der Begriff kommt aus dem Baseball: Ein Treffer bringt einen Läufer zur ersten Base, beziehungsweise dem First Bag. Ein Ten Bagger entspricht also zwei Homeruns und einem Double. Für Aktienkäufer bedeutet der Terminus, dass der Wert der Aktie um das Zehnfache, beziehungsweise um 1.000 Prozent, gestiegen ist. Auf die eine oder andere Weise sehen viele chinesische Aktien so aus als seien sie Mehrfach-Baggers und es gab auch Homeruns. Zumindest eine Aktie erwies sich tatsächlich als Ten Bagger (vgl. Abbildung 11.1).

Hat Abbildung 11.1 einen Haken? Leider ja. Da diese Aktien nur an den Börsen in Shanghai und Shenzhen gelistet sind, konnten sich nur Festland-Chinesen oder Institutionen mit QFII-Quoten einkaufen. Wie sieht es mit Anlegern aus, die nicht in China leben? Einwohnern der USA stehen viele Möglichkeiten offen – nicht alle sind einfach – wenn es darum geht, chinesische Aktien zu kaufen, die an Börsen außerhalb des chinesischen Festlandes gelistet sind.

ABBILDUNG 11.1 *Homerun-Aktienerträge und mehr auf dem chinesischen Festland, 1999–2006*

UNTERNEHMEN	BRANCHE	GESAMTRENDITE (%)	RENDITE, ANNUALISIERT (%)
Financial Street	Immobilien	1.411	49,6
Rocket	Maschinenbau	848	39,6
Yunnan Naiyao	Salze/Pottasche	634	34,4
OCT	Tourismus/Immobilien	518	31,0

Quelle: Bosera Asset Management Co.

EINE EINFÜHRUNG: WIE MAN CHINESISCHE AKTIEN
AUSSERHALB CHINAS KAUFT

An den US-Börsen können amerikanische Anleger sich an chinesischen Unternehmen in Form von ADRs (American Depository Receipts, Zertifikate einer amerikanischen Bank, die dem Recht an einer bestimmten Anzahl ausländischer Aktien entsprechen und an einer US-Börse gehandelt werden) und ADSs (American Depository Shares, gelistete ausländische Aktien an US-amerikanischen Börsen) beteiligen. Sie können die ADRs und ADSs auch über die sogenannte Pink-Sheets-Börse, eine außerbörsliche Plattform für Over-the-Counter Wertpapiere in den USA, kaufen. Zu guter Letzt bleibt US-Investoren noch die Möglichkeit, chinesische Aktien direkt an der Hongkong Stock Exchange zu kaufen, auch wenn dies recht schwierig und oftmals mit hohen Kosten verbunden ist.

ADRs und ADSs an US-Börsen

Die auf Dollar lautenden, börsenfähigen ADRs stellen für US-Investoren den einfachsten Weg dar, um Aktien ausländischer Unternehmen zu kaufen und somit ihr Portfolio global zu diversifizieren. Die Erfolgsgeschichte der ADRs, die zum ersten Mal im Jahr 1927 aufkamen, begann erst während der letzten 25 Jahre, als die Globalisierung sich auch in der Weltwirtschaft immer mehr bemerkbar machte. Es gibt drei ADR-Levels. Level I gilt als Einstiegs-ADR; diese Aktien werden für gewöhnlich als Pink Sheets gehandelt, wie wir noch erläutern werden. Für Level I ADRs besteht keine Offenlegungspflicht gemäß der Statuten der US-Börsenaufsicht. Level II und Level III ADRs müssen alle Auflagen der Börsenaufsicht erfüllen. Dazu zählen auch die Hinterlegung detaillierter Geschäftsberichte und die Bereitstellung von Firmeninformationen. Der größte Unterschied zwischen den beiden Levels ist, dass ADRs auf Level III, für das die strengsten Auflagen gelten, durch öffentliche Emissionen in den USA Kapital beschaffen können.

Viele bekannte internationale Unternehmen werden an US-Börsen in Form von ADRs gehandelt, darunter Nokia und British Petroleum.

Bei chinesischen ADRs, die an der New Yorker Börse und der NASDAQ gehandelt werden, handelt es sich entweder um Level II oder Level III ADRs, die oft auch N-Aktien genannt werden. Wie wir bereits in Kapitel 4 gesehen haben, bestehen ADRs oft aus Aktienbündeln, um so einen für amerikanische Standards angemessenen Preis der ADRs gewährleisten zu können. Daher entspricht ein Sinopec-ADR an der New Yorker Börse einhundert an der Börse in Shanghai gehandelten Sinopec-Aktien. Viele Anleger sind der Meinung, zwischen ADRs und ADSs gebe es keinen Unterschied und in gewisser Weise haben sie damit Recht, denn die Listing-Auflagen sind für beide Instrumente dieselben. Technisch gesehen ist jedoch ein ADS eine echte, an der Börse gehandelte Aktie, während ein ADR aus einem ADS-Bündel besteht. So wird zum Beispiel die Shanghai Petroleum Company Ltd., eine hundertprozentige Tochter der Sinopec, als ADS an der New Yorker Börse gehandelt und eine Aktie an dieser Börse entspricht einer Aktie an der Börse in Shanghai.

Pink Sheets

Der Terminus „Pink Sheets" ist ein Überbleibsel aus der Zeit, zu der die Aktiennotierungen an diesem Markt tatsächlich noch auf rosa Papier gedruckt wurden.

Heute ist dieser Markt in gewisser Weise die Börsen-Unterwelt der Vereinigten Staaten, der Markt, auf den konkursreife Unternehmen verbannt werden. Als Delphi, Hersteller von Kfz-Bauteilen, Konkurs anmeldete, wurden die Unternehmensaktien aus der Börsennotierung der New York Stock Exchange gestrichen und an den Pink-Sheets-Markt verwiesen. Auf diesem Markt sind auch bevorzugt solche Unternehmen gelistet, die ihre Bücher nicht offenlegen wollen. Doch nicht alle dieser Unternehmen sind schmierige, finanziell labile Eintagsfliegen – auch der Schweizer Riese Nestlé ist auf dem Pink-Sheets-Markt gelistet. Außerdem lassen sich auf diesem Markt verschiedene chinesische Unternehmen mit Vorliebe notieren, darunter vor allem Bauträger.

Obwohl es weithin bekannt ist, dass auf dem Pink-Sheets-Markt nur wenig Handel stattfindet – sodass es durchaus Tage dauern kann, bis man einen Käufer für die Pink Sheets findet, die man verkaufen will – so verfügen doch manche Unternehmen, wie etwa der Bauträger Cheung Kong Holdings, über ein durchschnittliches tägliches Tradingvolumen von mehr als 60.000 Aktien.

Ein solch hohes Volumen ist nur deshalb möglich, weil im Jahr 1999 eine Gesellschaft mit beschränkter Haftung mit dem mehr als passenden Namen Pink Sheets LLC, ein elektronisches Notierungssystem einführte, die das alte Pink-Sheets-System, die bedruckten rosa Zettel, ersetzte. Dolch selbst mit diesem Notierungssystem ist es sehr schwierig, relevante Informationen über irgendeine der Pink-Sheets-Aktien zu finden. Manchmal gelingt es aufgrund der wenigen stattfindenden Börsengeschäfte, eine Notierung aufzuspüren, die mehrere Wochen alt ist. Bei aktiveren Aktien muss man meist bis mindestens eine Stunde nach Ende der Marktsitzung warten, um Informationen über den Kurs seiner Aktie zu erhalten. Für diejenigen Anleger, die Anteile ausländischer Unternehmen kaufen wollen, die ihre Bücher nicht dem prüfenden Blick der Öffentlichkeit preisgeben möchten, ist der Pink-Sheets-Markt eine Möglichkeit – die sich allerdings oftmals als ineffizient erweist –, um solche Aktien in Form von auf Dollar lautenden Wertpapieren zu kaufen.

Die Hongkong Stock Exchange

Viele ausländische Institutionen ersparen sich die Scherereien einer Listung an internationalen Börsen. Für sie reicht es völlig, an der Börse des Landes gelistet zu sein, in dem sich das Unternehmen befindet. Daher können Privatanleger die Aktien vieler chinesischer Unternehmen lediglich an der Börse in Hongkong kaufen. Doch das ist nicht so einfach, wie es klingen mag.

Sagen wir zum Beispiel einmal, Sie wollen 100 Aktien der COSCO Pacific Ltd.
kaufen. Bei diesem Unternehmen handelt es sich um ein chinesisches Konglo-
merat aus der Container- und Transportbranche und es ist für Transporte nach,
aus und innerhalb von China von Bedeutung. Das US-Wirtschaftsprüfungsun-
ternehmen PricewaterhouseCoopers prüft die Bücher der COSCO Pacific Ltd.
und große US-Unternehmen, zu denen Merrill Lynch, Goldman Sachs, Morgan
Stanley und Citigroup gehören, verfolgen die Performance des chinesischen Unternehmens. Zu der Zeit als dieses Buch in den Druck ging, wurden die Aktien
dieses Unternehmens ausschließlich an der Börse in Hongkong verkauft.

Als Experiment machten wir uns auf, um selbst herauszufinden, wie man Aktien der COSCO Pacific Ltd. kaufen könnte.

Wir riefen einige große, renommierte Maklerfirmen an. Manche gaben offen
zu, dass sie keine Ahnung hätten, wie man an Hongkong-Aktien herankommen
könnte. Andere sagten, dass dazu das Auftragsvolumen mindesten 20.000 Dollar
betragen müsse. Wieder andere Makler sagten uns, sie würden sich mit ihrer internationalen Handelsabteilung in Verbindung setzen und sich dann innerhalb
einer Woche bei uns melden. Fazit: Es ist zwar nicht unmöglich in Hongkong
gelistete Aktien zu kaufen, doch in den USA gibt es nur wenige Maklerfirmen,
die darauf vorbereitet sind, solche Transaktionsaufträge von Privatinvestoren
schnell und effizient auszuführen.

Für gewöhnlich müssen sich also Investoren, die privat China-Aktien kaufen
möchten und dies nicht in Form von Investmentfonds oder börsengehandelten
Fonds tun wollen, an den Börsen ihres Heimatlandes umsehen. Die Auswahl
ist dadurch sehr beschränkt. In den USA sind tausende verschiedene Aktien an
den Börsen gelistet, dagegen ist die Zahl der chinesischen Unternehmen, die an
US-Börsen gehandelt werden, recht gering. Hinzu kommt, dass viele der chinesischen Unternehmen, die in den USA gelistet sind, auf dem Pink-Sheets-Markt
geführt werden, wo keine strengen Offenlegungsvorschriften gelten und oft nur
wenig Handel stattfindet.

CHINESISCHE BRANCHEN – UND AKTIEN –, DIE „HEISS" SIND

Dies ist noch immer ein Kapitel für Spielernaturen – für diejenigen, die Gefallen
an der manisch-depressiven Instabilität der Auswahl einzelner Aktien finden.
Was Investitionen in China angeht, gibt es einige Unternehmen, die recht verlockend sind. Als dieses Buch in den Druck ging, lobten Wertpapieranalysten
und Finanzgurus gerade Aktien aus den folgenden Bereichen in den höchsten

Tönen, da diese Titel beträchtliches zukünftiges Wachstum und moderate Kurs-Gewinn-Verhältnisse böten.

Doch lassen Sie uns eines ganz deutlich sagen: Wir sprechen für keine dieser Aktien eine Empfehlung aus. Diese Aktien mögen zum jetzigen Zeitpunkt heiß sein, doch es ist gut möglich, dass sie sich bereits merklich abgekühlt haben, wenn Sie dieses Buch lesen. Vielleicht haben Sie ja Lust, die damalige Performance dieser Aktien – vom Februar 2007 – mit der aktuellen Performance zu vergleichen. Um die Entwicklung der Performance zu verfolgen, müssen Sie lediglich auf eine der folgenden Finanzseiten im Internet gehen – Reuters, CNN Money, MarketWatch, MSN Money, Yahoo! Finance, Google Finance – das Aktiensymbol eingeben und dann auf die Grafik klicken, die die zu verschiedenen Zeiten herrschenden Kurse miteinander vergleicht. Viele dieser Internetseiten ermöglichen es Ihnen auch zu vergleichen, wie gut oder schlecht die Performance einer einzelnen Aktie über den festgelegten Zeitraum im Vergleich zu anderen Aktien oder Leitindizes aussah.

Hersteller von Konsumgütern

Die Generation Y – die Bevölkerungsgruppe der 20- und 30-Jährigen – entfaltet in China gerade ihr Potenzial. Diese jungen Erwachsenen sind eine wichtige Verbrauchergruppe und sehr stark von der westlichen Kultur beeinflusst. Sie geben gerne Geld aus und legen den Maßstab für diejenigen fest, die in ihre Fußstapfen treten werden. Daher sinken die privaten Spareinlagen und die Konsumausgaben steigen, dank dieser Verbrauchergeneration, stetig. Crédit Suisse prognostiziert, dass die chinesischen Verbraucher bis zum Jahr 2014 die US-Konsumenten als Motor des Weltwirtschaftswachstums abgelöst haben könnten. Das innerhalb Chinas herrschende Marktpotenzial für eine breite Palette verschiedener Konsumgüter ist ganz einfach das größte der Welt.

- COFCO INTERNATIONAL LTD. Dieses große Nahrungsmittelverarbeitungs- und Handelsunternehmen, das in Hongkong und überall auf dem chinesischen Festland operiert, stellt auch Weine her und vertreibt Schokoladenprodukte. Es kommt bei den chinesischen Verbrauchern nicht nur aufgrund der Qualität der Produkte gut an, sondern vor allem deswegen, weil es sich um ein Festland-Unternehmen und keine Firma von außerhalb handelt. Obwohl die zugrunde liegende Unternehmensgeschichte nicht glamourös ist, so waren Erträge und allgemeines Wachstum des Unternehmens doch ausgezeichnet. Wird gelistet an: Hong Kong Stock Exchange

(0506.HK); vier deutschen Börsen – Berlin (CFH.BE), Frankfurt (CFH.F), München (CFH.MU) und Stuttgart (CFH.SG); am US-Pink-Sheets-Markt (CFITF.PK).

- MENGNIU DAIRY. „Sehen Sie sich anstelle der Finanzberichte lieber die Unternehmensführung an", riet uns ein chinesischer Fondsmanager und sowohl er als auch diverse US-Maklerfirmen lobten Niu Gensheng, den Vorsitzenden von Mengniu, in den höchsten Tönen. Unter der Leitung Nius wurde dieses private Unternehmen zu einem der führenden Hersteller von Milchprodukten in China. Im Jahr 2001 rief die Regierung ein Programm ins Leben, nach dem jedes Schulkind täglich eine Tasse Milch trinken sollte; mittlerweile ist Mengnius Marke „Flying Cow", die fliegende Kuh, landesweit in allen Schulen vertreten und gefragter denn je. Geschicktes Marketing, aufbauend auf dem Nationalstolz, hat maßgeblich zum Ertragswachstum des Unternehmens beigetragen; die chinesischen Astronauten tranken Mengniu Milch, der US-Basketballstar Yao Ming, ein Sprecher des Unternehmens und Medaillengewinner bei den Olympischen Spielen, stehen hinter der Marke. Da die Regierung immer mehr Wert auf Gesundheit und Erziehung legt, geht man davon aus, dass Mengniu weiter wachsen wird – vor allem wenn sich der westliche Teil des Landes weiter entwickelt. Wird gelistet an: Hong Kong Stock Exchange (2319.HK); drei deutschen Börsen – Berlin (EZQ.BE), München (EZQ.MU) und Stuttgart (EZQ.SG); am US-Pink-Sheets-Markt (CIADF.PK).

- MINDRAY MEDICAL INTERNATIONAL LTD. Mindray Medical, gegründet im Jahr 1991, ist ein Beispiel für die zunehmende Raffinesse chinesischer Unternehmen, wenn es um Marketing und Technologie geht. Das Unternehmen, das insgesamt 29 Büros in den Großstädten Chinas, in den USA, Großbritannien, Kanada, der Türkei und auch Hongkong unterhält, entwickelt, produziert und vermarktet Medizinprodukte über drei Geschäftsfelder hinweg – Patientenmonitore, klinische Laborinstrumente und Ultraschall-Bildsysteme. Wird gelistet an: New York Stock Exchange (MR).

- LI NING COMPANY LTD. Li Ning, eines der führenden Sportartikel-Unternehmen auf dem chinesischen Festland, entwirft und produziert Sportschuhe, Kleidung und Accessoires nicht nur, sondern versieht die Artikel auch mit dem Firmenmarkenzeichen und verkauft sie im Einzelhandel. Man geht davon aus, dass das Unternehmen nicht nur von den steigenden Ausgaben der Verbraucher in den Küstengebieten profitieren wird, sondern auch von den Wirtschaftswachstumsprognosen für den westlichen Teil des Landes. Wird gelistet an: Hong Kong Stock Exchange (2331.HK); drei deutschen Börsen – Berlin (LNL.BE), Frankfurt (LNL.F) und München (LNL. MU); am US-Pink-Sheets-Markt (LNNGF.PK).

Finanzunternehmen

In den vergangenen Jahren wurde in staatlichen chinesischen Geldinstituten ordentlich aufgeräumt. Alle großen Finanzunternehmen wie Morgan Stanley, Goldman Sachs, Bank of America, Citicorp, Barclays Bank etc. kaufen sich ein. Die großen internationalen Banken kaufen sich in chinesische Banken ein, weil in einem solch großen Land riesiges Potenzial für Bankdienstleistungen besteht. Um nur ein Beispiel zu nennen: In den zehn Jahren bis Ende 2006 hat sich die Zahl der Kreditkarteneigner mehr als vervierfacht und doch sind noch Millionen Menschen ohne Kreditkarte. Das Geschäft mit den Servicegebühren der Kreditkarten kann äußerst lukrativ sein. Leider sind chinesische Finanz-Aktien nicht unerkannt geblieben und werden zu deutlich höheren Kurs-Gewinn-Verhältnissen gehandelt als die der großen internationalen US-Banken und Versicherungsgesellschaften.

- CHINA MERCHANTS BANK. Unter der äußerst geschickten Leitung des Vorsitzenden Ma Weihua ging die CMB im Herbst 2006 erfolgreich an die Börse und erzielt weiterhin beeindruckende Ergebnisse, vor allem was die Unternehmensführung angeht. CMB, die erste und einzige große Bank, die sich nicht direkt im Besitz der chinesischen Regierung befindet, stellt mit die meisten Kreditkarten in China aus und ist bekannt für die hohe Qualität seiner Vermögenswerte. Wird gelistet an: Shanghai Stock Exchange (600036.ss); Hong Kong Stock Exchange (3968.HK); am US-Pink Sheets-Markt (CIHHF.PK und CIHKF.PK).

- CHINA LIFE INSURANCE. Die China Life Insurance, die vom chinesischen Festland, von Hong Kong und den Britischen Jungferninseln aus operiert, ist ein großer Rückversicherer. Außerdem bietet die Gesellschaft direkte Lebensversicherungen an und ist im Bereich der Immobilieninvestments tätig. Wird gelistet an: New York Stock Exchange (LFC).

- PING AN INSURANCE. Auch hierbei handelt es sich um ein vielköpfiges Unternehmen, das, wie der Name schon vermuten lässt, besonders in der Versicherungsbranche tätig ist und auch einen beträchtlichen und lukrativen Anteil an der Shanghai Pudong Development Bank, einer Geschäfts- und Privatkundenbank, hält, die nur an der Börse in Shanghai gelistet ist (600000.SS). Wird gelistet an: Hong Kong Stock Exchange (2318.HK) und am US-Pink Sheets-Markt (PIAIF.PK).

Infrastrukturunternehmen

Laut eines Berichts von Merrill Lynch zum Thema Trends in China bis 2010 entwickelt sich derzeit der größte je dagewesene Infrastruktur-Boom. Im Rahmen des Fünf-Jahres-Programms, das die Jahre 2006 bis 2010 abdeckt, verpflichtet sich die Regierung 480 Milliarden Dollar zu investieren, um die Transport-Infrastruktur des Landes zu verbessern und auszubauen. 150 Milliarden Dollar dieses Budgets werden allein für die Bahn verwendet. Nach Analysen der Deutschen Bank sind Wertpapiere der chinesischen Eisenbahnindustrie ein echtes Muss. Zusätzlich zu den Ausgaben für den Transport werden mehrere Milliarden Dollar in den Ausbau der Wasserversorgung und die Abwasserbehandlung sowie Infrastrukturprojekte im ländlichen Raum investiert. Zwei Unternehmen, die recht wahrscheinlich vom Infrastruktur-Boom profitieren werden, sind Daqin Railway und China Railway Tielong Container Logistics; doch diese Unternehmen sind – bedauerlicherweise für alle Investoren die außerhalb Chinas leben – nur an inländischen Börsen gelistet. Die nun folgenden Unternehmen werden jedoch an Börsen außerhalb des chinesischen Festlandes geführt.

- ANHUI EXPRESSWAY COMPANY LTD. Dieses Unternehmen sollte von den Ausgaben der Regierung, sowohl was die Entwicklung der westlichen Region des Landes als auch den Ausbau der Transport-Infrastruktur angeht, profitieren. Anhui Expressway besitzt und entwickelt Mautstraßen in der Anhui Provinz in (Zentral-)China. Staatliche Instanzen halten maßgebende Anteile an dem Unternehmen. Überdies – denn schließlich handelt es sich bei diesem Unternehmen um eine chinesische Firma mit komplizierten Strukturen – besitzt Anhui Expressway einen Mehrheitsanteil an Kangcheng Pharmaceutical, einem Unternehmen für Forschung und Entwicklung. Wird gelistet an: Hong Kong Stock Exchange (995.HK) und am US-Pink Sheets-Markt (AUHAF.PK und AUHEF.PK).

- SINOTRANS LTD. Sinotrans, ein mehrheitskontrolliertes Tochterunternehmen der staatlichen China National Foreign Trade Transportation Group, wird mit beinahe 100-prozentiger Sicherheit von den Investitionen der Regierung in die Infrastruktur des Landes profitieren. Als eines der führenden Logistik-Unternehmen Chinas wird Sinotrans an diesem infrastrukturellen Ausbau als Spediteur zu Land, zu Wasser und in der Luft und auch durch die Bereitstellung von Lagerhäusern beteiligt sein. Zu den internationalen Partnern des Unternehmens gehören UPS und DHL. Wird gelistet an: Hong Kong Stock Exchange (0598.HK); vier deutschen Börsen – Berlin (SIY.BE), Frankfurt (SIY.F), München (SIY.MU) und Stuttgart (SIY.SG); am US-Pink Sheets-Markt (SNOTF.PK).

- GUANSHEN RAILWAY. Ein Investment in Guanshen Railway wäre eine Möglichkeit, um vom zunehmenden Tourismus innerhalb Chinas und den Investitionen der Regierung in die Infrastruktur zu profitieren. Das Unternehmen betreibt nämlich die einzige Bahnverbindung zwischen Guangzhou und Shenzhen und ist somit der wichtigste Anbieter von Personen- und Gütertransportdienstleistungen in dieser lukrativen und boomenden Region nahe Hongkong. Wird gelistet an: Hong Kong Stock Exchange (525. HK); Frankfurter Börse (GRC.F); an der New York Stock Exchange (GSH).

Energiewirtschaftliche Unternehmen

Zwar verbraucht China Unmengen an Energie beim Versuch der Bevölkerung ein angenehmes Leben zu ermöglichen, doch das Land ist gleichzeitig auch in der Welt führend, wenn es um die Förderung der Energieeffizienz geht. Im Rahmen des neuesten Fünf-Jahres-Programms der Regierung, das im Jahr 2006 vorgestellt wurde, verpflichtet sich das Land den Energieverbrauch um 20 Prozent pro BIP-Einheit zu senken. Zusätzlich gilt Energiesparen nun offiziell als wichtiger Faktor bei der Leistungsbewertung kommunaler Verwaltungen.

- CHINA PETROLEUM AND CHEMICAL CORP. (AUCH BEKANNT ALS SINOPEC). Dieses Unternehmen für petrochemische Raffinerie und Produktion, das wir bereits in Kapitel 8 näher kennenlernen konnten, befindet sich in staatlichem Besitz und unter Aufsicht der Regierung. Dennoch sollte das Unternehmen von den derzeitigen Programmen, die auf Produktionssteigerung und den Erhalt von Energien abzielen, profitieren. Wird gelistet an: Hong Kong Stock Exchange (0386.HK); New York Stock Exchange (SNP); Shanghai Stock Exchange (800028.SS).

- SUNTECH POWER HOLDINGS. Das Unternehmen, das im Jahr 2001 von Dr. Zhengrong Shi im Alter von 38 Jahren gegründet wurde, ist heute einer der größten Hersteller von Solarzellen weltweit und wächst weiter. Im Jahr 2006 eröffnete Suntech Power ein eigenes Tochterunternehmen in den USA und erschloss so den schnell wachsenden US-Solarmarkt. Angesichts des Engagements der chinesischen Regierung in Sachen Energiesparen hat Suntech auch im Heimatland China enormes Potenzial. Wird gelistet an: New York Stock Exchange (STP).

- CHINA NATIONAL OFFSHORE OIL CORPORATION (AUCH BEKANNT ALS CNOOC). CNOOC, der drittgrößte Ölkonzern Chinas, der zu etwa 70 Prozent in staatlichem Besitz ist, konzentriert sich auf Abbau, Förderung und Entwicklung von Rohöl und Erdgas vor der Küste. Unter der Leitung des weltmännischen Vorsitzenden Fu Chengyu hat CNOOC aggressiv viele Anteile an internationalen Ölfeldern erworben. Wird gelistet an: Hong Kong Stock Exchange (0883.HK) und New York Stock Exchange (CEO).

Freizeitaktivitäten

Laut Prognosen der Vereinten Nationen wird es bis zum Jahr 2015 mehr als 400 Millionen Festland-Chinesen zwischen 20 und 39 Jahren geben. Diese Bevölkerungsgruppe, die in etwa so viele Menschen umfasst wie die gesamte europäische Union, liebt es, Geld auszugeben und Spaß zu haben. Sie genießt – manche mögen sagen es sei ein Sucht – die Vorteile und Freuden der schnellen Kommunikation und beginnt nun auch in ihrer Freizeit zu reisen, vor allem innerhalb des eigenen, riesigen Landes. Dies ist die Altersgruppe, die der Motor des Wachstums der außerberuflichen Aktivitäten sein wird.

- NETEASE.COM. NetEase, von *Motley Fool* zur besten internationalen Aktie des Jahres 2007 ernannt, bedient Millionen chinesischer Gamer mit den extrem populären MMORPGs (massively multiplayer online role-playing game, Online-Rollenspiele mit vielen Mitspielern), gratis E-Mail-Accounts, Nachrichten, Blogs und vielem mehr. Die Seite wird mehr als 500 Millionen Mal am Tag aufgerufen und ist damit eine der meist besuchten Internetseiten Chinas. Die Werbeeinnahmen steigen; als dieses Buch in den Druck ging, war die PEG-Ratio niedrig und operative und Nettomarge sind beneidenswert, sie übersteigen selbst die von Yahoo. NetEase.com ist auch ein klassisches Beispiel dafür, warum sich US-Investoren vielleicht doch lieber an Unternehmen halten sollten, die an den amerikanischen Börsen gelistet werden. Im Jahr 2001 stand die NASDAQ kurz davor, die Börsennotierung des Unternehmens aufgrund von Unregelmäßigkeiten in den Bilanzen zu löschen. William Ding, Gründer des Unternehmens, entschuldigte sich öffentlich und legte prompt eine Erklärung vor, in der er sagte: „Wir wollen versuchen zu beweisen, dass wir im Umgang mit den falschen Bilanzen ehrlich sind." Wird gelistet an: vier deutschen Börsen – Berlin (NEH.BE), Frankfurt (NEH.F), München (NEH.MU), Stuttgart (NEH.SG); US-NAS-DAQ (NTES).

- FOCUS MEDIA. Dieses Unternehmen (das in Kapitel 2 detailliert beschrieben wurde) sorgt nicht so sehr für die aktive Freizeitgestaltung, sondern bewirbt sie vielmehr in Fahrstühlen, Hotellobbys, Bahnhöfen und an vielen anderen Orten. Bei Drucklegung dieses Buches war das Kurs-Gewinn-Verhältnis von Focus Media recht hoch, die PEG-Ratio hingegen eher moderat. Wird gelistet an: drei deutschen Börsen – Berlin (F10.BE), Frankfurt (F10.F), München (F10.MU); US-NASDAQ (FMCN).

DAS UNTERNEHMEN, DAS AUF DIE NASE FIEL

Wir haben Ihnen einige spannende Beispiele chinesischer Unternehmen präsentiert, die in der Vergangenheit hervorragendes Wachstum verzeichnen konnten, was in den Augen vieler Fachleute die beste Voraussetzung für zukünftiges Wachstum ist. Doch auf dem außerordentlich volatilen chinesischen Markt kam es auch zu einigen Abstürzen. Investoren, die unterbewertete Aktien kaufen wollen, sollten dies nur tun, wenn sie über Nerven aus Stahl verfügen.

Eine der unglaublichsten Erfolgsgeschichten ist die eines chinesischen Unternehmens, das im Jahr 1997 als Bauunternehmen mit Namen OLS Group Ltd. gegründet wurde. Zwei Jahre später suchte sich das Unternehmen einen spannenderen Namen, nannte sich fortan China Prosperity Holdings und wurde unter diesem Namen auch an der NASDAQ gelistet (mit dem Tickersymbol CPIH). Die Zeit verging und in der Baubranche liefen die Geschäfte schleppend. Kein Problem: Man beschloss, sich auf das Internet zu konzentrieren, und so erklärte China Prosperity Holdings, man habe die Exklusivrechte erworben in der Provinz Sichuan Breitbandinternet und ein Netzwerk für das Kabelfernsehen einzurichten.

Wenn das kein Ten Bagger ist! In kürzester Zeit stieg der Aktienkurs von einem Dollar auf 36 Dollar und im Juni des Jahres 2000 nannte sich das Unternehmen erneut um, diesmal in Prosper eVision Ltd. Doch dieses Mal gab es ein kleines Problem. Es stellte sich heraus, dass das Unternehmen für die Provinz Sichuan doch keine exklusiven Internet-Rechte hatte. Die Börsenaufsicht schaltete sich ein, die Börsennotierung des Unternehmens wurde gelöscht und der Name in China Nan Feng Group Ltd. geändert. Erst kürzlich nannte sich das Unternehmen erneut um und läuft jetzt unter dem eingängigen Namen Green Energy Group Ltd. Allerdings ist das Unternehmen wieder da angekommen, wo es angefangen hat und wo es wieder gehandelt wird – als „Penny Stock" (Billigaktie).

EIN ANDERES UNTERNEHMEN KAM NIE RICHTIG IN DIE GÄNGE

Im Jahr 1992 wurde das Unternehmen Brilliance China Automotive mit viel Tamtam zum ersten an der New Yorker Börse (Tickersymbol CBA) gelisteten chinesischen Unternehmen. Abbildung 11.2 zeigt allerdings, dass die Aktie im Grunde genommen ein Blindgänger war. Unter Berücksichtigung der Inflation ist es vielmehr so, dass Erstinvestoren viel Geld mit der Aktie verloren haben.

ABBILDUNG 11.2 *China Brilliance Automotive, 1992–2007*

Quelle: *http://finance.yahoo.com*

Zur Zeit des Listings in New York wurde die Aktie aufgrund von finanziellen Unregelmäßigkeiten kurzfristig gesperrt; Unternehmensgründer und Vorsitzender Yang Rong musste gehen, und die Kommunalverwaltung von Liaoning kaufte, angeblich zu einem Nachlass von 93 Prozent auf den Marktpreis, einen maßgebenden Anteil des Unternehmens auf. Ja, der Kauf chinesischer Aktien kann in der Tat manisch-depressive Ausmaße annehmen.

ZUSAMMENFASSUNG

Beim Kauf einzelner chinesischer Aktien steht man einigen Problemen gegenüber. Nur wenige Unternehmen sind an Börsen außerhalb des chinesischen Festlandes und Hongkongs gelistet. Und wenn sie dort notiert werden, sind die Besitzverhältnisse und Unternehmensstrukturen oft undurchsichtig und verschachtelt. Auf keinen Fall würden wir Ihnen raten, das Geld, das Sie für den Ruhestand zurückgelegt haben, in einzelne chinesische Aktien zu investieren. Und doch bietet China Möglichkeiten und wer in der glücklichen Lage ist, es sich leisten zu können, eventuell Geld zu verlieren, mag das Risiko eingehen, in einzelne chinesische Aktien zu investieren, um riesige Erträge zu ernten. Die Erfolgschancen sind vielleicht sogar besser als beim Lotto. Allen anderen Lesern dieses Buches empfehlen wir die optimale Strategie, wie wir sie nennen, die wir im nächsten Kapitel näher erklären wollen.

KAPITEL 12

Die optimale Investment-Strategie

Er, welcher vollen und gesunden Bewusstseins durch die Widrigkeiten und
Gefahren entlang des Pfads des Lebens wandelt, braucht ein wenig Optimismus;
doch braucht er auch ein wenig Pessimismus.
— HAVELOCK ELLIS, THE ART OF LIFE

WIR HOFFEN, DASS WIR SIE DAVON ÜBERZEUGEN KONNTEN, DASS China das ulti-mative Land des Wachstums ist und dies auch weiterhin sein wird. Wir hoffen außerdem, dass Sie uns zustimmen, dass jedes Portfolio – vor allem Ihr eige-nes – in gewissem Maße in dieses wirtschaftliche Kraftpaket investieren sollte. In diesem Kapitel wollen wir Ihnen nun die, wie wir glauben, optimale Strategie vorstellen, um vom Wirtschaftsboom in China zu profitieren. Wir sollten Sie im Vorfeld warnen: Es handelt sich hierbei nicht um eine besonders aufregende Strategie, die Sie binnen kürzester Zeit zum Millionär machen wird – doch es handelt sich um eine Strategie, die Ihr Risiko deutlich schmälern wird.

Über eines müssen Sie sich völlig im Klaren sein: China ist riskant. Korrup-tion ist allgegenwärtig, Unternehmensbilanzen können undurchsichtig und irre-führend sein und die omnipräsente Regierung und ihr Einfluss sind nicht immer im Interesse des Aktionärs. Ein solches Risiko bringt hyperinflationäre Volatili-tät mit sich, was soviel heißt wie: Läuft es auf dem chinesischen Markt gut, dann läuft es sehr, sehr gut, doch läuft es schlecht, dann läuft es schrecklich schlecht.

Zwischen 2001 und 2005 verlor der Aktienmarkt des chinesischen Festlan-des 50 Prozent an Wert und stieg dann während des Jahres 2006 um mehr als 100 Prozent. Wenn das mal keine Achterbahnfahrt ist. Wenn man einmal 50 Pro-zent verliert und dann wieder 100 Prozent dazu gewinnt, hat man keinen ein-zigen Cent verdient, man hat lediglich den Ausgleich geschafft. Da verwundert es wenig, dass vorsichtige Berater folgenden Rat erteilen: Die beste Investment-Strategie für China ist, es einfach sein zu lassen.

Wir sind definitiv nicht dieser Meinung, aber wir sind auch fest davon über-zeugt, dass Sie auf jeden Fall mit einer Investment-Strategie arbeiten sollten, die

Ihr Risiko deutlich reduziert. In diesem Kapitel wollen wir Ihnen erklären, wie Sie am besten vorgehen. Zuerst stellen wir Ihnen einige grundlegende Regeln vor, dann wollen wir eine optimal gemischte Strategie umreißen, die direkte und indirekte China-Investments beinhaltet. Abschließend stellen wir einige beispielhafte Portfolio-Empfehlungen für Investoren vor, denen unterschiedlich hohe Beträge für Investitionen in China zur Verfügung stehen.

VORBEREITUNG, DIE ZWEITE

Bevor wir beginnen, wollen wir noch einmal auf die Ratschläge aus Kapitel 8, „Die Vorbereitung", zurückkommen. Wir gehen davon aus, dass Sie sich über Ihre Risikofähigkeit und Risikoneigung im Klaren sind und entschieden haben, welcher Anteil Ihres gesamten Aktienportfolios in einer China-Investment-Strategie angelegt werden soll. Bei besonders risikoscheuen Investoren wären das vielleicht nur 5 Prozent, während Anleger mit hoher Risikofähigkeit vielleicht sogar bis zu 20 Prozent ihres Aktienportfolios in China investieren. Sobald Sie wissen, wie viel Geld Sie investieren wollen, wird Ihnen dieses Kapital dabei helfen, mit dem geringstmöglichen Risiko in China zu investieren. Selbst risikofreudige Investoren, die es sich leisten könnten, werden nicht mehr Risiko eingehen wollen als unbedingt nötig. Wir gehen weiterhin davon aus, dass Sie die übrigen 80 Prozent bis 95 Prozent Ihrer Aktien in breit gestreuten Aktienportfolios angelegt haben. Ein in den USA lebender Investor erzielt mit einiger Wahrscheinlichkeit überdurchschnittliche Aktienerträge mit Indexfonds.

Ein Kern-Aktienportfolio könnte zum Beispiel zu zwei Dritteln aus einem Indexfonds oder ETF des gesamten US-Aktienmarktes und zu einem Drittel aus einem Indexfonds oder ETF des gesamten internationalen Aktienmarktes bestehen. Es gibt einige schlagende Beweise, dass die Märkte in den großen Industrienationen wie den USA, Europa und Japan hocheffizient sind und dass kostengünstige Indexfonds mit niedrigem Umsatz Erträge generieren, die wahrscheinlich über denen aktiv betreuter Fonds liegen werden. Solche Indexfonds würden auch solche Unternehmen in den USA, Europa und Japan beinhalten, die indirekt vom chinesischen Wachstum profitieren. Zwar würden wir hierbei nicht unbedingt von einer China-Strategie sprechen, aber mit dieser Vorgehensweise hätten Sie anderen Anlegern gegenüber immerhin einen gewissen Vorsprung.

VIER GRUNDREGELN, UM DAS RISIKO EINES CHINA-INVESTMENTS
ZU REDUZIEREN

Es folgen nun vier Grundregeln, die es Anlegern erlauben sollten, eine Strategie
zu verfolgen, in Chinas Wachstum zu investieren und gleichzeitig Risiko zu mi-
nimieren.

1. Diversifizieren Sie breitgefächert

Kaufen Sie Fonds und keine einzelnen Aktien. Es ist schwer, an exakte Informationen heranzukommen. In der Vergangenheit kam es bereits vor, dass
Einzelaktien einen kompletten Wertverlust erlitten. Überdies müssen US-Investoren mit einigen Komplikationen und Zusatzgebühren rechnen, wenn sie
einzelne Aktien kaufen, die nicht an der New Yorker Börse oder dem NAS-
DAQ gelistet sind. Um diese Probleme zu vermeiden, sollten Investoren breitflächig diversifizieren, damit sich Risiko und Kosten in Grenzen halten. Eine
breite Streuung lässt sich durch Investmentfonds, geschlossene Fonds oder
börsengehandelte Fonds erreichen.

2. Investieren Sie über einen längeren Zeitraum und schrittweise in
chinesische Wertpapiere

Legen Sie nicht Ihr ganzes Geld auf einmal in China an – investieren Sie
schrittweise. Wir empfehlen, dass das erste Investment nicht mehr als ein
Viertel der Summe betragen sollte, die Sie insgesamt in chinesischen Wertpapieren anzulegen planen. Wollen Sie 100.000 Dollar in eine China-Strategie investieren, so sollte Ihr erstes Investment 25.000 Dollar nicht übersteigen.

Den übrigen Betrag sollten Sie in regelmäßigen Abständen von mindestens
sechs Monaten anlegen. Sie fragen, warum es nötig ist, so vorsichtig vorzuge-
hen? Indem man nicht alles auf einmal investiert, reduziert man das Risiko,
sein gesamtes Geld zum Zeitpunkt eines spekulativen Markt-Hochs anzulegen. Börsen-Profis nennen dieses Vorgehen des schrittweisen Investierens
„Dollar-Cost Averaging", also das Kursdurchschnittsverfahren.

Nehmen wir einmal an, dass Sie zum Beispiel über viermal sechs Monate
100.000 Dollar in einen China-Fonds angelegt haben. Weiter nehmen wir an,
dass die Fondskurse extremer Volatilität unterworfen waren (vgl. Abbildung
12.1).

Durch das Kursdurchschnittsverfahren haben Sie 1.283 1/3 Aktien zum
durchschnittlichen Kurs von 77,92 Dollar pro Titel (100.000 $/ 1.283 1/3)
gekauft. Ihr durchschnittlicher Kaufpreis liegt unter dem Durchschnittskurs

Abbildung 12.1   *Vorteil des Kursdurchschnittsverfahrens*

Phase	US-Dollarkurs des China-Fonds	Investment ($)	Anzahl der gekauften Aktien
1	100	25.000	250
2	50	25.000	500
3	75	25.000	333 1/3
4	125	25.000	200
Gesamt		100.000	1.283 1/3

Durchschnittskurs	87,50	
Durchschnittliche Kosten der Aktien	77,92	

Endgültiger Wert des Portfolios

Bei Einmalanlage in Phase 1	125.000	(1.000 x 125)
Bei schrittweisen Investments über vier Phasen	160.417	(1283 1/3 x 125)

von 87,50 Dollar, der sich über die gesamte Investitionsphase ermitteln lässt. Das kommt daher, dass Sie mehr Aktien kauften als der Kurs niedrig war.

Steigt natürlich der Fondskurs nach Ihrem ersten Einkauf kontinuierlich an, dann wären Sie besser damit gefahren, gleich von Anfang an alles auf eine Karte zu setzen und zu investieren. Außerdem brauchen Sie den Mut auch in Phase 2 und 3 zu investieren, wenn der Markt schwächelt. Das Kursdurchschnittsverfahren ist besonders auf volatilen Märkten wie China eine nützliche Strategie: Zwar erlaubt Sie es Ihnen nicht, während einer Marktflaute mit vollem Einsatz einzusteigen, doch sie schützt Sie auch davor, sich während eines Hochs Hals über Kopf in den Markt zu stürzen.

3. Achten Sie auf die Kosten – je niedriger die Investmentkosten, desto höher Ihre Erträge

Die Investmentkosten spielen eine wichtige Rolle, wenn es darum geht, die Nettorendite Ihres Investments zu bestimmen. Es gibt keinen Beleg dafür, dass der Kauf eines Fonds, der hohe Management-Gebühren und Umsatzkosten erhebt, zu einer höheren Nettorendite führen wird. In der Welt der Investments bekommt man das, wofür man nicht zahlt, und nicht das, wofür man zahlt. Kaufen Sie also Fonds mit niedrigen Management-Gebühren. Halten Sie sich fern von Fonds mit Ausgabeaufschlag (Umsatzgebühr). Von Unternehmen wie Fidelity oder Vanguard können Sie per Post oder über das Internet Fonds kaufen. Die Management-Gebühren börsengehandelter Fonds sind besonders niedrig. Doch sollten Sie solche ETFs kaufen wollen, dann tun Sie dies über einen Diskontmakler. Die Namen verschiedener solcher Makler finden Sie in deren Annoncen in der Zeitung, diversen Magazinen und im Internet. Wenn Sie mehr Informationen wollen, dann geben Sie doch einfach „Diskontmakler" bei Google ein. Je weniger Gebühren Sie zahlen, desto höher fallen ihre Nettorenditen aus.

4. *Arbeiten Sie mit einer Mischstrategie, die sowohl aus direkten als auch aus indirekten Investments besteht*

Durch eine Mischstrategie kann das Risiko weiter reduziert werden. Nur die Hälfte des Geldes, das in China investiert werden soll, sollte direkt in chinesischen Wertpapieren angelegt werden. Die andere Hälfte sollte für indirekte Investments verwendet werden. Es gibt viele indirekte Investitionsmöglichkeiten, durch die man vom Wachstum Chinas profitieren kann.

In Kapitel 10 wurden bereits einige Investments in Unternehmen besprochen, die Handelspartner Chinas sind oder als Rohstoffproduzenten von der chinesischen Entwicklung profitieren (so wie sie auch von den Entwicklungen in Indien, dem Land mit der weltweit zweithöchsten Wachstumsrate, profitieren werden). Da Sie so in Ländern investieren, in denen mehr Transparenz herrscht und Unterschlagung weniger wahrscheinlich ist, fällt das Risiko deutlich geringer aus.

DIE OPTIMALE MISCHSTRATEGIE: EINIGE GRUNDREGELN

Für die meisten Investoren besteht die optimale Strategie aus einer Mischung recht riskanter direkter Investments in chinesische Unternehmen und weniger riskanter Investments in internationale Unternehmen, die nicht in China sitzen und entweder als Handelspartner, durch direkte Investitionen oder durch Produktionsstätten in China vom Wachstum des Landes profitieren. Bei diesen Unternehmen kommt es seltener zu Problemen mit der Unternehmensführung oder Korruption als in chinesischen Firmen. Wir sind der Meinung, dass sich das Risiko weiter reduzieren lässt, wenn man sich an die folgenden fünf Regeln hält:

1. Wird Geld in chinesische Wertpapiere investiert, so muss das Investment breit gestreut werden. Investoren, deren Mittel begrenzt sind, sollten keine einzelnen chinesischen Aktien, sondern besser betreute offene oder geschlossene Fonds oder ETFs kaufen. Wer nur ein oder zwei China-Aktien kauft, sollte diese Anlagen als pure Spekulation betrachten.

2. Unter den ETFs sehen wir zum Zeitpunkt der Drucklegung dieses Buches vier angemessene Kandidaten (vgl. Kapitel 9). Dazu zählen: der FXI (ein

Fonds, der aus 25 in Hongkong gelisteten Aktien besteht); der EWH (ein weiterer Fonds, der aus Hongkong Aktien mit Fokus auf Immobilienunternehmen besteht, wodurch Investoren echtes Engagement im Bereich Immobilien ermöglicht wird); der PGJ (ein Fonds, der Aktien chinesischer Unternehmen enthält, die in New York gehandelt werden); und der GXC (der S&P China ETF). Sollten wir uns für einen dieser Fonds entscheiden, so fiele unsere Wahl auf den GXC, da er breit gestreut ist und über die niedrigste Kostenquote verfügt. Denn wie wir schon mehrfach betont haben, bedeuten niedrigere Investment-Ausgaben mehr Geld in Ihrer Tasche.

3. Für aktiv betreute Fonds gelten die folgenden Prioritäten:

   a) Werden geschlossene Fonds deutlich unter ihrem Inventarwert verkauft, so sind sie offenen Fonds vorzuziehen. Wir sind der Meinung, geschlossene Fonds sind besonders dann attraktiv, wenn sie 10 Prozent oder mehr unter ihrem Buchwert liegen.

   b) Wenn Sie mit offenen Fonds arbeiten, wählen Sie solche mit relativ niedriger Kostenquote und niedriger Umschlagshäufigkeit. Fonds, die für den Verkauf von Anteilen Gebühren (Ausgabeaufschläge) verlangen, sollten Sie meiden.

4. Zu Rohstoffen und deren Herstellern erhält man leicht durch Investmentfonds und/oder ETFs Zugang. Wir bevorzugen diesen Weg gegenüber dem Kauf einzelner Unternehmensaktien. Wir ziehen Rohstoffunternehmen den Rohstoffen selbst vor.

5. Investoren mit umfangreichem Vermögen sollten Aktien von Unternehmen kaufen, die in den Ländern zu Hause sind, die zu Chinas wichtigsten Handelspartnern gehören. Das zukünftige Wachstum dieser Unternehmen wird in hohem Maße vom Chinageschäft abhängen (vgl. Kapitel 10). Alternativ kann man ETFs dieser Länder kaufen. Investoren, die nicht über die Mittel verfügen, mehrere Instrumente zu erwerben, könnten vom Wachstum Chinas (und Indiens) durch den Kauf eines Emerging-Markets-Indexfonds oder eines Indexfonds, der lediglich Länder aus der Pazifik-Region beinhaltet, profitieren.

Optimale Strategien für direkte Investments in chinesischen Wertpapieren

Strategien für direkte Investments in chinesischen Titeln sind abhängig davon, ob es sich bei den Anlegern um chinesische Staatsbürger oder Ausländer handelt und davon, ob der ausländische Investor über ein QFII-Kontingent verfügt. Der A-Aktienmarkt ist noch nicht effizient und so empfehlen wir denjenigen, die zu diesem Markt Zugang haben, aktives Management statt passiver Index-

Strategien. In Kapitel 8 führten wir einige betreute offene Fonds auf, die wir als sinnvolle Investment-Instrumente erachten, doch wir bevorzugen betreute geschlossene Fonds, wenn diese deutlich unter Buchwert verkauft werden.

Über geschlossene Fonds sind bei Drucklegung dieses Buches Wertpapiere zu Nachlässen von 25 Prozent oder mehr erhältlich. Da die Fonds zum Zeitpunkt der Fälligkeit getilgt werden, sollten Anleger, die in geschlossene Fonds investieren, Renditen generieren können, die über den Erträgen des gesamten Marktes liegen. In Kapitel 9 finden Sie einige geschlossene Festland-Fonds, die wir bevorzugen.

Wir sind der Meinung, dass für ausländische Investoren ohne QFII-Qualifikation, ebenso wie für Anleger, die A-Aktien kaufen können, jedoch auch in die H- und N-Aktienmärkte einsteigen wollen, betreute Fonds oder Index-Fonds eine gute Lösung darstellen. Wir haben aufgezeigt, dass die Aktien auf den H- und N-Märkten für gewöhnlich höhere Gewinne generierten und dass diese Märkte effizienter waren als die A-Aktienmärkte. (Die Namen der von uns bevorzugten chinesischen Investmentfonds und geschlossenen Fonds mit Sitz in den USA finden Sie in Kapitel 9.)

Sind Fondsanteile geschlossener Fonds deutlich unter Buchwert (10% oder mehr) zu haben, so sind diese Anteile anderen vorzuziehen. Geschlossene Fonds lassen sich leichter managen als offene. Der Wankelmut der Anleger zwingt Manager offener Fonds oft dazu, auf einem Markt-Hoch zu kaufen und während einer Flaute zu verkaufen. (Einfache Anleger neigen immer wieder dazu, während Hochphasen auf dem Markt, wenn überbordende Euphorie herrscht, in Investmentfonds zu investieren und ihre Anteile zu verkaufen, sobald der Markt ein Tief durchläuft.) Manager geschlossener Fonds haben mehr Kontrolle darüber, wann gekauft und verkauft wird. Verkaufen Investoren ihre Anteile an geschlossenen Fonds, muss der Manager des Fonds keine Portfolio-Werte verkaufen. Das ist im Umgang mit chinesischen Aktien aufgrund der hohen Transaktionskosten bei Kauf und Verkauf von Vorteil. Werden solche Fonds unter Buchwert angeboten, ist es Zeit, die Geldbörse zu zücken und in geschlossene Fonds zu investieren.

Auf den H- und N-Märkten kann auch die Investition in einen Index eine nützliche Strategie sein. Diese Märkte stehen internationalen institutionellen Anlegern offen und sind für gewöhnlich effizienter als die A-Aktienmärkte. Bei Indexfonds und indizierten ETFs ist die Kostenquote normalerweise recht niedrig, ebenso wie der Portfolio-Umsatz. Der ETF, den wir besonders befürworten, ist der SPDR S&P China ETF (Ticker GXC), da er breit gestreut und die Kostenquote gering ist. Würde man uns nach einem weiteren China-ETF fragen, so würden wir den MSCI-Hongkong ETF (Ticker EWH) wählen, da dieser Fonds Engagements im Immobilienbereich bietet. In chinesische Bauträger zu investieren kann riskant sein, doch dank der Diversifizierung, die der EWH bietet, wird dieses Risiko beträchtlich reduziert.

Indirekte Strategien für China-Investments

In China zu investieren muss sich nicht zwangsläufig auf die Investition in Unternehmen auf dem chinesischen Festland beschränken. Um indirekt vom chinesischen Wirtschaftswachstum zu profitieren, kann man auch in Rohstoffe, deren Hersteller und in Unternehmen mit Sitz in Japan, Taiwan, Hongkong oder einem andern Land, mit dem China Handel treibt, investieren. Es gibt auch viele US-Unternehmen, die ihr Wachstum in hohem Maße den Geschäften mit China zu verdanken haben.

Wir glauben, dass sich eine ausgezeichnete Balance zwischen Risiko und Gewinn ergibt, wenn etwa die Hälfte des chinesischen Anteils am Portfolio in indirekte Investitionen diversifiziert wird. Entsprechend angelegte Portfolios werden deutlich weniger volatil sein als ein Portfolio, das ausschließlich aus direkten China-Investments besteht. Ein Mischportfolio, das auch indirekte Investitionen beinhaltet, wird sehr viel wahrscheinlicher großzügige Renditen generieren – selbst dann, wenn das chinesische Wachstum hinter unseren optimistischen Prognosen zurückbleiben sollte.

Die indirekten Investments in nicht-chinesische Unternehmen stellen sicher, dass ein beträchtlicher Teil der Investition einer besseren Unternehmensführung ausgesetzt ist. Indirekte Investments profitieren auch vom Wachstum Indiens und anderer aufstrebender Nationen weltweit.

EINIGE PRAKTISCHE PORTFOLIO-STRATEGIEN FÜR US-INVESTOREN

Institutionelle Anleger können mit den bereits erwähnten Grundregeln und den detaillierten Empfehlungen aus den anderen Kapiteln arbeiten, um die gemischte China-Strategie, die wir empfehlen, anzuwenden. Diese Strategie sieht vor, dass viele verschiedene Instrumente genutzt werden und betont, wie wichtig es ist, nicht nur Aktien in China operierender Unternehmen zu kaufen, sondern auch Wertpapiere von Rohstoffunternehmen und Firmen in anderen Ländern, die ebenfalls vom Wachstum Chinas profitieren. Die Arbeit mit aktiven Strategien, wie zum Beispiel dem Kauf von Aktienportfolios in Japan, Taiwan und den USA, die beträchtlichen Nutzen aus China ziehen, erfordert eine hohe Anzahl einzelner Investments.

Die optimale Mischstrategie wäre für Kleinanleger allerdings unerschwinglich. Gibt es einfachere Möglichkeiten, um diese, von uns empfohlene Strategie anzuwenden und so vom steten Wachstum der chinesischen Wirtschaft zu profitieren?

Wir glauben, dass es in der Tat möglich ist, und im Folgenden wollen wir spezifische Investment-Strategien erklären und konkrete Empfehlungen für Anleger mit unterschiedlichen Anlagekapazitäten geben: (1) Investoren, die nicht mehr als 5.000 Dollar bis 10.000 Dollar in einer China-Strategie anlegen möchten; (2) Investoren, die zwischen 25.000 und 50.000 Dollar anlegen können und (3) Anleger mit beträchtlichen Mitteln, die durch direkte und indirekte Investitionen 100.000 Dollar oder mehr in Chinas wachsender Wirtschaft anlegen können.

1. Strategien für Investoren mit moderaten Mitteln

Selbst wenn Sie nur 5.000 Dollar investieren können, haben Sie die Möglichkeit Ihr Portfolio so zu positionieren, dass Sie von den Entwicklungen in China profitieren. Die Strategie kann durch offene und geschlossene Fonds, aktives oder passives Fondsmanagement oder ETFs realisiert werden. Die einfachste Strategie, um sich direkt in China zu engagieren, ist einmal in einen diversifizierten Fonds anzulegen, der in Aktien chinesischer Unternehmen investiert, die internationalen Anlegern zugänglich sind.

Anleger können sich indirekt engagieren, indem sie einen Fonds kaufen, der breitflächig über diejenigen Länder gestreut ist, die zu Chinas wichtigsten Handelspartnern zählen. Sind geschlossene Fonds zu 10 Prozent unter Buchwert – oder günstiger – zu haben, so bevorzugen wir diese Instrumente. Der folgende Portfolio-Mix, sofern er mit attraktivem Nachlass erhältlich ist, eignet sich gut als Beispiel:

50% Templeton Dragon Fund (direkte Investitionen in chinesische Unternehmen)
50% Morgan Stanley Asia Pacific Fund (Investitionen in Chinas Handelspartner im Pazifikraum)

Obwohl der Asia Pacific Funds keine Unternehmen in den USA oder Europa enthält, die von China profitieren, so bietet er doch ein diversifiziertes Portfolio asiatischer Unternehmen, von denen viele in hohem Maße am Wachstum Chinas beteiligt sind.

Werden geschlossene Fonds nicht zu attraktiven Konditionen unter Buchwert verkauft, so kann man auch mit offenen Fonds arbeiten. Alle in Kapitel 9 und 10 aufgeführten Fonds kommen dafür in Frage. Hier nun ein solches Mischportfolio:

50% Matthews China Fund
50% Vanguard Pacific Stock Index Fund

Eine dritte Strategie für Investoren mit moderaten finanziellen Ressourcen besteht darin, kostengünstige ETFs zu kaufen. Jeder, der in den vorangegangenen Kapiteln aufgelisteten ETFs ist hierfür geeignet. Ein spezifisches Portfolio könnte zum Beispiel so aussehen:

50% SPDR S&P China ETF (GXC)
50% Vanguard Pacific Stock Index ETF (VPL)

Der Vanguard Pacific Stock Index ETF bietet Anlegern die Möglichkeit, sich massiv in Ländern des Pazifik-Raumes zu engagieren, die mit China (und Indien) Handel treiben. Zudem verfügt dieser ETF über eine sehr niedrige Kostenquote. Der Vanguard ETF beinhaltet keine europäischen und keine US-Unternehmen. Wir gehen jedoch davon aus, dass Investoren in den USA und Europa diversifizierte Kernportfolios aus Aktien nationaler Unternehmen besitzen, die auch mehrere multinationale Unternehmen beinhalten.

2. Strategien für Investoren, die zwischen 25.000 und 50.000 Dollar
in China investieren wollen

Investoren, die über etwas umfangreichere Mittel verfügen, stehen mehrere Möglichkeiten offen. Natürlich könnte ein solcher Anleger die gleichen Strategien verwenden, die gerade eben erklärt wurden. Abbildung 12.2 zeigt eine etwas komplexere Strategie, die aus kostengünstigen und breit gestreuten Elementen besteht, die der von uns uns bevorzugten Mischstrategie entsprechen.

ABBILDUNG 12.2 *Eine einfache, rein auf Indexfonds abgestellte Wertpapier-Strategie*
für US-Investoren

Direkt

CHINA-FONDS*   50%

   SPDR S&P China ETF (GXC)

   iShares MSCI Hong Kong (EWH)

Indirekt

HANDELSPARTNER VON EMERGING MARKETS   40%

   Vanguard Pacific Stock Index ETF (VPL)

ROHSTOFFPRODUZENTEN-FONDS   10%

   Vanguard Energy ETF (VDE) und
   Vanguard Materials ETF (VAW)

* an die Stelle der ETFs können auch geschlossene, aktiv gemanagte Fonds treten, sofern sie mit attraktivem Diskont angeboten werden

Auch hier gilt: Zwar enthält das bereits erwähnte Portfolio keine multinationalen Konzerne mit Sitz in Industrienationen wie Europa oder den USA, doch wir gehen davon aus, dass das Kernportfolio des Investors einige solcher Unternehmen beinhaltet.

Bitte beachten Sie, dass unsere Empfehlung auch ein Engagement in Rohstoffproduzenten enthält, von denen wir glauben, dass sie attraktive langfristige Renditen generieren werden.

3. Strategien für Investoren, die 100.000 Dollar oder mehr in China
anlegen können

Investoren mit beträchtlichen finanziellen Ressourcen können umfassender Mischstrategien anwenden, darunter Investitionen in chinesische Unternehmen oder Portfolios chinesischer Untrnehmen, die durch Handel oder Investition Nutzen aus dem Wachstum Chinas ziehen. Doch selbst Investoren mit beträchtlichen Rücklagen scheuen vielleicht die Mühe, ein solches Portfolio zusammenzustellen. Glücklicherweise gibt es einfachere Möglichkeiten, um vergleichbare Ergebnisse zu erzielen.

Hierzu stehen eine Reihe von leicht erhältlichen, offenen oder geschlossenen Investmentfonds zur Verfügung. Auch in diesem Fall bevorzugen wir geschlossene Fonds, sofern sie mit Diskont angeboten werden. Investoren können ihr Kapital hierbei über mehrere Fonds, wie etwa den Templeton Dragon Fund oder

den Greater China Fund, streuen. Ein indirektes Engagement bietet zum Beispiel der breit diversifizierte Asia Pacific Fund oder einer der Länderfonds mit
Schwerpunkt auf der pazifischen Region.

Die China-Strategien können auch mithilfe kostengünstiger Indexfonds umgesetzt werden. Bitte erinnern Sie sich daran, dass die chinesischen Unternehmen, die auf den Märkten in Hongkong und auf anderen internationalen Märkten gehandelt werden, ausreichend effizient zu sein schienen und Indexfonds
dazu tendierten, aktiv betreute chinesische Unternehmensfonds zu übertreffen.
Indexfonds eignen sich auch, um in Chinas wichtigste Handelspartner zu investieren. Abbildung 12.3 zeigt eine rein auf Index-ETFs basierende Strategie, die
sowohl direktes als auch indirektes Engagement in China ermöglicht. Vor allem
dann, wenn aktiv betreute geschlossene Fonds nicht mit deutlichem Diskont angeboten werden, halten wir eine ETF-Strategie für optimal.

ABBILDUNG 12.3 *Ein nur aus ETFs bestehendes Portfolio, mit dem man vom*
Wirtschaftswachstum Chinas profitieren kann

	TICKER-SYMBOL	KOSTEN-QUOTE (%)	VORGESCHLAGENE GEWICHTUNG (%)	
SPDR S&P China ETF	GXC	0,60	30	China und Hong Kong 50%
iShares MSCI Hong Kong	EWH	0,54	20	
Vangard Pacific (70 % Japan)	VPL	0,18	15	
Wisdom Tree Pacific Ex Japan	DND	0,48	10	
iShares MSCI Süd Korea	EWY	0,74	5,0	China-linked 50%
iShares MSCI Taiwan	EWT	0,74	5,0	
iShares MSCI Malaysia	EWM	0,59	5,0	
Vanguard Energy ETFs	VDE	0,26	4,0	
StreetTracksGoldShares	GLD	0,40	3,0	
VanguardMaterialsETFs	VAW	0,25	3,0	

Durchschnittliche Kostenquote: 0,51%, basierend auf einem Portfolio, das zu 100%
aus ETFs besteht / Quelle: Berechnungen der Autoren.

Eine Hälfte des Portfolios wird in chinesische Unternehmensaktien investiert, die in Hongkong oder New York gehandelt werden, die andere in Chinas wichtigste Handelspartner ohne USA.

10 Prozent des Portfolios werden in Rohstoffe und deren Produzenten investiert, darunter auch in Gold, da Gold eines der beliebtesten Sparmedien in China ist. Dieses ETF-Portfolio erwirtschaftete tendenziell hohe Renditen bei moderater Volatilität.

Die Empfehlungen aus Abbildung 12.3 machen keinen Gebrauch von zwei vielversprechenden Strategien, die in Kapitel 10 dargestellt wurden. Die erste Strategie, auf die wir uns beziehen, ist der Kauf eines Portfolios japanischer Unternehmen, die entweder vom Handel oder von Produktionsstätten in China profitieren.

Die zweite Strategie empfahl Investitionen in ausgewählte Unternehmen mit Sitz in den USA, die massiv von ihren Geschäften mit China profitieren. Wir konnten zeigen, dass Portfolios aus solchen Unternehmen die durchschnittliche Entwicklung der japanischen und US-amerikanischen Märkte weit hinter sich gelassen haben. Portfolios europäischer Unternehmen mit beachtlichem China-Engagement könnten ebenfalls einen positiven Beitrag leisten.

Investoren mit umfangreichen finanziellen Mitteln können – und sollten – mit solchen Strategien arbeiten. Doch leider gibt es bis dato noch keine Fonds, die Kleininvestoren den Zugang zu solchen Portfolios ermöglichen. Wir hoffen jedoch, dass es solche Fonds bald geben wird. Sie wären eine willkommene Bereicherung für die Portfolios internationaler Investoren.

ZUSAMMENFASSUNG

Der Wandel Chinas ist das Wirtschaftswunder des 21. Jahrhunderts. Das Wachstum schreitet so schnell voran, dass es in China weniger als ein Jahr dauert, bis eine neue Stadt in der Größenordnung Houstons entsteht. China ist mittlerweile für die Weltwirtschaft von zentraler Bedeutung; und selbst wenn sich das wirtschaftliche Wachstum verlangsamen sollte, so wird China doch, gemessen an der Kaufkraft, bis zu den 20er Jahren dieses Jahrhunderts zur größten Wirtschaft weltweit geworden sein.

Die Olympischen Spiele in Peking im Jahr 2008 und die Weltausstellung Expo in Shanghai im Jahr 2010 werden dafür sorgen, dass die Welt auf China blickt. Kein gut diversifiziertes Investment-Portfolio kann es sich leisten, die Anlagemöglichkeiten, die China bietet, zu ignorieren.

LITERATURLISTE

Anderson, Kym und Anna Street. „China's Economic Growth, Policy Reforms and WTO Accession: Implications for agriculture in China and elsewhere by 2005," International Agricultural Trade and Research Consortium, 1990.

Baumol, William J. *The Stock Market and Economic Efficiency.* New York: Fordham University Press, 1965.

Bergsten, C. Fred, Gill Bates, Nicholas R. Lardy und Derek Mitchell, unter der Leitung des Center for Strategic and International Studies und des Institute for International Economics. *China: The Balance Sheet.* New York: Public Affairs, 2006.

Brook, Timothy. *The Confusion of Pleasure: Commerce and Culture in Ming China.* Berkeley: University of California Press, 1998.

Chen, Zhiwu. „Stock Market in China's Modernization Process – Its Past, Present and Future Prospects," unveröffentlichte Arbeit, Yale School of Management, Juni 2006.

„China's Private Sector: Where The Future Lies?" Asia Pacific/China Strategy, Crédit Suisse Equity Research, Oktober 2006.

Chow. Gregory C., *China's Economic Transformation.* Oxford: Blackwell Publishers, 2007.

—, *Corruption and China's Economic Reform in the Early 21st Century.* CEPS Working Paper Nr. 116, Princeton University, Oktober 2005. 295

—, und Yan Shen, „Demand for Education in china," *International Economic Journal,* Band 20, Nr. 2 (Juni 2006), Seiten 129–147.

Clissold, Tim. *Mr. China.* New York: HarperCollins, 2004.

Congressional-Executive Commission on China 2006 Annual Report. Washington, D.C.: U.S. Government Printing Office, 2006.

Datz, Christian und Christof Kullman. *And Guide Shanghai: Architecture and Design.* New York: Te Neues publishing, 2005.

Deng, Thomas und Kinger Lau. „The Case for Chinese Equities," Global Strategy Research, Goldman Sachs, November 2004.

Elroy Dimson, Paul Marsh und Mike Staunton. „Economic Growth and Global Investments Returns," London Business School, November 2005.

Du, Julan und Changgang Xu. „Administrative Governance and Financial Development in China: Evidence from Regional Analysis," unvollständige Arbeit, Juni 2005.

Gao, Sheldon. „China Stock Market in a Global Perspective," Dow Jones Indexes Research, September 2002.

Groenewold, Nicolaas, Yanrui Wu, Sam Hak Kan Tang und Xiang Mei Fan. *The Chinese Stock Market Efficiency, Predictability and Profitability.* London: Edward Elger Publishing, 2004.

Hinton, William. *Hundred Day War: The Cultural Revolution at Tsinghua University.* New York: Monthly Review Press, 1972.

Laing. Jonathan R. „What Could Go Wrong With China?" *Barron's* (Juli 2006).

Landes. David S. „Why Europe and the West? Why Not China?" *Journal of Economic Perspectives* (Frühjahr 2006).

Leckie, Stuart und Tony Zhang. *Investment Funds in China*. New York: FinanceAsia Publications, 2001.

Ma, Shiguang. *The Efficiency of China's Stock Market*. London: Ashgate Publishing, 2004.

Ma, Winston. *Investing in China: New Opprotunities in a Transforming Stock Market*. New York: Haymarket House, 2006.

Malkiel, Burton G. , Jianping Mei und Rui Yang. „Investment Strategies to Exploit Economic Growth in China," *Journal of Investment Consulting*, Band 8, Nr. 1 (Winter 2005/06).

Massey, Michael. „Analysis of the Efficiency of the Hong Kong Equity Markets," unveröffentlichtes Manuskript, Princeton University, April 2007.

O'Neill, Jim, Sandra Lawson, Dominic Wilson, Roopa Purushothaman, Mike Buchanan und Lord Griffiths of Fforestfach. *Growth and Development. The Path to 2050*. Goldman Sachs Group, 2004.

„Overview of Portfolio Investment Opportunities in China," Individual Investor Group Research, Morgan Stanley, April 2005.

Raskin, Amy und Brad Lindenbaum. „China. Is the World Really Prepared?" AllianceBernstein Investment Research and Management, Dezember 2004.

„REITs Around Asia," CB Richard Ellis Research, Mai 2006.

Schell, Orville. *Mandate of Heaven*. Simon & Schuster, 1994.

„Stratfor Decade Forecast 2005–2015," Strategic Forecasting Report, Januar 2005.

Thomas, William Arthur. *Western Capitalism in China: History of the Shanghai Stock Exchange*. London: Ashgate Publishing, 2001.

2006 Report to Congress of the U.S.-China Economic and Security Review Commission. *Washington*, DC: U.S. Government Printing Office, 2006.

Tyler, Patrick. *A Great Wall: Six Presidents and China*. New York: Public Affairs, 1999.

Vankin, Michael, Zhong Sheng und TengTeng Xu. „Bonding the BRICs: The Ascent of China's Debt Capital Market," Global Economics Paper Nr. 49, Goldman Sachs, November 2006.

Walter, Carl E. Und Fraser J. T. Howie. *Privatizing China: The Stock Marktes and Their Role in Corporate Reform*. New York: John Wiley & Sons, 2003.

Wang, Jiangyu. „Dancing with Wolves: Regulation and Deregulation of Foreign Investment in China's Stock Market," *Asia-Pacific Law & Policy Journal*, 5 (2004).

Wu, Guojun. „Manipulative Trades in Equity Markets," Working Paper University of Michigan, Januar 2004.

Zeng, George Xiangwen. „The Efficiency of Chinese Financial Markets: A Cross-Market and Time-Varying Analysis," unveröffentlichtes Manuskript, Princeton University, 2006.

Zhang, Tao, Jian Li und Phil Malone. „Closed-End Fund Discounts in Chinese Stock Markets," *The Chinese Economy* (Mai-Juni 2004).

Zheng, Joan, Yifan Hu und Andy Zhao. „China in 2007–2010: Key Trends and Risks," Investment Strategy Research, Merrill Lynch, November 2006.

Zielinski, Richard. „Chinese Telecommunications Policy Examined: The Case for Reform," ein regelmäßiger Kommentar der The Progress & Freedom Foundation, April 2005.

DANKSAGUNGEN

DIESES BUCH WÄRE ohne die Hilfe und Beteiligung verschiedener Personen in China und den USA lediglich eine fade Ansammlung von Fakten. Neben denjenigen, die wir interviewten und deren Namen im Buch genannt werden, gilt unser Dank auch den folgenden Personen.

Zuerst möchten wir Xiao Feng, dem Vorsitzenden der Bosera Asset Management Company, dafür danken, dass er so liebenswürdig war, unsere Forschungsreisen nach China zu arrangieren und uns zu unterstützen. Diese Besuche ermöglichten es uns, die dramatischen und aufregenden Veränderungen in China hautnah mitzuerleben und Regierungsbeamte und private Unternehmer zu Gesprächen zu treffen.

In Konferenzräumen und bei Mittag- und Abendessen, wo wir zu jeder Mahlzeit mit Delikatessen aus den verschiedenen Regionen Chinas verwöhnt wurden, durften wir nicht nur das hervorragende Essen genießen, sondern profitierten auch vom Wissen erfahrener Regulatoren des chinesischen Wertpapiermarktes, zu denen auch Gao Xiqing, Jiang Yan, Liu Xinhua, Zhang Yujun und Zhu Congjiu gehören.

Während unseres Aufenthaltes in Peking hatten wir das Glück, Gui Minjie treffen zu dürfen, den Vize-Vorsitzenden der China Securities Regulatory Commission, der sein Wissen über die Entwicklungen auf dem inländischen Fondsmarkt mit uns teilte. Unser tief empfundener Dank gilt auch Qi Bin, dem stellvertretenden Generaldirektor der Fondsabteilung der CSRC, der uns die komplexe Entwicklung der chinesischen Finanzmärkte erklärte.

Von Conrad Yan, Zhang Xi und Harold Kim erhielten wir aus erster Hand Informationen über das Investmentklima in China. Besonders dankbar sind wir Andrew Yan, der uns die Transaktionen privater Investoren auf dem chinesischen Festland erklärte. Wir danken auch Fang Yonghong, Wu Yan, Zhao Wei, Yin Rong Yan, Peng Yue, Zhao Yong, Li Ming und Wu Zhizhe für ihre Gastfreundschaft. Während unseres Aufenthaltes in Peking nahmen sich leitende Angestellte und das Forschungsteam von Bosera Asset Management die Zeit, uns die Regeln und Bestimmungen chinesischer Investmentfonds zu erklären und die bemerkenswerten Veränderungen, die sie alle miterlebt haben, mit uns zu teilen. Mehrere Mitarbeiter stellten auch die Daten für viele der Tabellen und Grafiken in diesem Buch zusammen. Neben dem Vize-Vorsitzenden Li Quan möchten wir auch Xia Chun, Wang Yen, Zeng Sheng, Liu Jianwei, Gui Quan, Yon Qinjun und Zheng Bo danken. Zwei Mitglieder der Bosera-Belegschaft – Xia Yingjie aus der Verwaltung und der Fahrer Dong Songhe – sorgten stets fröhlich dafür, dass wir pünktlich zu all unseren Treffen erschienen und uns an unseren Zeitplan hielten – was angesichts der berüchtigten Staus in Peking eine ziemliche Leistung war.

Wir möchten auch der Cheung Kong Graduate School of Business, dem Lehrkörper und auch den Studenten, für ihre großzügige Unterstützung danken und auch dafür, dass man uns eine inspirierende Atmosphäre bot, in der wir sowohl die umfangreiche Wirtschaft Chinas als auch die Finanzmärkte des Landes verstehen lernten.

Bei unseren Ausflügen aufs Land war uns Wang Kang vom Beijing Botanical Garden eine große Hilfe, da er uns über die Aufforstungspläne Chinas aufklärte und uns in ländliche Gebiete führte, die zuvor wohl nur wenige Chinesen betreten hatten. Wir danken auch Ruidon Jin, Berater des Natural Resources Defense Council, dafür, dass er unseren Besuch im Ministry of Science and Technology arrangierte und als Dolmetscher fungierte.

Auch Chian Q. Li in Shanghai sind wir zu Dank verpflichtet: Die Zuständige für internationale Angelegenheiten der Shanghai Stock Exchange gestaltete unseren Besuch in dieser Institution außerordentlich informativ und stellte uns ihre Dolmetscher-Dienste zur Verfügung. Wir danken Dr. Winnie Yu in Hongkong für die Organisation unseres Besuchs im Ace Style Institute of Intimate Apparel an der Hongkong Polytechnic University und wir danken Paul Chow, der uns wertvolle Informationen über die Vorgänge an der Hong Kong Stock Exchange gab.

China-Wissenschaftler der Princeton University schenkten uns großzügig ihre Zeit und lasen und kommentierten unser Manuskript. Wir sind besonders dankbar für die Hilfe von Geschichtsprofessorin Susan Naquin und dem emeritierten Wirtschaftsprofessor Gregory Chow. Wir bedanken uns auch bei der Princeton-Studentin Tang Xian, bei der Kunsthistorikerin Virginia Bower und bei Michael Mahoney, Geschichtsprofessor an der Princeton University, für ihr Wissen, das sie großzügig mit uns teilten.

Auch Abby Cohen und Kathy Matsui von Goldman Sachs sowie Joan Zheng und Wendy Stimpson von Merrill Lynch spielten eine wichtige Rolle, da sie uns die Arbeit mit verschiedenen Studien ihrer jeweiligen Unternehmen ermöglichten. Brett Masters und Uhang Wang verbrachten viele Stunden mit Berechnungen von US-Finanzdaten und der Erstellung von Tabellen und Grafiken. Wir möchten uns auch bei Amie Ko, Michael Massey, Daniel Tso, Laurissa Yee, George Zeng und Damien Zhang für ihre Hilfe bei unseren Nachforschungen bedanken. Weiterhin danken wir drei Taylors – Anne, Katherine und Toby – und Joseph-Henry-Professor-für-Physik Philip W. Anderson dafür, dass sie uns umfangreiches Forschungsmaterial und Berichte zur Verfügung stellten und dafür sorgten, dass wir uns des gesamten Materials bewusst waren.

Auch viele Personen in den USA haben maßgeblich zur Organisation unserer Interviews in China beigetragen. In diesem Zusammenhang bedanken wir uns ganz besonders bei Rob Watson, Vorsitzendem und CEO von EcoTech International; außerdem auch bei Dr. Yash Kamath, Herausgeber des *Textile Research Journal*, bei Bendetta Roux, Vize-Präsidentin von Christie's New York, und bei Janet de Grouchy und Carol Weg.

Natürlich basiert jedes Manuskript auf Stunden des Tippens, Gegenlesens und Korrigierens und so sagen wir „Hut ab!" vor Phyllis Fafalios, Karen Neukirchen und Melissa Orlowski, die viel Zeit, Energie und Geduld in gerade diese Aufgaben investierten und die unsere handgeschriebenen Notizen und Bemerkungen entzifferten. Den mit Abstand wichtigsten Beitrag zur Entstehung dieses Manuskripts leistete Wendy Allard. Sie behielt nicht nur den Überblick über zahlreiche Entwürfe, Einfügungen, Tabellen und Grafiken, sondern führte all diese Einzelteile ganz wunderbar zu dieser endgültigen Version zusammen. Wendy war auch für die Updates fast aller Tabellen und Grafiken zuständig, sodass dieses Buch, als es in den Druck ging, die aktuellsten zur Verfügung stehenden Daten enthielt.

Weiterhin möchten wir W. W. Norton unseren tief empfundenen Dank für die Unterstützung und Ermutigung aussprechen, die uns vor allem von Drake McFeely und Brendan Curry entgegengebracht wurden. Wir sind auch Ann Adelman, unserer Korrektorin, mehr als dankbar. Während der vielen Jahre, die wir nun in diesem Bereich tätig sind, haben wir keine sorgfältigere und professionellere Redakteurin kennengelernt. Schließlich möchten wir auch unsere enorme Dankbarkeit angesichts der vielen Stunden, die Nancy Malkiel damit verbrachte, viele verschiedene Versionen dieses Manuskripts zu lesen und sicherzustellen, dass der Stil einheitlich und die Darstellung klar war, zum Ausdruck bringen. Nancy prüfte jede Version eines jeden Kapitels dieses Buches sehr sorgfältig und gab uns zahllose Anregungen, die die Anordnung innerhalb des Buches klärten und die Schreibweise massiv verbesserten. Sie war maßgeblich an der Entstehung und Vervollständigung dieses Manuskripts beteiligt.

Obwohl wir aus vielen verschiedenen Ländern stammen und unterschiedliche Hintergründe haben, so haben wir doch eines gemeinsam: Wir wollen das moderne Phänomen des heutigen China verstehen und anderen näher bringen. Der Enthusiasmus, der Fleiß, der Arbeitsethos und der Unternehmergeist der Bevölkerung Chinas waren geradezu ansteckend, und so war es uns ein umso größeres Anliegen die unglaubliche Geschichte des neuen China und der Aussichten des Landes auf eine Fortsetzung des noch nie da gewesenen Wachstums zu erzählen. Aus diesem Grund widmen wir dieses Buch den Menschen in China. Wir hoffen nur, dass wir unseren Lesern zumindest einen teilweisen Eindruck davon vermitteln konnten, warum wir den Enthusiasmus und Optimismus dieses bemerkenswerten Volkes teilen.

REGISTER

Wenn Sie **Interesse** an **unseren Büchern** für z.B.

Ihre Kundenbindungsprojekte als Geschenk haben, fordern Sie unsere attraktiven Sonderkonditionen an.

Weitere Informationen erhalten Sie bei Stefan Schörner unter 089/65 12 85-0

oder schreiben Sie uns per E-Mail an: sschoerner@finanzbuchverlag.de